教育部人文社会科学重点研究基地重大项目（13JJD790022）
贵州省农林经济管理国内一流学科建设资助项目（NGYL002）

西部农村贫困与反贫困研究

洪名勇　等著

中国财经出版传媒集团
中国财政经济出版社

图书在版编目（CIP）数据

西部农村贫困与反贫困研究／洪名勇等著. —北京：中国财政经济出版社，2018.5

ISBN 978－7－5095－8049－3

Ⅰ.①西…　Ⅱ.①洪…　Ⅲ.①农村－扶贫－研究－中国　Ⅳ.①F323.8

中国版本图书馆 CIP 数据核字（2018）第 025832 号

责任编辑：彭　波　段　钢　　　责任印制：杨　军
美　　编：孙俪铭　　　责任校对：李　丽

中国财政经济出版社 出版

URL：http：//www.cfeph.cn

E－mail：cfeph@cfeph.cn

社址：北京市海淀区阜成路甲 28 号　邮政编码：100142

营销中心电话：010-88191537　北京财经书店电话：64033436　84041336

北京财经印刷厂印刷　各地新华书店经销

710×1000 毫米　16 开　15.75 印张　264 000 字

2018 年 6 月第 1 版　2018 年 6 月北京第 1 次印刷

定价：68.00 元

ISBN 978－7－5095－8049－3

（图书出现印装问题，本社负责调换）

本社质量投诉电话：010－88190744

打击盗版举报热线：010－88191661、QQ：2242791300

目　　录

第一章　中国西部贫困问题与反贫困进程 …………………………… 1

第一节　中国西部地区情况及贫困问题 …………………………… 2

一、西部地区基本情况 …………………………… 2

二、西部地区经济发展水平 …………………………… 3

第二节　中国扶贫政策演进与西部地区反贫困进程 …………… 5

一、改革开放以来中国扶贫政策各个阶段 …………… 5

二、西部地区反贫困进程 …………………………… 21

第三节　农村减贫效率及其空间差异研究 …………………… 29

一、研究方法与数据说明 …………………………… 29

二、实证结果与分析 …………………………… 32

第四节　西部地区农村贫困的变化及其效应分解 …………… 34

一、贫困变化计算及其分解方法 …………………………… 34

二、数据来源及统计性描述 …………………………… 37

三、计算结果与分析 …………………………… 39

第五节　当前西部地区贫困问题 …………………………… 44

一、反贫困任务依然严峻 …………………………… 44

二、外部发展环境持续恶化 …………………………… 45

三、扶贫效率低于中、东部地区 …………………………… 47

四、收入与分配的减贫效应发生变化 …………………… 48

第二章　中国农村贫困：一个解释框架 …………………………… 51

第一节　贫困问题研究综述 …………………………… 52

一、贫困代际传递 …… 52
二、农民发展能力与区域发展能力 …… 54
三、权利与贫困 …… 57
四、可持续生计分析框架 …… 59
第二节　中国西部贫困研究框架 …… 62
一、基础框架——可持续生计分析框架（SLA）介绍 …… 62
二、西部贫困研究框架 …… 64

第三章　区域发展能力与农民发展能力 …… 69

第一节　区域发展能力与农民发展能力的基本理论 …… 70
一、区域发展能力基本理论 …… 70
二、农民发展能力基本理论 …… 73
第二节　西部地区区域发展能力评价 …… 76
一、区域发展能力界定 …… 76
二、区域发展能力指标构建 …… 78
三、西部地区区域发展能力评估 …… 83
第三节　西部地区农民发展能力评价 …… 85
一、农民发展能力界定 …… 85
二、农民发展能力指标构建 …… 87
三、西部地区农民发展能力评估 …… 92
第四节　区域发展能力、农民发展能力与贫困关系研究 …… 95
一、研究方法 …… 95
二、区域发展能力与农民发展能力的关系 …… 97
三、农民发展能力与贫困的关系 …… 98

第四章　产权制度安排与贫困的实证分析 …… 101

第一节　产权制度安排与贫困：一个分析框架 …… 102
一、什么是产权 …… 102
二、产权制度约束与农民贫困 …… 105
三、产权保护与农民贫困 …… 108
四、产权激励与农民贫困 …… 111

第二节　土地产权制度与农民贫困 …… 118
一、我国土地产权制度安排 …… 118
二、土地制度安排对农民贫困的影响路径 …… 122
三、农民土地产权改革与反贫困的案例分析 …… 128
第三节　水资源产权与农民贫困 …… 141
一、水资源产权与水资源开发 …… 142
二、水能资源开发区的特点 …… 151
三、水资源开发对农民贫困的影响路径 …… 156
四、洪家渡水电站库区农民贫困案例分析 …… 158
第四节　矿产产权与农民贫困 …… 162
一、矿产资源产权、矿产资源开发 …… 162
二、西部地区矿产资源情况 …… 168
三、矿产资源开发对农民贫困的影响路径 …… 169

第五章　西部农民贫困中的代际公平问题研究 …… 177

第一节　代际公平与贫困人口生计资本结构 …… 178
一、什么是代际公平? …… 178
二、贫困人口生计资本的定义及描述性分析 …… 182
三、生计资本结构的传递性与代际不公平 …… 192
第二节　西部地区贫困农民生计资本结构分析——以贵州省关岭、晴隆两县为例 …… 195
一、样本区的选取和介绍 …… 195
二、农民生计资本指标的设定及测量 …… 198
三、农民生计资本的评估结果 …… 202
第三节　基于代际公平的反贫困对策建议 …… 207
一、加大资金和政策支持力度，改善贫困农民落后的生计资本状况 …… 207
二、削减制约贫困农民生计方式改善的外部性条件，促进代际公平的实现 …… 209
三、探索建立代际补偿机制 …… 211

第六章　西部地区反贫困政策建议 …………………………………… 213

第一节　西部地区反贫困政策建议的整体框架 ………………… 214
一、西部反贫困框架梳理 ……………………………………… 214
二、矛盾点处理与基本原则 …………………………………… 216
第二节　提升西部地区区域发展能力的建议 ………………… 217
一、完善法律与制度建设 ……………………………………… 217
二、加强产业引进与产业转移 ………………………………… 217
三、加强本土产业培育 ………………………………………… 218
四、打造西部产业创新体系 …………………………………… 219
五、推动西部地区区域产业结构优化升级 …………………… 220
六、加强西部地区与外部贸易、交流与合作 ………………… 221
第三节　提升西部地区农民发展能力的建议 ………………… 223
一、加强农村基础设施投资建设 ……………………………… 223
二、提升农村劳动力素质 ……………………………………… 223
三、加强农村医疗卫生与社会保障建设 ……………………… 224
四、向西部贫困农村普及互联网技术 ………………………… 225
第四节　加强西部地区资源保护与利用的建议 ……………… 226
一、构建与完善西部贫困地区生态补偿脱贫机制 …………… 226
二、推动资源税改革 …………………………………………… 227
三、构建完整的农村产权制度 ………………………………… 227
四、提高农村资源利用效益 …………………………………… 228

参考文献 ……………………………………………………………… 230
后记 …………………………………………………………………… 242

第一章　中国西部贫困问题与反贫困进程

改革开放至今，中国在政治、经济、社会等各方面都取得了举世瞩目的成就，2015 年中国人均 GDP 为 8016 美元，接近人均 GDP10000 美元的发达国家标准，同时 1981 ~2012 年，中国贫困人口减少了 7.9 亿[①]。但伴随着高速发展所带来的是地区发展差异扩大、城乡居民收入分化、落后地区的贫困顽疾难以根除、核心贫困群体脱贫越来越困难，这一情况在西部地区尤为严重。对于本就不发达的我国西部地区而言，顽固而深重的贫困一方面限制了本地市场规模与经济活性，降低了区域自我发展能力，约束了经济发展的空间；另一方面造成了社会层级的内部分化，影响了社会结构的稳定，进一步制约了西部地区的健康发展，甚至会成为我国社会发展“瓶颈”。也正是基于全社会和谐发展的目的，我国政府在多个纲领性文件中反复重申了在 2020 年全国实现消除贫困的总体目标[②]，西部地区毋庸置疑将成为这一扶贫攻坚的主战场，也更增加了研究西部贫困特点、破除扶贫“瓶颈”等任务的必要性与紧迫性。

第一节　中国西部地区情况及贫困问题

一、西部地区基本情况

中国西部包括 12 个省区市，分别是新疆维吾尔自治区、西藏自治区、青海省、甘肃省、宁夏回族自治区、陕西省、四川省、重庆市、贵州省、云南省、广西壮族自治区、内蒙古自治区（以下如使用简称如新疆、内蒙古等不再赘述）。西部十二省区市的面积为 681 万平方公里，占全国总面积的 71%；人口约 3.7 亿（2015 年），占全国总人口的 27%。从地理上看，中国西部的自然环境复杂，西北地区沙漠戈壁干旱少雨，西南地区雨量充足但山地面积比例高，西部地区人均耕地占有面积高于全国水平，而整体的耕作效率却低于全国及中东部地区。从地缘上看，西部十二省区市中除广西外，其余 11 省区市均为内陆省区市，陆地边境线长达 1.8 万余公里，约占全国陆地边境线的 91%，主要毗邻的国家也多为不发达国家，而

---

① 张意. 中国扶贫开发报告 2016：中国贫困人口已减少 7.9 亿. 新华网：http：//news. xinhuanet. com/2016 - 12/27/c_1120198042. htm.

② 文件包括《中国农村扶贫开发纲要（2011 ~2020 年）》《中共中央国务院关于打赢脱贫攻坚战的决定》《中华人民共和国国民经济和社会发展第十三个五年规划纲要》和《“十三五”脱贫攻坚规划》。

大陆海岸线长1595公里，只占全国海岸线的9%，导致西部地区的对外贸易在促进经济发展上作用有限。从文化上看，西部地区有着中华文明发源地的黄河流域文化，同时也拥有着丰富的少数民族文化，我国56个民族中有44个少数民族在西部地区分布最集中，但是西部的地理与地缘特征造成了整个区域相对封闭与分割，形成了小范围、小规模文化发展状态，限制了西部地区文化的整体发展。

二、西部地区经济发展水平

西部地区经济发展水平落后，经济总量比重较低。如表1－1所示，2015年中国西部的地区生产总值为145018.92亿元，占全国689052.1亿元国内生产总值的21%。2015年西部地区人均GDP为40410.25元，全国人均GDP为50251元，西部地区低于全国平均水平9741元，西部十二个省区市中仅内蒙古与重庆高于全国平均水平，其余各省均较低，尤其云南、贵州、甘肃三省的人均GDP不到全国平均水平的六成，是经济发展水平最低的省份。西部的经济水平不仅整体上低于全国，且内部发展也不均衡，2015年内蒙古的人均GDP达到71101元，而较低的省份广西、云南、贵州、西藏、甘肃五省区的人均GDP尚不及内蒙古的一半，大部分地区是我国经济欠发达、需要加强开发的地区，见表1－1。

表1－1　2015年西部十二省区市与全国主要数据

地区	年末总人口（万人）	国内生产总值（亿元）	人均国内生产总值（元）	人均国内生产总值与全国对比
内蒙古	2511	17831.51	71101	1.415
广西	4796	16803.12	35190	0.700
重庆	3017	15717.27	52321	1.041
四川	8204	30053.10	36775	0.732
贵州	3530	10502.56	29847	0.594
云南	4742	13619.17	28806	0.573
西藏	324	1026.39	31999	0.637
陕西	3793	18021.86	47626	0.948
甘肃	2600	6790.32	26165	0.521

续表

地区	年末总人口（万人）	国内生产总值（亿元）	人均国内生产总值（元）	人均国内生产总值与全国对比
青海	588	2417.05	41252	0.821
宁夏	668	2911.77	43805	0.872
新疆	2360	9324.80	40036	0.797
西部	37133	145018.92	40410.25	0.804
全国	137462	689052.10	50251	1

数据来源：《中国统计年鉴2016》。

西部地区不仅经济发展整体落后，与贫困地区、贫困人群关系密切的农业与工业发展也落后于全国其他地区。当前，我国尤其西部的贫困人口主要集中在农村，贫困人群的主要收入绝大部分来自于家庭经营收入，2015年我国农村居民经营性收入的增加对农村居民纯收入增长贡献度为28.5%，农业方面的收支利润是大多数贫困家庭维持生活的基本保障。中国西部虽然拥有“八百里秦川沃野”与“天府之国”等古代农业发达区域，但整体上的农业发展并不突出，尤其是农村居民从农业上获取利润的能力较低。从统计上看，2015年西部地区农林牧渔生产总值为17834.7亿元，占全国约28.3%，人均农林牧渔产值基本与全国持平。但具体到农村居民家庭的收入上则低于全国水平，西部十二个省区市中只有内蒙古、云南、西藏、新疆四省区农村居民经营净收入高于全国，陕西、贵州两省的农村居民经营净收入未超过3000元。

地区工业的发展水平一方面是带动地区经济发展的主要动力，另一方面也代表了地区吸纳劳动力能力的强度，进而影响农村居民工资性收入高低。当前，离开农村、外出务工是农村居民增加收入的重要渠道，2015年我国农村居民工资收入的增加对农村居民纯收入增长贡献度为48%。中国西部地区的工业发展水平相较农业更加滞后于全国，根据统计，2015年西部地区工业与建筑业总产值为65020.36亿元，仅占全国22.9%，人均工业建筑业产值低于全国平均水平。在农村居民工资收入上，西部十二省区市均处于全国平均水平线以下，西藏与甘肃的农村居民工资收入未达到2000元（具体见表1－2）。西部地区工业发展的落后，不仅制约了经济发展，也迫使农村居民到外省务工，增加了外出务工的成本，减少了农村居民的实际工资收入。

表 1-2　2015 年全国及各地区农业工业产值与农村居民部分收入

地区	农林牧渔业产值（亿元）	农村居民经营净收入（元）	工业建筑业产值（亿元）	农村居民工资收入（元）
内蒙古	1643.8	6185.4	9002.34	2249.7
广西	2634.3	4359.4	7718.38	2549.1
重庆	1168.7	3774.7	7069.37	3583.4
四川	3745.3	4197.3	13360.46	3463.5
贵州	1712.7	2878.7	4149.02	2897.1
云南	2098.2	4600.8	5423.03	2315.5
西藏	99.2	4937.7	376.19	1872.9
陕西	1673.2	2908.6	9125.47	3548.3
甘肃	996	3025.2	2508.98	1974.9
青海	212.2	3058.5	1207.68	2234.7
宁夏	252.4	3837.0	1379.7	3614.3
新疆	1598.7	5397.5	3699.74	2131.4
西部	17834.7	4096.7	65020.36	2702.9
全国	62911.8	4503.6	283133	4600.3

数据来源：《中国统计年鉴 2016》。

第二节　中国扶贫政策演进与西部地区反贫困进程

一、改革开放以来中国扶贫政策各个阶段

中国自 20 世纪 80 年代中期开始实施有针对性的扶贫战略，扶贫战略以温和、平稳的渐进式变迁为主，其中，行政主导依然是主要特色。这使得我国扶贫政策在演变过程中，同时反映出我国扶贫战略的演变，扶贫开发战略与政策的阶段划分大体趋于一致。根据这一特点，我们将国家颁布的全国纲领性扶贫政策文件作为时间节点进行阶段划分。发现我国改革开放以来减贫大概经历了五个主要战略阶段，见表 1-3。根据战略与政策的关系，每个阶段战略背景下，国家均出台了一系列配套政策措施，从而形成了阶段性质的减贫逻辑，下面将具体分析各个阶段的社会背景、扶贫政策、政策效果与减贫逻辑。

表1-3　　1978年以来中国扶贫政策阶段

阶段	时间	纲领性文件	战略目标
体制改革拉动减贫战略	1978~1983年	（无）	减缓贫困问题
区域开放扶贫战略	1984~1993年	《关于帮助贫困地区尽快改变面貌的通知》（1984）	基本解决贫困人口温饱问题
八七扶贫攻坚战	1994~2000年	《国家八七扶贫攻坚计划》（1994）	全面解决贫困人口温饱问题
综合开发式扶贫战略	2001~2010年	《中国农村扶贫和开发纲要（2001~2010年）》（2000）	解决少数贫困人口温饱问题
全面建成小康社会的大扶贫开发战略	2011年至今	《中国农村扶贫开发纲要（2011~2020）》（2011）	巩固温饱成果、实现全面小康

（一）体制改革拉动减贫阶段：1978~1984年

1978年，我国农村贫困人口达到2.5亿，占当时全国农村总人口的30%左右。从多方面致贫原因看，导致这一阶段大面积贫困的主要原因是人民公社的集体制不适应农村生产力的发展。扶贫资源主要由政府配置，当时的扶贫主要是自上而下的民政救济，主要表现为在农村向弱势群体提供实物、衣服、住处、医疗、教育和丧葬的“五保”救济，建立起了有普遍覆盖性的、以人民公社制度下的集体经济为依托的救济式农村社会保障体系。经济发展方面，1978年以前我国实行的是高度集中的政府控制性计划经济体制，整个经济总体发展战略是属于均衡发展战略时期，发展要快，以优先发展重工业为主，农业和轻工业主要为重工业发展服务。总体上，以GDP计算，1966~1978年，这一时期中国经济平均年增长率为5.0%，1978年中国GDP总额占世界比重由1966年的6%下降至5%；农村经济发展以人民公社化生产为主，土地和生产资料为集体所有，忽视个人利益，导致农民生产积极性不高，土地产出率低的现象，1973~1977年，农村粮食单位面积产量（公斤/公顷）的增长率为7%，远远低于后五年（1978~1982年）增长率的23.7%。第一产业增加值在1975~1977年甚至出现了逐年下降的现象。

1978~1983年我国并没有专门针对扶贫的公共政策，这一阶段政府出台的一系列政策主要针对中国经济体制改革，体制改革则首先突破于农村。拥有近1/3贫困人口的中国农村经济在农村经济体制改革中所释放出的巨大能量与中华人民共和国成立三十多年来农村发展积累的农业基础设施和农业资源相结合，短时间内极大地推动了中国经济社会的发展，提高了农民的收入，显著且迅速地缓解了当时中国的贫困状况。从数字上看，农业增长速度在 1981 ~ 1983 年分别达到 5.8%、11.3%、7.8%，接近甚至超过社会总产值的增长速度。中国的绝对贫困人口数量从 1978 年的 2.5 亿减少到 1983 年的 1.35 亿人①，贫困发生率从 30.7% 下降到 16.2%，很大程度上解决了长期困扰中国人民的温饱问题，使我国的普遍贫困转变为局部贫困。

农村经济改革主要包括农业经营体制、乡镇企业改革和农村金融改革。具体如下：（1）农业经营体制改革。当时的农业经济体制改革主要表现在土地产权制度、农产品价格、分配制度改革等方面，其中最具代表性的是以农地产权制度改革为核心的实行家庭联产承包责任制。这项最早由 1978 年安徽省凤阳县小岗村农民和基层干部自主发起，经十一届三中全会推动，逐渐在中国广大农村实施的农业变革，打破了农业生产的僵局，使得农民有了自己的土地，自主经营，自负盈亏，极大地提高了农民生产积极性，在最初几年里释放了巨大能量，农业发展取得了显著进步，农民生活水平极大提高，1984 年，中国粮食总量达到历史最高水平。与此同时，以市场化为导向的农产品交易制度也随之改革。放宽了农产品购销政策，提高了农产品收购价格，农产品市场逐步解禁。加上允许一部分人先富起来的农村分配制度的改革，推动了农民收入水平的明显提升，增强了农民从事农业生产的自身实力。（2）乡镇企业发展和相应制度创新。我国乡镇企业的发展，最先是起源于人民公社时期的“队社企业”。原来的队、社企业由集体所有、集体经营，在家庭承包制实施后，许多人提出承包“队社企业”，逐渐成为自主经营的乡镇企业。而一部分成为乡镇企业工人的农民，在获得客观收益后，是不可能反对这项改革的。作为改革派领袖的邓小平说过：“农村改革中，我们完全没有预料到的最大收获，就是乡镇企业发展起来了”。可见，当时乡镇企业的发展是受到全国上下极大肯定的。这一阶段，中央政府频频发文，大力推动乡镇企业的发展，并积极鼓励农村剩余劳动力向乡镇企业转移，提供了发展的宽松环境。（3）农村金融改革。1979 年 2 月，国务院发布的《关于恢复农业银行的通知》是改革开放后农村金融体制改革的起点。恢复后的农业银行提出要大力支持农村商品生产的指导方针，贷款对象也由原来的以集体为主转变为以农户

① 世界银行．中国 90 年代的扶贫战略．中国财政经济出版社，1993（1）．

为主，并且开始农业银行和农村信用社“企业化经营”的转变。同时，民间融资得到了支持。国务院1981年批转的《中国农业银行关于农村借贷问题的报告》中，肯定了民间借贷的作用，并于1984年中央一号文件“允许农民和集体的资金自由地或有组织地流动”，农村金融改革，促进了农村经济发展和贫困缓解。(4）农村教育改革。“六五”计划（1981～1985年）期间，国家财政支出中的教育、科研经费已经增加60%以上，并实施了“星火计划”，对广大农村、山区和边远地区用示范的方式开发和扩散先进而实用的科学技术，促进这些地方的经济社会发展进入依靠科学技术的轨道，产生最佳的经济效益、生态效益、社会效益。这五年间，全国各级科协等组织对农村八万多青年进行了实用技术培训。全国已成立了四万多个乡镇科普协会，六万多个技术研究会，初步形成了有一定规模的、专家与群众结合的科学普及队伍。国务院还决定开始普及9年制义务教育，并推行教育体制改革。

改革开放初的中国贫困是全国农村的普遍性贫困，全国经济发展水平（特别是农村经济发展水平）不足以维持当时9.6亿人口的基本生存和发展。在国家开始实施改革开放的大背景下，农村经济改革顺应而生，在赤贫与低收入困境下的农村人口在一系列改革下，成为自主生产、商品化经营的独立个体，又由于参与乡镇企业的发展，农村家庭收支逐渐出现了盈余。该阶段减贫的主要贡献在于农民的自我发展，在体制改革的红利下，依靠自己的努力劳动实现了脱贫。此时，制度发挥了经济增长最明显的内生推动作用，即包产到户的家庭联产承包责任制为中心的全国农村改革是该时期中国农村贫困人口大幅下降的主要原因，这一时期虽没有农村减贫的针对性政策（仍旧以部分物质救济为主），但中国农村减贫却进入了一个新的阶段，奠定了下一阶段减缓局部性贫困的经济基础和制度基础。

（二）区域开发式扶贫阶段：1984～1993年

1984年，我国农村贫困人口为1.28亿，几乎是1978年的一半，中国贫困由普遍性转向局部性，绝对贫困人口大幅度减少，自然、历史等多种致贫因素逐渐显现，贫困人口的分布主要聚集在自然条件恶劣的“老、少、边、穷”地区。这些地区的人口参与到经济发展过程的能力较弱，总体发展相对滞后，因此在前期减贫取得的效果相对于中东部沿海或平原地区明显较弱。据1988年国家统计局的研究，老区、边远山区和少数民族地区的贫困发生率分别达到了11.7%、21.3%、13.1%，贫困人口总计占全国的74.8%。而在国家经济发展方面，1984年我国GDP总值达到7208.1

亿元，是 1978 年 3645.2 亿元的 1.98 倍；中央财政收入从 1978 年的 175.8 亿元增加到 1984 年的 665.47 亿元，增加了近两倍。农村发展方面，粮食产量自 1978 年开始增长，在 1989 年达到高峰，之后曾出现徘徊不前的状态。这主要是因为 1984 年家庭联产承包责任制基本在全国推行完毕后，农村经济增长失去了一个主要的推动力，农业由增长转向停滞。

针对当时我国基本国情与农村贫困的具体情况，从中国改革开放、政治稳定、民族团结、社会安定和国民经济长期均衡发展的主旨出发，中国政府对缓解贫困作出一系列重大的决策：1984 年 9 月，中共中央、国务院联合发布了《关于帮助贫困地区尽快改变面貌的通知》，要求各级政府予以高度重视，采取积极态度和有效措施，在贫困地区农业发展、乡镇企业发展、农村教育和基础设施等方面给予政策倾向性扶持。该《通知》第一次把扶贫当作国家的一项工作任务提出来，确立了开发式扶贫的战略方针，标志着我国扶贫开发模式的根本性转变。1986 年 3 月全国六届人大四次会议首次正式将帮助“老、少、边、穷”地区改变落后经济和文化作为一项重要内容列入国家五年发展规划，即《国民经济与社会发展“七五”计划》，并在同年成立了扶贫专门机构——国务院贫困地区经济开发领导小组（后在 1993 年更名为“国务院扶贫开发领导小组”），并首次划定了 258 个国家级贫困县。随后 1987 年《关于加强贫困地区经济开发工作的通知》和 1991 年《关于“八五”期间扶贫开发工作部署的报告》相继出台，进一步创新了扶贫方式，新增了“以工代赈”新模式，初步建立起了我国扶贫开发政策体系。

自 1984 年第一个扶贫政策出台，我国扶贫开发列入了一项有组织、有计划的政府工作任务中，进入了开发式扶贫时期。以国定贫困县为扶贫政策主要实施对象，着重贫困地区整体经济实力的增长，同时辅以控制贫困地区人口增长、教育扶持和生产生活基础设施建设，提高贫困人口自我积累和自我发展能力，以减缓农村贫困。农村贫困发生率从 1984 年的 15.1% 下降到 1992 年的 8.8%，减少了 4800 万贫困人口。国定贫困县中不通公路乡镇率和不通电率显著降低，前者从 1989 年的 16.6% 下降到 1994 年的 2.5%，后者则从 22.2% 下降到 14.4%。

1984 年第一项扶贫政策确立开始的开发式扶贫是我国扶贫开发的历史起点，具体表现为以下四个方面。首先，国家作为扶贫政策的供给主体确立起来，国家政府（这里主要指中央政府）毫无疑问是扶贫政策的创新主体，既是政策的供给者，也是政策的推广者。中央政府不仅仅要考虑政策创新成本是否在政府的承受能力范围，更重要的是政府对我国贫困变化和反贫困任务的认识进一步加深，认识到了扶贫开发方式转变的迫切性。其次，对农业发展的重视在政策文件中体现出来，在1982～1986年连续发布了关于“三农”的五个中央一号文件，这在中国农村改革史上成为专有名词，即“五个一号文件”，对基层农业技术推广、农村教育事业发展、农村金融规范化、劳动力就地转移就业，以及对农村各类基础设施和各种文化卫生设施建设的多元化投资体系改革进行了重点部署①，为进一步改善农业生产经营方式和农民生活水平提供了足够的政策支持，也为专门针对贫困地区贫困人民的扶贫政策出台提供了制度基础。再次，当面对全国农民的农村改革的红利释放到最大的能量之后，农业增长速度逐渐减缓，农民（特别是贫困地区的农民）从中获得的福利越来越有限，我国农村发展不平衡的问题初见端倪，相对于不断提高的全国农民人均纯收入的平均值，低收入群体的偏离程度开始拉大，贫困与社会公平的矛盾开始进入人们的视线，这也为扶贫政策出台提供了一个群众基础。最后，全国贫困状况的客观变化是变迁扶贫方式的首要信号，也是制定正式扶贫政策的直接依据。作为可以代表正式制度的扶贫政策体系的初步形成，这一阶段是我国政府职能的明显转变，即从道义型扶贫向责任型扶贫转变，同时这也是我国扶贫开发战略与扶贫政策正式开始的阶段，从上面减贫政策内容上表现的减贫途径可以看出，第二阶段我国实行的是区域经济发展带动减贫的开发式扶贫战略阶段，这为下一阶段的扶贫政策创新和发展提供了一个良好的开端和总的发展方向。

（三）八七扶贫攻坚阶段：1994～2000年

1993年农村贫困人口从1984年的1.28亿下降到8000万，减少了37.5%，年均减少533万人，贫困发生率从15.1%下降到8.8%。贫困程度大大减轻的同时，贫困人口特征发生了很大变化，主要表现为以下四个方面。首先表现为两类贫困人口：一类是西南大石山区（缺土）、西北黄土高原区（缺水）、秦巴贫困山区（土地落差大、水土流失严重）、青藏高寒山区（积温严重不足）等自然条件恶劣、基础设施薄弱和社会发展落后地区的区域性贫困；另一类则是分布在非贫困地区的离散型贫困人口。其次，20世纪80年代中期以来的区域性减贫项目主要侧重农村基础设施和工业项目上，以经济增长率为主要目标，忽视公平标准，在获得项目投资等扶贫资源上，因贫困人口的居住区位、信息获得、观念开放、健康状

① 李燕凌．县乡政府农村公共产品供给政策演变及其效果．农业经济问题，2014（11）．

况、文化程度、劳动技巧和经营能力方面的相对弱势，以及扶贫机构对项目成功的期望，导致了贫困县中的非贫困群体往往比贫困群体有更大的发言权和优先获得扶贫项目投资的机会，贫困地区内部经济差异拉大了。再次，一方面区域性开发扶贫“富县不富民”的弊端逐渐显现，贫困县内部收入差距拉大；另一方面以国定贫困县为扶贫单元的战略注定不可能覆盖全部贫困人口，非贫困县中穷人“漏出”现象日益严重，据2000年《中国农村贫困监测报告》统计，1986年大约70%的贫困户分布在国定贫困县。到1998年，贫困县的贫困人口估计只占全国贫困人口的一半。最后，国家实行非均衡发展战略大背景下，侧重于东部省份经济优先发展以及承包制以来，西部农村地方政府的制度供给明显落后于中国农村经济发展水平，导致东部和中西部的发展差距在拉大。到1994年重新调整了贫困县标准后，中西部贫困县占了全国贫困县的82%，贫困人口数占80.3%。在国家经济发展方面，1994年我国GDP总值达到48197.9亿元，是1984年（7208.1亿元）的6.69倍，中央财政收入从1984年的665.47亿元增加到1994年的2906.5亿元，增加了3.37倍，相比前一阶段，我国经济实力和中央财政实力都有了飞速提高。1992年春天，中国改革开放的总设计师邓小平发表“南方谈话”，再一次肯定了解放生产力和发展才是硬道理，对改革开放重新赋予了新的时代内涵，开启了中国改革开放和现代化建设的崭新篇章。在1993年11月，中共十四届三中全会通过《中共中央关于建立社会主义市场经济体制若干问题的决定》，正式确定了建立社会主义市场经济体制的框架。从此，我国正式进入了中国特色社会主义市场经济时代。农村发展方面，据国家统计局统计，1989年农村居民纯收入601.51元，农村供需失衡的矛盾趋于缓解。1990年农村居民家庭人均纯收入686.31元，农业全面丰收，整个国民经济出现回升的好势头。1991年，中共十三届八中全会通过了《中共中央关于进一步加强农业和农村工作的决定》，规定将实行以家庭联产承包为主的责任制，建立统分结合的双层经营体制，作为党在农村的基本政策之一，并经党的十四大、十四届三中全会肯定，将其作为全国农村的一项基本经济制度。然而，随着市场经济水平的逐渐提高，承包制农业经营抵御自然风险和市场风险能力的脆弱性显现出来，农产品的“买难”“卖难”情况在不同地域、不同时间交替、反复地出现。为此，1993年开始，一些农村地区先后创立并兴起了主要以龙头企业为法人代表的产业化组织，代表着先进理念、技术、管理和先进生产力。

20世纪80年代以后的区域经济发展带动减贫战略解决了大部分农村

贫困人口。1994年国家召开的第一次全国扶贫开发会议上，国务院制定并出台了今后7年的全国扶贫开发工作的纲领性文件：《国家八七扶贫攻坚计划》，这是我国第一个有具体行动纲领和目标的扶贫政策，是中国进入扶贫攻坚阶段的标志。“八七”的含义是，1994~2000年，国家集中人力、物力和财力，动员社会各界力量，力争用七年左右时间，到2000年年底基本解决农村8000万贫困人口的温饱问题。还规定这7年里每年再增加10亿元“以工代赈”资金和10亿元扶贫专项贴息贷款，并且调整国家扶贫资金投放的地区结构，扶贫项目注重社会效益，把效益落实到贫困户。新增了贫困地区贫困人口的医疗卫生和文化建设两大类扶贫措施。1996年中共中央、国务院通过了《中共中央国务院关于尽快解决农村贫困人口温饱问题的决定》，进一步完善了该时期的扶贫工作要求，明确了扶贫到户战略，继续增加扶贫投入。中央的各类专项扶贫资金要全部用于国定贫困县。同时，为了支持中西部贫困地区开发，要求国务院各部门在实施“九五”计划时，要和《国家八七扶贫攻坚计划》的实施相衔接。在1999年，《中共中央、国务院关于进一步加强扶贫开发工作的决定》发布，提出了1999~2000年扶贫攻坚的基本目标和主要任务，指出坚持扶贫到村到户是夺取扶贫攻坚全胜的关键，在大力发展种养业的同时，继续有计划、有组织地搞劳务输出。在2000年年底坚决完成“八七”扶贫攻坚任务。

1994~2000年我国扶贫开发采取扶贫目标双管齐下的战略，即同时抓边缘区域型和目标型贫困，前者仍以改善区域经济发展环境、提高区域发展能力和农民生活水平为主；后者则直面贫困户，采取有针对性的扶贫措施，缩小区域内部经济差距。后期确立实施“扶贫到村”战略，即使未在国定贫困县范围内的贫困村、贫困户，地方政府也要安排扶贫资金的投放。在扶贫项目上，依托贫困地区资源优势，将有助于直接解决群众温饱问题的“种、养、加”作为扶贫开发重点。在中央和地方政府的扶贫开发基础上，动员全社会力量参与到扶贫过程中。在“八七”扶贫攻坚计划实施的进程中，据国家统计局统计，按照官方贫困线标准，在这一扶贫阶段，农村尚未解决的贫困人口从8000万减少到3209万，农村贫困发生率从7.7%下降到3.5%。从统计数据来看，到2000年年底，国家“八七”扶贫攻坚目标基本达成。

这一时期的扶贫政策创新仍旧以中央政府主导供给为主。主要是因为这一阶段的扶贫政策中最明显的制度基础是市场机制，即将市场机制与国家扶贫开发接轨，试图将扶贫资源通过市场方式介入，形成以政府为主，多方参与，扶贫与开发并重的格局。在社会主义市场经济体制大背景下，针对贫困地区内部收入差距的拉大，实行扶贫目标双管齐下，将扶贫政策与资金扶持同贫困地区的优势资源与市场有效结合起来，依靠科技进步，打破地域和行政的封闭格局，促进贫困地区的资源开发、生产力进步和市场化经济发展，提高贫困人口的自我发展能力，增加人均收入。从广义的制度变迁视角上看，扶贫政策的设计存在一个如何降低减贫交易成本的问题，引入市场机制和改善贫困地区基础设施，能够直接打破贫困地区内部以及同外部的信息和物质的交流，从而降低对内和对外的交易成本，促进贫困地区经济发展，使贫困户尽可能地实现自身利益的良性循环（这也是中国减贫战略选择的根本立足点）①。从贫困性质上看，1994 年的 8000 万农村贫困人口的实质仍是属于绝对性贫困，距离 21 世纪仅仅只有 7 年，政府在认识到了农业经营承包制的弊端和贫困人口特征变化后，在继续加强和完善家庭联产承包责任制的基础上，进一步加强农产品流通、加速农业产业化进程，扶贫落实到村。“八七”扶贫攻坚目标是解决贫困人口的温饱问题，因此在扶贫项目上，贫困地区生产项目投资以种养业为主。可以说 1994 ~2000 年的扶贫政策与前一阶段的政策在实质上并没有根本性改变，都是属于开发式扶贫，这一时期的政策创新是扶贫战略在新时代背景下的微调，在如期实现了阶段性目标后，该阶段是中国 20 世纪末扶贫攻坚战略阶段，也是 20 世纪中华人民共和国成立以来中国反贫困工作的结束阶段，是 21 世纪扶贫开发的过渡。

（四）综合扶贫开发阶段：2001 ~2010 年

进入 21 世纪，经过前一阶段的扶贫战略实施，2001 年年底我国农村贫困人口下降到近 3000 万，贫困发生率为 3.2%，成功实现“八七”扶贫目标，绝大部分贫困人口的温饱问题得到解决的同时，农村贫困人口特征再一次发生明显的变化。在 20 世纪 90 年代末，中国农村贫困人口集中于西部地区的不同乡镇，而非集中于贫困县。如果继续以贫困县为扶贫开发的主要单位，则有将近一半的农村贫困人口不能享受到政府的扶贫资源②。生产力发展水平低下、产业不具优势、产业结构单一、市场规模狭小、基础设施薄弱、生态环境恶化、社会发展机制发育不全等不利因素共同作用，使得这部分尚未解决温饱的贫困人口，虽然数量不多，但是解决的难度很大。而且初步解决温饱问题的群众，由于生产生活条件尚未得到根本

---

① 艾路明. 中国的反贫困战略和小额贷款的扶贫实践. 中南财经大学学报，1990（5）.

② 都阳，蔡昉. 中国农村贫困性质的变化与扶贫政策的调整. 中国农村观察，2005（5）.

改变，他们的温饱还不稳定，巩固温饱成果的任务仍很艰巨；基本解决温饱的贫困人口，其温饱的标准还很低。在国家经济发展方面，2000 年我国 GDP 总值达 99214.6 亿元，是 1994 年（48197.9 亿元）的 2.06 倍；中央财政收入 6989.2 亿元，是 1994 年（2906.5 亿元）的 2.4 倍；地方财政 6406.1 亿元。相比前一阶段，各项指标增速有所减缓，总量在提升。国家宏观制度环境方面，在改革开放大背景下，1994 年医疗、住房市场化改革施行；探索建立产权明晰的现代企业制度。在 1995 年中共十四届五中全会通过了《中共中央关于制定国民经济和社会发展“九五”计划和 2010 年远景目标的建议》，提出了两个根本性转变，经济体制从传统的计划经济体制向社会主义市场经济体制转变、经济增长方式从粗放型向集约型转变，确立了经济发展总方向。1995 年和 1996 年继续实行财政和货币“双紧”政策。经过三年半的宏观调控，在 1996 年成功实现了经济的“软着陆”。并在 1996 年八届全国人大四次会议上确立实施“科教兴国”战略和“可持续发展”战略。1997 年爆发亚洲金融危机，1998 年顶住亚洲金融危机强烈冲击，战胜特大洪水，仍旧保持了经济的持续增长。1999 年九届全国人大二次会议上明确非公有制经济是我国社会主义市场经济的重要组成部分。并在同年通过了《国务院关于进一步推进西部大开发的若干意见》，提出了西部大开发战略，于 2001 年进行了具体部署。这一系列国家对经济的宏观调控，使得我国经济在进入新世纪前保持了经济平滑发展。1994 年 3 月党的十四届三中全会和中央农村工作会议召开，江泽民同志在讲话中强调当前需要着重抓好几项工作：一是保证粮、棉、油和“菜篮子”的生产和供应；二是全面发展农村经济，增加农民收入；三是保持农村社会的稳定，及时处理好群众反映强烈的热点问题；四是搞好农村基层组织建设。1996 年中央农村工作会议召开，在继续原来的工作基础上，实施“科教兴农”战略，逐步建立适应社会主义市场经济发展要求的农村经济体制和运行机制，转变农业增长方式，走高产、优质、低耗、高效的发展路子。1996 年农业大丰收后，我国农产品供应一改过去长期短缺的状况，转变为供求总体平衡、丰年有余的局面①。针对国内市场粮多、价低，粮食收购企业亏损挂账严重的现状，1997 年全国粮食购销工作会议在北京举行，党中央、国务院做出按保护价敞开收购议价粮的重要决策。1998 年全国粮食流通体制改革工作会议做出粮食价格主要由市场供求决定，粮食企

① 董文兵. 十个中央一号文件的政策透视——我党三十年农村改革的政策路径及其启示. 太原市委党校学报，2008（6）.

业按市场价格经营粮食的决定；同年党的十五届三中全会召开。会议审议并通过了《中共中央关于农业和农村工作若干重大问题的决定》，提出了从现在起到2010年建设有中国特色社会主义新农村的目标和实现跨世纪目标的基本方针。2000年1月召开的中央农村工作会议上，提出推进农业和农村经济结构战略性调整作为我国农业和农村经济发展新阶段的中心任务。此外，进入20世纪90年代以来，主要由企业投资者和农民投资者作为创新主体的乡镇企业改革，即从合伙制到股份合作制，甚至有些向有限责任公司、股份有限公司、集团化演变，国家对农村劳动力转移的政策发生了积极的变化，“外出务工”取代乡镇企业的就地转移，成为中国农村剩余劳动力转移的主要方式。综合来讲，90年代以来中国农村经济发展更注重依靠农业科技提高生产力，依靠与市场紧密结合促进农产品流通，依靠外出务工解决农村剩余劳动力就业问题，动员农民、企业与基层干部一起，共同建设社会主义新农村。

2001年5月，江泽民在中央扶贫开发会议上讲话：“实现‘八七’扶贫攻坚计划确定的目标，只是一个阶段性胜利……帮助贫困地区群众与全国人民一起逐步走向共同富裕的道路，是贯穿社会主义初级阶段全过程的历史任务，全党和全国上下必须锲而不舍地长期奋斗”。会议通过了《中国农村扶贫和开发纲要（2001～2010年）》，对未来十年的扶贫开发工作作出了工作部署。按照集中连片的原则，国家把贫困人口集中的中西部少数民族地区、革命老区边疆地区和特困地区作为扶贫开发的重点，并在上述四类地区确定扶贫开发工作重点县。东部以及中西部其他地区的贫困乡、村，主要由地方政府负责扶持；扶贫资金的投放将覆盖到非贫困县中的贫困村。2003年农村贫困人口变化出现了不减反增的现象，巩固温饱的重要性逐渐显现出来，为此，国家将解决剩余贫困人口温饱问题作为扶贫主要任务的同时，更加着重强调提高贫困群众的生活质量和人口素质，促进贫困地区科教文卫事业的发展，进行人力资本投资。2001～2010年陆续出台了5项专门针对教育扶贫的政策文件，2项针对医疗卫生建设的扶贫政策文件。并在2003年开始推行新型农村合作医疗的医疗救助制度试点。2004年《关于加强贫困地区农村基层组织建设推动扶贫开发整村推进工作的意见》的出台，正式确定了新时期以县为基本单元，以贫困村为基础，按照参与式村级扶贫规划，实行“整村推进”扶贫模式。2001年我国有14.8万个贫困村（占中国村庄总数的20.9%）确定为“整村推进计划村”。在整村推进扶贫的基础上，瞄准贫困人口，结合以农村产业化发展（扶持龙头企业）和开展劳动力转移培训，共同组成了“一体两翼”扶贫战略。

2007年国务院出台《关于在全国建立农村最低生活保障制度的通知》，这是中国扶贫开发工作的一个新的里程碑，标志着我国形成了以农村社会保障体系为基础，促进贫困地区经济发展和贫困农民增收为核心的扶贫开发体系。此外，这十年期间，生存环境恶劣地区进行异地生态搬迁扶贫，以及1000多万自我生存能力受限的残疾人扶贫，都出台了不同程度的针对性政策。

为了实现全面建设小康，达到共同富裕的目标，我国在21世纪的第一个十年的扶贫开发的扶贫片区重点仍旧在“老、少、边、穷”的中西部地区，通过加大政府扶贫资金投入和强调人力资本的投资，将扶贫开发项目与整村推进结合，以及产业扶贫、劳动力输出培训和自愿移民搬迁三结合，建立和完善农村社会保障体系，形成贫困者参与式扶贫、以村为基本单位的集产业、区域和社会政策于一体的综合开发扶贫模式，为贫困地区贫困人口达到小康水平创造条件。这一阶段的我国减贫的主要目标是解决剩余3000万农村绝对贫困人口的温饱问题，到2010年时基本消除绝对性贫困。从统计数据来看，以2008年重新调整的扶贫标准，到2010年年底，中国农村贫困人口数由2001年的9029万人下降到2688万人，贫困发生率从9.8%降为2.8%；全国农村居民人均收入也由2001年的2366.4元上升到2010年的5919元。

进入21世纪，我国的扶贫政策具体内容上有所调整和更新，但仍是以解决贫困人口温饱问题为主要目标的以开发式为主的扶贫，即不同于“八七”计划中的绝大部分贫困人口脱贫，这一时期是主要解决剩下的少数绝对贫困人口的贫困，因此在减贫的大方向上，没有根本性的转变，而是一种温和、平稳的渐进式政策变迁。一方面是在继续深化农村改革基础上，出台了一系列强农惠农政策，于20世纪90年代后期开始实施“科教兴农”的发展战略，放开粮价，2000年将农业和农村经济结构战略性调整作为农村经济发展核心，可以说，这是进一步加强农村农业发展与市场经济体制的结合，这为新时期扶贫项目政策创新提供了制度基础。另一方面，扶贫开发中各个利益主体地位发生变化。扶贫政策制定仍然是由政府主导，但1997年扶贫开发工作责任制建立后实行“四到省”原则，中央权利下放，地方政府开始拥有更多的内部扶贫的自主权，使地方政府有了自己的利益需求，在中央总政策方向下，地方政府会更愿意代表、并向中央反映地方贫困群体的利益需求，不仅使得地方政府更有动力或意愿去尝试、探索有效的减贫模式，而且还能降低减贫计划的实施和监督成本，这在一定程度上会产生由地方政府推动、中央进行政策创新的行为。如2007年中央开始在全国建立农村居民最低生活保障制度前，福建省就于2004年初宣布在全省范围内全面实施农村居民最低生活保障制度，把家庭人均年收入低于1000元的农村人口统统纳入最低覆盖范围之内。此外，2000年年底剩余贫困人口的贫困性质和特征的变化，表现在贫困人口分布以贫困村为单位以及由于各方面因素导致剩余贫困人口脱贫更为艰难，这是扶贫政策做出新的调整的必要条件。

（五）扶贫攻坚新阶段：2011年至今

2010年我国GDP总值达401512.8亿元，是2000年（99214.6亿元）的4.05倍；中央财政收入42488.47亿元，是2000年（6989.2亿元）的6.08倍；地方财政40613.04亿元，是2000年（6406.1亿元）的6.34倍，国家经济实力和政府实力持续增强。宏观经济环境方面，与20世纪90年代相比，21世纪中国的经济变得更加平稳①。2001年制定并实施的“十五”经济发展规划，是中国市场经济体制下的第一个五年计划，以发展为主题，提出经济发展动力主要来自三大内在因素，即结构调整、改革开放和科技进步，标志着我国进入经济发展的新时期。同年6月，中国参与建立欧亚大陆一个全新的区域性多边合作组织——“上海合作组织”诞生，12月，中国正式加入WTO，融入经济全球化的步伐加快。到2003年，中国经济结束了连续5年的反通缩，开始进入了新的经济增长期。经过“十五”规划头四年的努力奋斗，2005年我国经济增长已经稳定地进入新一轮上升期。2006年“十一五”发展规划出台，以科学发展观为主题，坚持内需主导型发展战略，更加突出地强调产业技术进步战略、制度创新。直到2007年，次债到来，2008年全球经济危机爆发，加上中国楼市股市的泡沫严重和汶川地震，2008年经济增长遭遇又一个转折。2008年年底以四万亿元经济刺激计划为代表，中国以超常规经济刺激计划应对国际金融危机，取得了明显的成效。2010年中国进入了一个重要的结构转型和政策调整期，中央提出“积极稳健、审慎灵活”的宏观经济政策基本取向。与百姓息息相关的三大领域，即医疗，教育，社会保障的改革在2011年全面进入攻坚阶段。中国GDP增速从2012年起开始回落，2012～2014年上半年增速分别为7.7%、7.7%、7.4%，是经济增长阶段的根本性转换。中国告别过去30多年平均10%左右的高速增长，进入了经济增长新常态时期。此外，党的十六大以来，我国城镇化发展迅速，2002～2011年，我国城镇化率以平均每年1.35个百分点的速度发展，城镇人口平均每年增长2096

① 殷剑峰．二十一世纪中国经济周期平稳化现象研究．中国社会科学，2010（4）．

万人。2011 年，城镇人口比重达到 51.27%，比 2002 年上升了 12.18 个百分点。综合看来，进入 21 世纪后，我国经济进入结构调整、转型升级期，在全球市场动荡和国内需求疲软的交错环境中，仍然保持经济持续增长，只是增长速度有所放缓。农村发展方面，2001 年农村税费改革开始试点，寻求从根本上减轻农民负担的方法。2002 年中央农村工作会议提出，当前和今后一个时期，要坚定不移地推进农业和农村经济结构的战略性调整，提高农业整体素质和效益，促进农民收入持续稳定增长。2003 年，中共中央、国务院发出《关于做好农业和农村工作的意见》，做出统筹城乡发展，把“三农”问题作为全党工作的重中之重，坚持“多予、少取、放活”的方针，发挥城市对农村带动作用，实现城乡经济社会一体化发展。同年，国务院做出《关于进一步加强农村教育工作的决定》，开始全面普及农村九年义务教育。2006 年开始全面废止农业税，9 月全国农村综合改革工作会议举行，这标志着继农村家庭承包经营、农村税费改革之后，我国农村改革目前已进入“第三步”改革的新阶段；11 月中共中央办公厅、国务院办公厅发布《关于加强农村基层党风廉政建设的意见》，这是党中央对农村基层党风廉政建设工作第一次做出全面系统的部署。2007 年国务院发出《关于在全国建立农村最低生活保障制度的通知》，2009 年部署启动新型农村养老保险试点，农村社会保障体系进一步完善。值得注意的是，2004 ~ 2017 年，中央连续发布 14 项以“三农”问题为核心的中央一号文件，这充分说明了农村改革、农村经济发展进入 21 世纪后在一系列惠农、强农政策下取得了重大进展，促进经济益贫式增长。

在贫困特征表现上，随着 21 世纪中国扶贫开发纲要实施的结束，我国农村人口的温饱问题得到基本解决，贫困程度大幅下降，贫困发生率由 10.2% 减少到 3.8%，探索出了一条中国特色的扶贫道路。按照新的扶贫标准，截至 2013 年年底，我国贫困人口仍有 8249 万，其中贫困发生率超过 20% 的有西藏、甘肃、贵州、新疆、云南和青海 6 个少数民族比例较高的省区①；绝对贫困人口的分布特征呈现出“大分散、小集中”的趋势，新阶段，我国的绝对贫困人口主要分布在 14 个“连片特困地区”。这 14 个集中连片特困地区中，农民人均纯收入 2676 元，仅相当于全国平均水平的一半；在全国综合排名最低的 600 个县中，有 521 个在片区内，占 86.8%，可见到 2020 年中国要实现全面建成小康社会的奋斗目标，重点在

① 刘永富. 解读“继续向贫困宣战”. 人民网，2014 - 3 - 24. http://kfq.people.com.cn/n/2014/0324/c54918 - 24721467.html.

中西部地区，难点在集中连片特困地区。需要说明的是，我国官方公布的贫困人口数量是国家统计局根据全国7.4万户农村住户调查样本数据推算出来的。对于研究贫困居民规模、分析贫困发展趋势来说，这个数据比较科学，但在具体扶贫工作中“谁是贫困居民?”“贫困原因是什么?”“怎么针对性帮扶?”“帮扶效果又怎样?”等不确定问题却一直存在。这是由于全省乃至全国都没有建立统一的扶贫信息系统，因此帮扶工作就存在许多盲点，一些真正的贫困农户没有得到帮扶。国务院扶贫办党组书记、主任刘永富在接受中国经济网独家采访时表示：以前出台一项政策，一批人都能够脱贫致富，现在剩下的都是“硬骨头”，减贫难度越来越大。因此，原有的扶贫体制机制必须修补和完善，要做到识真贫、扶真贫，才能更好地如期实现2020年全面建成小康社会的目标。

在“十二五”的开局之年，国务院颁布了《中国农村扶贫开发纲要(2011~2020)》(以下简称《纲要》)，要求到2020年实现“两不愁，三保障”，巩固温饱成果，向全面建成小康社会冲刺。2011年颁布的《纲要》第十条明确指出：将六盘山区、秦巴山区、武陵山区、乌蒙山区、滇桂黔石漠化区、滇西边境山区、大兴安岭南麓山区、燕山——太行山区、吕梁山区、大别山区、罗霄山区等区域的连片特困地区和已明确实施特殊政策的西藏、四川藏区、新疆南疆三地州，作为扶贫攻坚主战场，加大对连片特困地区的投入和扶持力度，中央财政专项扶贫资金的新增部分主要用于连片特困地区；并且在各部门组织下集中实施一批民生工程，改善连片特困区内的生产生活条件，培育壮大一批特色优势产业，加快公共基础设施建设步伐，加强生态建设和环境保护，着力解决制约发展的“瓶颈”问题，促进基本公共服务均等化，从根本上改变连片特困地区面貌。并在之后陆续出台了一系列有针对性的单项扶贫政策措施，特别是在2012年我国出台的扶贫政策是历年来最多，高达14项。期间在原有专项扶贫、行业扶贫与社会扶贫三位一体的扶贫战略体系上，创新扶贫模式，新增了旅游扶贫。随后中共中央办公厅国务院办公厅印发的《关于创新机制扎实推进农村扶贫开发工作的意见的通知》(中办发〔2013〕25号)和国务院扶贫办于2014年6月发布的《建立精准扶贫工作机制实施方案》，促进精准扶贫工作从顶层设计、总体布局和工作机制等全面有序有效地推进①，标志着我国最新一轮扶贫机制或扶贫工作理念、方式——“精准扶贫”的开始。建档立卡与信息化建设；建立干部驻村帮扶工作制度；扶贫资金到村

① 刘解龙. 经济新常态中的精准扶贫理论与机制创新. 湖南社会科学，2015(4).

到户；培育扶贫开发品牌项目；精准扶贫考核机制等都是目前精准扶贫工作的主要内容。2014 年以来，无论是扶持经济发展还是社会保障兜底扶贫等几乎所有中国扶贫政策都是建立在精准扶贫的理念上，并在出台了《中共中央、国务院关于打赢脱贫攻坚战的决定》（中发〔2015〕34 号）后，又新增了以电商扶贫等为主要内容的“互联网 +”扶贫。值得一提的是，精准扶贫机制出台前的政策准备可追溯自 2009 年国务院扶贫办和民政部等部门为推动农村最低生活保障制度和扶贫开发政策的有效对接而开展的贫困户识别与分类工作，以期为不同类型的贫困户提供差异性和针对性的扶持（在实践中贫困户一般被区分为扶贫户、低保户、扶贫低保交叉户、五保户等，各地有所差别）①。并且在很大程度上借鉴了广东省扶贫“双到”（从规划到户、责任到人）工作的经验，这一项扶贫方式广东在 2009 年开始实施，当时全省派出 3451 个工作队、11524 名驻村干部，省财政也拿出 20 多亿元，对口帮扶 3409 个贫困村，实行定点清除贫困。

从政策概述中可以发现，中国新时期扶贫重点转向相对贫困，扶贫对象重点在 14 个特困片区；扶贫开发模式转向以经济要素和社会要素相融合为主，更加注重扶贫目标、扶贫措施的靶向性；建立了一套全国统一的科学性贫困瞄准体系，即建档立卡信息平台；实现农村扶贫开发政策与惠农政策、农村社会保障制度尤其是最低生活保障制度的有效衔接与良性互动；突出市场和社会的价值，继续构建专项扶贫、行业扶贫、社会扶贫三位一体和政府、市场、社会协同推进的大扶贫开发格局。简单地说，着重以贫困农户和农民为中心的群体脱贫方式，实施“一手抓贫困区域发展、一手抓扶贫到村入户”的“两手抓”扶贫开发方式，前者包括整村推进以及在其基础上的片区开发等；后者则包括扶贫搬迁、“雨露计划”、产业扶贫项目等。可以说，在加入了“精准扶贫”工作理念以后，中国整个的扶贫开发体系进入了当前最新的阶段，并且这一扶贫机制将持续到 2020 年全面脱贫目标的实现。按 2010 年确定的最新扶贫标准，至 2015 年年底，中国农村贫困人口下降到 5575 万人，较 2010 年（16567 万人）减少 10992 万人，贫困发生率从 2010 年的 17.2% 下降到 5.7%。虽然“精准扶贫”对未来农村减贫意义重大，但它是一项复杂的系统工程，因此，在具体工作中难免会遇到一些难点，不断寻求有效的解决方式仍是我国扶贫工作中需要解决的问题。

自 2010 年以来，我国的贫困性质已经从绝对贫困转向了相对贫困，收

---

① 左停. 精准扶贫：技术靶向、理论解析和现实挑战. 贵州社会科学，2015（8）.

入贫困逐渐向文化贫困转变，除了14个特困片区外的贫困群体呈点状式分布于贫困村与非贫困村，这些是减贫政策创新的根本出发点。2010~2013年的扶贫重点主要是14个特困片区的开发式扶贫，期间出台的扶贫政策仍旧以中央政府主导供给式变迁，其中的具体措施基本都是沿袭前一阶段的教育、劳动力转移培训、异地搬迁、产业扶贫和整村推进扶贫。2013年《关于创新机制扎实推进农村扶贫开发工作的意见》的政策出台，标志着我国开始探索通过创新机制来调整新时期农村扶贫开发，继而提出了“精准扶贫”工作理念，此后“创新”与“精准扶贫”也成为推进2020年实现全面小康各项减贫政策的关键词。随着我国参与经济全球化程度的进一步加深，国内外大市场下的经济体发展逐渐要求更加规范、高质量的产品、服务以及人才，金融也成为当代经济体中的增长引擎，因此教育扶贫、金融扶贫等政策措施也逐渐成了现阶段扶贫的重点方式。在这里，“精准扶贫”工作机制作为中央正式制定的一项在脱贫攻坚最后阶段内的扶贫理念，这一政策实质内容的创新首先来源于广东2009年开始实施的扶贫“双到”政策，在接下来几年里取得了较好的减贫成效，此后中央又根据实际扶贫开发的反馈，进一步精炼成“精准扶贫”，确立并全面推广开来。可以说，进入21世纪后，我国减贫政策创新逐渐由中央政府主导供给向地方政府主动寻求创新，经中央确立并推广到全国实行。总体扶贫模式是，在对贫困片区和离散贫困人口进行一系列开发式扶贫的同时，继续做好农村最低生活保障、农村合作医疗和农村养老保险等社会保障制度与扶贫政策有效衔接，逐渐形成了我国扶贫开发以政府主导型、市场导向型和社会参与型三种扶贫机制的多元协同的大扶贫格局，现阶段我国扶贫政策创新的本质体现。

二、西部地区反贫困进程

（一）以扶贫项目为主要标志的西部反贫困进程

中国西部地区的贫困问题一直以来都受到政府的高度重视，20世纪80年代初，我国在西部开展了大规模区域性扶贫开发工作。1982年党中央、国务院将全国连片最为贫困的甘肃定西、河西和宁夏回族自治区西海固作为“三西”专项建设列入国家计划。“三西”地包括河西地区19个县（市、区），定西20个县（区）和西海固地区8个县，共计47个县市、区，总面积38万平方公里，农业人口约1200万人。“三西”农业建设计划的实施开启了中国区域扶贫的先河，可以说中国政府的扶贫战略实施始于西部。此后，国家层面的扶贫政策逐一颁布，但没有直接针对西部地区的扶贫文件，西部各省尤其是较为贫困的省份，会紧紧跟随国家的最新政策来制定本省的扶贫政策，因此从政策角度来说，西部的反贫困进程及其阶段与全国一致，这里不再冗述，而更多地体现在西部实施扶贫项目工程的方式上。

这些工程（或项目）主要涵盖了金融、教育、科技、医保低保等方面。金融扶贫上以“秦巴小额信贷扶贫实验”为代表。1996 年，中国西部人力资源开发中心负责实施了世界银行秦巴扶贫项目中四川阆中和陕西安康的小额信贷试点，名称为“秦巴山区扶贫项目——贫困社区综合开发项目”，主要是在秦巴山区选择了 26 个贫困县中的最贫困村，进行基础设施、教育卫生、种养殖业、乡镇企业等多方面的综合性开发，以达到农户脱贫和社区开发的双重目的。在这个总投资 30 亿人民币的大项目中，安排了 400 万美元的资金用于在四川阆中和陕西安康进行小额信贷扶贫试验，计划在 5 ~ 6 年的时间内，通过小额信贷扶贫的方式将 3320 万元人民币投放到 2 万多农户手中，帮助他们改善自我就业，增加现金收入，提高综合素质，增加脱贫致富的能力①。

教育上除了我们熟知的“希望工程”等一系列项目外，教育政策也在逐步向西部贫困地区倾斜，比如在 2001 年秋季经国务院同意，财政部、教育部联合对中西部农村地区义务教育阶段家庭经济困难学生试行免费提供教科书。2005 年 7 月国务院制定的《关于进一步加强农村教育工作的决定》提出，中央财政继续设立中小学助学金，重点扶持中西部农村地区家庭经济困难学生就学，逐步扩大免费发放教科书的范围。

科技扶贫上，我国政府对西部贫困地区的支持贯穿扶贫开发的各个阶段，并且与时俱进。早期以“星火计划”为代表，1990 年 4 月国家科委、民主党派等有关领导和专家，到贵州黔西南布依族苗族自治州考察，并将黔西南州确定为国家科委、统战部、国家民委与各民主党派、全国工商联共同推进的西南少数民族地区“星火计划”、科技扶贫试验区。2001 年科技部中国农村技术开发中心、商务部中国国际经济技术交流中心与联合国开发计划署驻华代表处共同实施了“中国信息通讯技术扶贫能力建设项目”。该项目旨在通过加强贫困地区的信息能力建设，提高科技信息服务水平，示范推广可行的科技信息扶贫模式。项目覆盖河南、安徽、陕西、

① 朱文明．中国扶贫基金会小额信贷模式及其启示．中国农村金融，2012（24）．

重庆和河北等省5个试点县、22个项目村。通过建立县、乡级信息中心，对农民进行了系统的科技信息培训，培养了农民通过互联网等现代通信手段、获得生产和生活的科技及市场信息的能力。2008年7月科技部农村中心开始开展科技扶贫远程课堂培训。培训面向科技部重点扶贫的井冈山、永新、光山、英山、安塞、佳县等六县，2009年又扩充了毕节市、黔西南州、巴中市等3个地区。培训对象为当地的致富带头人、种养业大户、科技工作者和科技扶贫团成员。培训方式采用由科技部农村中心邀请专家在北京授课，以现代远程科技培训网络和卫星电视两种形式同时现场直播。该项目旨在使边远地区的科技人员和农民了解种养业领域和卫生医疗保健领域的新进展，从而更新他们的相关知识，开阔他们的视野，并通过他们传播科技知识，促进当地群众尽快脱贫致富。

医保低保方面体现在政府对中、西部农民的补助上。2003年1月国务院办公厅转发了卫生部、财政部、农业部《关于建立新型农村合作医疗制度的意见》（国办发〔2003〕3号），到2008年覆盖全国所有含农业人口的县（市、区），参合人口8.15亿，参合率达到91.5%。为提高参合农民的受益水平，各级财政对新农合的补助标准逐步提高，由2003~2005年的每人每年20元、2006年的40元，提高到2008年的80元，其中中央财政对中、西部地区参合农民的补助标准由最初的每人每年10元提高到2008年的40元，六年时间翻了两番，而农民个人缴费水平仅从2003年的每人每年10元提高到目前的20元，财政补助占新农合总体筹资水平从初期的66%提高到目前的80%。

此外还有东西协作（或称“对口帮扶”）项目，1996年我国政府组织沿海经济发达省市对口帮扶西部贫困省（区），其中大部分是西部少数民族地区。1996年7月6日，国务院办公厅转发了国务院扶贫开发领导小组《关于组织经济较发达地区与经济欠发达地区开展扶贫协作的报告》，对东西扶贫协作作了具体部署。即，北京帮内蒙古，天津帮甘肃，上海帮云南，广东帮广西，江苏帮陕西，浙江帮四川，山东帮新疆，辽宁帮青海，福建帮宁夏，深圳、青岛、大连、宁波帮贵州，东西扶贫协作有力地促进了少数民族贫困地区的脱贫步伐。

（二）西部地区各省区市贫困情况变化

西部地区的贫困问题得到了各级政府极大重视，在投入大量项目与工程之后也取得了相当可观的成效，贫困情况有了较大改观。我们通过主要年份东、中、西部贫困人口比例的变化来说明西部地区的减贫进程，以增加时间序列上的可比较性。2010 年以前由于有多个贫困标准，导致贫困规模与贫困发生率前后有较大不同，并且以目前的情况来看，2010 年之前的贫困标准较低，因此这里的比较分为 2010 年前后两个时间段。

从图 1－1 可以看到，1998 年我国贫困人口的东中西部分布中，贫困人口主要分布在中西部，其中西部贫困人口占了全国近一半（48.2%）。进入 21 世纪后，三大地带的贫困人口分布发生了较为明显的变化，虽仍以中西部分布为主，但 2000 年西部贫困人口占比达到了 61%，比 1998 年增加了 13 个百分点；中部占比 29%，比 1998 年低了 12 个百分点；东部则比 1998 年降低了 5 个百分点，即西部贫困人口占全国比重在增加，东、中部在减少，且这个变化趋势进一步持续。2005 年，东部贫困人口比例依然在持续下降，相比 2000 年下降了 2 个百分点，西部占比稍有下降，为 59%，中部则上升到 32%，中西部整体的贫困人口比例依然在增加，到 2010 年，中西部占比高达 95.4%，仅西部就 65.1%，东部地区贫困人口已不足 5%。因此，国家扶贫开发重点区域转向中西部，特别是西部地区，并且大力推进东西扶贫，这应是进入 21 世纪后中国扶贫开发战略进行调整的重要内容之一。

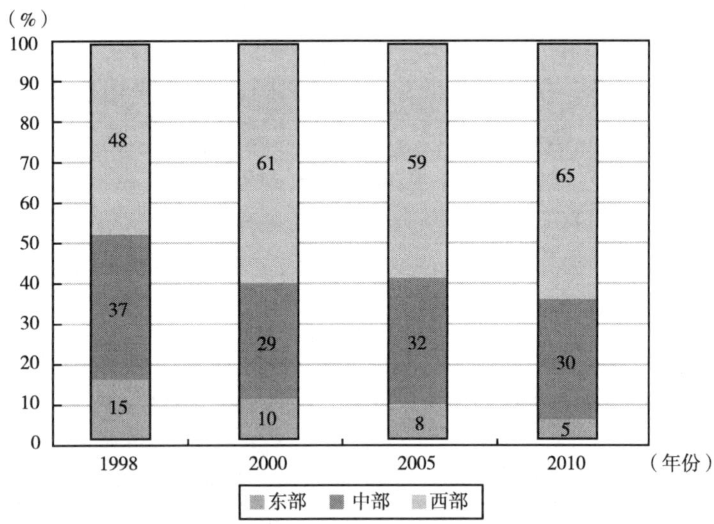

图 1－1 旧标准下 1998～2010 年东、中、西部地区贫困人口占比变化①

数据来源：《中国农村贫困检测报告》（2000、2011）。

① 东部：北京、天津、河北、辽宁、上海、江苏、浙江、福建、山东、广东、海南；中部：黑龙江、吉林、山西、安徽、江西、河南、湖北、湖南；西部：内蒙古、广西、重庆、四川、贵州、云南、西藏、陕西、甘肃、青海、宁夏、新疆。需要注意的是 1998 年的划分中，广西与内蒙古分别属于东部、中部地区，因此按新标准 1998 年西部贫困人口占比应该更多。

2010 年因重新调整了贫困标准，我国农村贫困分布发生了变化。进入 2010 年新时期，我国扶贫事业强势推进，西部的贫困情况也逐步减轻，即使在 2010 年我国上调贫困线标准后，大量新增的贫困人口也实现了快速脱贫，如表 1－4 所示，其中四川、贵州、云南三省仅 2011 年就分别实现减贫 497 万、372 万、454 万人，贵州、云南、新疆三省区分别实现贫困发生率减少 11.7、12.7、11.7 个百分点，西部地区当年共减贫 2085 万人，贫困发生率下降 7.3%（详见表 1－5）。2010～2015 年，西部地区总计减少贫困人口 5516 万人，占全国减贫人数的 50%。西部地区的贫困发生率由 2010 年的 29.2% 减少到 2015 年的 10.03%，总计减少 19.17%，全国贫困发生率减少了 11.5%。

表 1－4　　2010～2015 年西部地区农村贫困人口规模　　单位：万人

地区	2010 年	2011 年	2012 年	2013 年	2014 年	2015 年
内蒙古	258	160	139	114	98	76
广西	1012	950	755	634	540	452
重庆	363	202	162	139	119	88
四川	1409	912	724	602	509	400
贵州	1521	1149	923	745	623	507
云南	1468	1014	804	661	574	471
西藏	117	106	85	72	61	48
陕西	756	592	483	410	350	288
甘肃	862	722	596	496	417	325
青海	118	108	82	63	52	42
宁夏	77	77	60	51	45	37
新疆	469	353	273	222	212	180
西部地区	8430	6345	5086	4209	3600	2914
全国	16567	12238	9899	8249	7017	5575

数据来源：《中国农村贫困检测报告 2016》。

表 1－5　　2010～2015 年西部地区农村贫困发生率　　单位：%

地区	2010 年	2011 年	2012 年	2013 年	2014 年	2015 年
内蒙古	19.7	12.2	10.6	8.5	7.3	5.6
广西	24.3	22.6	18	14.9	12.6	10.5
重庆	15.1	8.5	6.8	6	5.3	3.9

续表

地区	2010 年	2011 年	2012 年	2013 年	2014 年	2015 年
四川	20. 2	13	10. 3	8. 6	7. 3	5. 7
贵州	45. 1	33. 4	26. 8	21. 3	18	14. 7
云南	40	27. 3	21. 7	17. 8	15. 5	12. 7
西藏	49. 2	43. 9	35. 2	28. 8	23. 7	18. 6
陕西	27. 3	21. 4	17. 5	15. 1	13	10. 7
甘肃	41. 3	34. 6	28. 5	23. 8	20. 1	15. 7
青海	31. 5	28. 5	21. 6	16. 4	13. 4	10. 9
宁夏	18. 3	18. 3	14. 2	12. 5	10. 8	8. 9
新疆	44. 6	32. 9	25. 4	19. 8	18. 6	15. 8
西部地区	29. 2	21. 9	17. 5	14. 5	12. 4	10. 03
全国	17. 2	12. 7	10. 2	8. 5	7. 2	5. 7

数据来源:《中国农村贫困检测报告 2016》。

在全国贫困发生率大幅下降的同时，贫困程度严重的地区尤以西部为主，按照现行的贫困标准（见图 1－2），2010 年东、中、西部地区贫困人口占比分别为 15. 6%、33. 5%、50. 9%，2015 年东部地区贫困人口占比为 11. 7%，下降 3. 9 个百分点，中部地区占比 36%，上升 2. 5 个百分点，西部 52. 3%，上升 1. 4 个百分点，我国农村贫困人口仍有一半在西部。可以看到，无论贫困标准是否改变，我国贫困发生率相对严重的主要区域在西

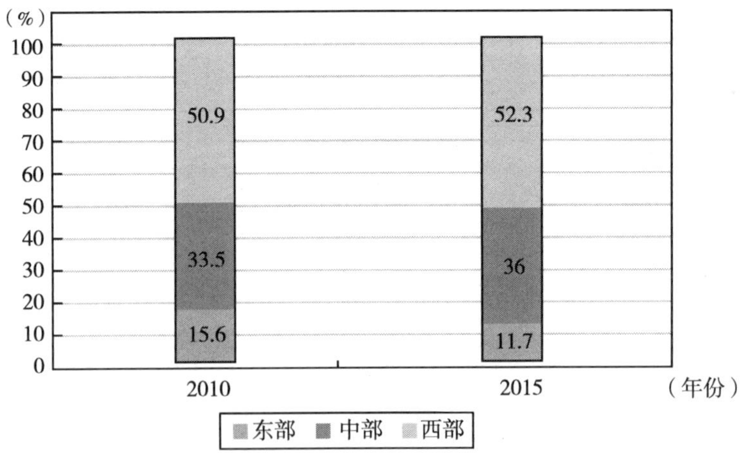

图 1－2　新标准下 2010 年、2015 年东、中、西部地区贫困人口占比变化

数据来源:《中国农村贫困检测报告 2016》。

部是基本不变的，这进一步肯定了我国当前以中西部为扶贫重点区域的扶贫战略的合理性。

从我国实施扶贫开发战略以来，贫困人口快速下降，但是西部地区的贫困问题依然严重、反贫困任务依然艰巨，这些问题主要表现为以下三个方面：

第一，减贫效率在逐年递减。从数据统计可以看到，2010～2015 年，西部地区虽然减贫幅度大，总共减贫 5516 万人，但仅 2011 年第一年就减贫 2085 万人，占全部减贫人口数的 37.8%，而此后历年减贫人口数分别为 1259 万、877 万、609 万、686 万人，下降趋势明显。

第二，减贫效率低于中、东部地区，减贫压力高于中、东部地区。从以上统计数据另行计算，2010 年西部地区贫困人口占全国约 50.1%，但此后逐年上升，到 2015 年西部地区贫困人口已占到全国 52.3%。2010～2015 年，西部地区减贫比例（减贫人口占 2010 年贫困人口）为 65.4%，而全国与中、东部地区减贫比例分别为 66.3%、67.3%，减贫效率高于西部地区。此外，2015 年西部十二省贫困人口规模为 2812 万人，约占全国贫困人口数量的 50%，然而西部的总人口仅占全国人口的 21%，西部地区每一人口所承担的减贫压力要高于全国人口的平均水平，也远远高于占全国 79% 人口的中、东部地区。

第三，西部地区仍然是全国贫困问题最严重的区域。与全国其他地区相比，西部地区贫困人口规模与贫困发生率一直居高不下，2015 年西部的贫困发生率为 9.7%，全国贫困发生率 5.7%，除内蒙古自治区与重庆市以外，其余各省均超过全国平均水平，西部整体的贫困发生率超全国约 3.5 个百分点，其中西藏贫困发生率达到 18.6%、贵州为 14.7%、甘肃为 15.7%，以上三省区为全国贫困最严重的地区，因此也是完成在 2020 年全国消除贫困的减贫目标最为困难的地区。

（三）中、东、西部地区贫困发生率的空间变化

根据 2002～2015 年我国贫困人口的数据，利用 ARCGIS10.2 绘制各省区市贫困人口密度分布图，分析我国贫困发生率的时空演变。虽然本书采用贫困人口来绘制分布图，但是这并不影响对于贫困发生率分布的分析，因为相同区域层面上，贫困人口不同，则出现的密度不同，且本书绘制图例均采取一个点代表 2.5 万人的口径，统一标准，所以对于分析结果能得到相同的结果。

（1）2002～2007 年阶段。一是从分布形状看，2002 年我国贫困人口

呈现出明显的“扇”型分布，中部、西部地区是贫困人口聚集地，各区域之间贫困人口分布差异明显，经过5年扶贫工作，至2007年，“扇”型分布逐渐开始消失，贫困人口亦集中于中部、西部地区，但贫困人口分布由高度密集的“扇”型转变为“漏斗”型，贫困人口大幅减少。二是从贫困人口占比来看，2002年东部、中部、西部、东北三省贫困人口占全国贫困人口的比例为15.18%、34%、50.86%、7.6%；2007年东部、中部、西部、东北三省贫困人口占全国贫困人口的比例为17.42%、28.25%、60.08%、5.67%。相对于2002年和2007年，中部、东北地区贫困人口占比下降，而东部、西部贫困人口占比增加。三是从贫困人口分布来看，2002年贫困人口主要分布在新疆、青海、陕西、云南、广西、湖北、山西等地区，且贫困发生率均高于10%，其中青海的贫困发生率高于30%；宁夏、甘肃、贵州、四川、湖南、黑龙江、内蒙古等地区的贫困发生率处于5%~10%之间；辽宁、吉林、江西、广东、重庆等地区的贫困发生率小于5%；2007年贫困人口主要分布于新疆、青海、陕西、云南、湖北等地区，且贫困发生率均高于10%，其中青海贫困发生率降为15%左右；其余地区贫困发生率均小于10%。

（2）2008~2009年阶段。由于贫困线的调整致使我国2008年贫困人口较2007年增加1642万人，使得脱贫任务更加艰巨。2008~2009年贫困人口减少不明显，持续以“漏斗”型存在。但从已有数据来看，2008~2009年，西部地区贫困人口占全国贫困人口比例均高于60%，成为贫困高发的重点地区。从贫困人口分布来看，2008年我国的贫困人口主要分布于山西、陕西、湖北、云南、贵州、甘肃、青海、新疆等地区，贫困发生率均高于10%，同时其他地区贫困发生率均小于10%；2009年我国的贫困人口主要分布于山西、贵州、云南、甘肃、青海、新疆等地区，贫困发生率均高于10%。

（3）2010~2015年阶段。第二次贫困线调整，相当于2008年几乎三倍的我国2010年的贫困线标准，加大我国脱贫攻坚的任务，使我国贫困人口2009年3597万人增加到16567万人，增加约5倍的贫困人口。2010年贫困人口分布如同一把“斧头”一般，狠狠地劈在我国中部、西部的板块上，经过5年的努力，至2015年年底“斧头”型贫困人口分布消失，呈现为“渔网”型，这似乎标志着我国下阶段的扶贫攻坚工作主要是：查缺补漏，啃最后的硬骨头。2010年，高贫困发生率主要集中于广西、贵州、云南、甘肃、陕西、青海等六个省区，贫困发生率为21.95%、43.72%、31.90%、33.67%、20.24%、20.96%。而2015年，广西、贵州、云南、甘肃、陕西、青海等六个省区的贫困发生率下降为9.42%、14.36%、9.93%、12.50%、7.59%、7.14%。

总而言之，从2002~2015年的时空分布图来看，我国贫困状况不管是从贫困人口看，还是从贫困发生率看，一直主要分布在部分中部地区和西部地区。我国中、西部地区多为高寒地区、少数民族集聚地区、自然环境恶劣地区，这些地区大多人均耕地面积少且耕地质量参差不齐、单位粮食产量低、自然条件差、资源利用率低、城乡收入差距大等原因并存，贫困条件复杂且扶贫难度大，这使得中、西部地区成为我国消除贫困工作的重心，而随着扶贫的进一步深入，扶贫工作越艰巨，可谓“入之愈深，其进愈难”，高寒地区、少数民族集聚区、边界区域等逐渐成为贫困的集聚区域，同时也是“难啃的硬骨头”。

第三节 农村减贫效率及其空间差异研究

一、研究方法与数据说明

（一）基于投入导向的DEA模型

反贫困工作不仅在于资源投入的增加，更需要对资源投入的减贫效果进行科学判断。基于此，本书以全国31个省区市为研究样本，首先构建科学的综合指标体系，采用投入导向的DEA方法测算农村减贫效率，并借助探索性数据分析法（ESDA）将减贫效率置于空间分析视角下，探讨其时空演变规律与空间差异特征，为分析我国贫困变化与减贫路径提供科学基础。

数据包络分析法（data envelopment analysis，DEA）是要素投入与产出之间的相对效率评价最常用的系统分析方法，通过巧妙地构造目标函数，将非线性规划问题转化为线性规划问题，使得评价结果更为客观[①]。DEA模型分为投入导向和产出导向两种，根据具体的分析目的，可以选择不同的导向。一般而言，投入导向的BCC（规模报酬可变）模型可表示为：

$$\min\left[\theta - \varepsilon\left(\sum_{i=1}^{m} s_i^- + \sum_{r=1}^{s} s_r^+\right)\right] = v_d(\varepsilon)$$

① 杨斌. 2000~2006年中国区域生态效率研究——基于DEA方法的实证分析. 经济地理，2009（7）.

$$
\text{s. t.}\begin{cases}\sum_{j=1}^{n}\lambda_j x_j + s_i^- = \theta x_0\\ \sum_{j=1}^{n}\lambda_j y_j - s_r^+ = y_0\\ \sum_{j=1}^{n}\lambda_j = 1\\ \theta,\lambda_j,s_i^-,s_r^+ \geqslant 0\end{cases} \qquad (1-1)
$$

其中，θ 为决策单元效率值，s_i^-，s_r^+ 为松弛变量，ε 为非阿基米德无穷小量，$\sum_{j=1}^{n} x_j = x_0$，$\sum_{j=1}^{n} y_j = y_0$。式（1-1）中，当 $\theta=1$ 且 $s_i^- = s_r^+ = 0$ 时，该决策单元为 DEA 有效，纯技术效率与规模效率也均有效；当 $\theta=1$ 且 s_i^-，$s_r^+>0$，该决策单元为弱 DEA 有效，表明该决策单元接近资源配置的相对最优状态；当 $\theta<1$，该决策单元非 DEA 有效，表明该决策单元可将所有投入资源缩减 θ 倍，产出仍能保持不变。BCC 模型计算出来的效率值为综合技术效率（TE），可以进一步分解为规模效率（SE）和纯技术效率（PTE），$TE=SE\times PTE$。

（二）探索性数据分析（ESDA）

探索性数据分析方法（ESDA）本质上是一种数据驱动分析方法，由于它注重研究数据的空间特性，能给出空间异质的不同形式并发现奇异观测值，因而被广泛运用于区域差异的研究中①。全局 Moran's I 和局部 Moran's I 数是 ESDA 两种主要的空间自相关系数，前者主要探索观测值在整个区域的空间分布特征，后者主要探索观测值在子区域上的空间分布格局和空间异质性。计算公式分别如下：

$$
I = \frac{\sum_{i=1}^{n}\sum_{j=1}^{n} w_{ij}(x_i - \bar{x})(x_j - \bar{x})}{\sum_{i=1}^{n}(x_i - \bar{x})^2} \qquad (1-2)
$$

$$
I_i = \frac{x_i - \bar{x}}{s^2}\sum_{j=1}^{n} w_{ij}(x_j - \bar{x}) \qquad (1-3)
$$

① 王飞．城镇化、城乡收入差距与传统农区农村剩余劳动力就地转移的空间差异——基于 ESDA 方法和面板 DOLS 模型的实证研究．中国农业资源与区划，2016（10）．

其中，x_i、x_j 为空间单元的观测值，s^2 为样本方差，w_{ij} 代表权重，反映区域 i 与区域 j 空间单元之间的影响程度。如果需要探测空间单元属性与周边空间单元属性相近或差异的程度，还需使用 G_i^* 指数探测局部高值集聚区和低值集聚区，其计算公式如下：

$$G_i^* = \frac{\sum_{j=1}^{n} w_{ij} x_j}{\sum_{j=1}^{n} x_j} \tag{1-4}$$

G_i^* 能探测出高值和低值的集聚情况，当 G_i^* 计算出的统计量 z 值高且为正数时，表示为高值集聚或热点区域，当 G_i^* 计算出的统计量 z 值高且为负数时，表示为低值集聚或为冷点区域。

（三）数据说明

为了解新时期我国农村减贫效率和省级的空间差异，本书以全国 31 个省区市为研究样本，采用投入主导型的 DEA 方法测算农村减贫的综合技术效率。选取农村农户固定资产投资额、公共财政支出、农业人口数三个投入指标，其中，农村农户固定资产投资额、公共财政支出衡量资本投入量，农村人口数衡量人力投入量，产出指标则选取减贫人口数来衡量各县区减贫的总体成效（具体见表 1－6）。研究的时间范围，由于 2011 年国家贫困标准的提高，使得贫困人口的数量也大幅提升，为了避免贫困标准提高带来的影响，使研究在时间上具有可比性，文章选取了 2011～2015 年来动态研究农村减贫效率的变化。根据数据的可获得性，以上各变量指标的数据来自于《2015 中国农村贫困监测报告》与国家统计局①。

表 1－6　　　　农村减贫的 DEA 模型投入—产出指标

指标类型	投入指标			产出指标
	I_1	I_2	I_3	O_1
指标	农村农户固定资产投资额	公共财政支出	农业人口数	减贫人口数
单位	亿元	亿元	万人	万人

① 国家统计局农村社会经济调查总队．中国农村贫困监测报告（2015）．中国统计出版社，2015.

二、实证结果与分析

（一）农村减贫效率的总体特征

运用传统 DEA 法中规模报酬可变的 BBC 模型对我国省际农村减贫效率进行测度，结果如表 1－7 所示。从全国来看，2011～2015 年农村减贫的平均综合技术效率为 0.39，相对较低，这意味着如果把当前的生产要素全部发挥出来，可以使产出在当前水平上再增长近 1 倍多，这说明除受减贫难度日益提高等因素的影响外，当前“高投入式”的粗放式减贫方式是造成减贫效率低下的重要原因。这一时期全国平均的纯技术效率与规模效率分别为 0.57 和 0.70，纯技术效率较低是造成综合技术效率低下的主要影响因素。综合技术效率与纯技术效率变动的趋势大体呈平行走势，说明农村减贫综合技术效率的分解中纯技术效率对综合技术效率的影响及制约能力强于规模效率。从时间上看，2011～2015 年全国农村减贫综合技术效率、纯技术效率、规模效率、均呈现出先减后增的趋势。2013 年达到最低值，三项指标分别为 0.35、0.54、0.65。综合技术效率与规模效率在 2015 年达到最高值，分别为 0.43、0.77。分区域来看，三大经济分区的平均综合技术效率、纯技术效率与规模效率，均表现出西高东低的阶梯型空间布局，在时间变动上也与全国平均水平相似，表现出先减后增的趋势（具体见表 1－7）。

表 1－7　　农村减贫综合技术效率指数及分解（2011～2015）

年份	综合技术效率				纯技术效率				规模效率			
	东部	中部	西部	全国	东部	中部	西部	全国	东部	中部	西部	全国
2011	0.27	0.36	0.61	0.40	0.34	0.45	0.66	0.61	0.79	0.81	0.92	0.69
2012	0.14	0.39	0.61	0.40	0.24	0.48	0.62	0.56	0.61	0.82	0.98	0.70
2013	0.12	0.37	0.54	0.35	0.23	0.46	0.59	0.54	0.52	0.80	0.92	0.65
2014	0.18	0.37	0.54	0.37	0.27	0.46	0.61	0.56	0.67	0.81	0.89	0.70
2015	0.25	0.47	0.58	0.43	0.29	0.50	0.61	0.59	0.89	0.94	0.94	0.77
平均	0.19	0.39	0.58	0.39	0.27	0.47	0.62	0.57	0.69	0.84	0.93	0.70

根据 DEA 模型分析结果，利用 2011～2015 年各省截面年份的农村减贫综合技术效率值，借助 ArcGIS9.2 软件将其绘制成空间分布图，从而更直观地反映研究期内省际农村减贫综合技术效率的空间演化格局。可以看

出2011～2015年村减贫综合技术效率值最大的省份为西藏自治区，连续五年综合技术效值均为DEA有效，DEA有效的省份还有贵州省和甘肃省，DEA有效期分别为2011～2014年与2013～2015年，五年间平均综合技术效率分别为0.989和0.952。除DEA有效区外，综合减贫效率较高的省份还有云南、广西、青海，平均综合技术效率分别为0.726、0.615、0.605。这些减贫效率较高的省均为西部省份，这些省份的贫困地区自然条件相对恶劣，少数民族与贫困人口相对集中，一直是我国扶贫开发项目重点投入区域，近年来在扶贫工作中取得的巨大成就不仅与该区域长期积累的"减贫经验"有关，更与政府大量的扶贫资源投入密不可分。与之相反，减贫效率较低的省份集中于东部地区，除上海、北京、天津三个直辖市外，2011～2015年平均综合技术效率较低省份还有广东、江苏、山东，综合技术效率的均值分别为0.148、0.162、0.164。这些省份经济发展起步较早，经济增长的"益贫"效应使该区域很早就具有了较少的贫困人口。此外，综合技术效率下降的区域主要集中在西南地区的云南、四川、重庆与东北的吉林、黑龙江等地。综合技术效率上升的区则主要集中在湖南、江西、浙江、江苏等省份。

（二）减贫综合技术效率的空间关联分析

为了更清晰地展现农村贫困减贫效率在空间上的相互关联性，我们测算出2011～2015年农村减贫综合技术效率的全局Moran's I与G_i^*（见表1－8）。两个指标均表明在研究期内农村减贫综合技术效率存在正自相关性，即存在高高相邻或低低相邻的聚集特征。据此我们进一步根据局部Moran's I绘制出了10%显著性水平下的农村减贫综合技术效率LISA聚类图，并把各区域归为下述4类：HH型，区域自身与相邻区域综合技术效率均较高，二者呈正相关关联；LL型，区域自身与相邻区域综合技术效率均较低，二者呈显著正相关关联；HL型，区域自身减贫综合技术效率高，而相邻区综合技术效率低，二者负相关关联性显著，空间上表现为中心高而四周低的关联特征；LH型，区域自身综合技术效率较低，而相邻区域综合技术效率较高，空间上表现为中心低而四周高的负相关关联特征。从生成的减贫综合技术效率的区域类型的数量和空间分布来看看，HH型数量最多且具有明显的空间聚集效应，空间聚集的范围由2011年贵州、云南、四川、西藏、重庆五个省区市，增至2013年贵州、云南、西藏、新疆、青海、甘肃六个省区。2013之后空间聚聚的范围则又逐渐缩小，到2015年仅有贵州、云南、西藏为HH型区域类型；LL型数量较少，聚集区域表现出由东北地区转向京津地区的趋势；LH 型五年间仅有甘肃、新疆和青海三个区域，且分布较为分散没有明显的聚集效应；HL 型县域类型特征最不明显，也没有形成这种类型的区域单元。

表 1－8　　农村减贫综合技术效率的 Moran's I 与 G_i^*

年份	Moran's I			G_i^*		
	I	E（I）	z	G	E（G）	z
2011	0.23**	－0.033	2.466	0.203***	0.155	2.697
2012	0.407***	－0.033	4.127	0.208***	0.155	2.92
2013	0.363***	－0.033	3.767	0.222***	0.155	3.332
2014	0.232**	－0.033	2.539	0.208***	0.155	2.92
2015	0.27***	－0.033	2.877	0.204***	0.155	3.367

热点分析可进一步侦测出空间集聚的明显位置及区域相关的程度，找寻哪个区域对于全局空间自相关的贡献度更大，并可揭示 Moran's I 的全局自相关在何种程度上掩盖了局部的不稳定。据此我们计算了 2011～2015 年农村减贫综合技术效率的局域空间关联系数 G_i^*，然后将计算出的统计量 Zscore 结果空间化，并划分为热点、次热点、次冷和冷点区，得到综合减贫效率空间格局的热点图。整体来看，2011～2015 年减贫综合技术效率的热点区域主要集中在西北与西南两大地区，除甘肃、宁夏、陕西、西藏某些年份为次热点外，其余省区五年间均为热点区域，具有较强的稳定性。次热点区域只集中在华北和中南的大部分地区，覆盖范围在 2011～2013 年表现出向东扩大的趋势。次冷点区则以华北、华东为主要覆盖范围，且具有东南移动的特点。冷点区域则主要分布在江西、安徽及东部沿海地区，但每一时期的空间分布较为分散，较为稳定的冷点区域主要集中在东北及环渤海地区。

第四节　西部地区农村贫困的变化及其效应分解

一、贫困变化计算及其分解方法

贫困问题不是独立于社会发展之外的单一问题，各种社会特征的变化同样会对贫困产生直接影响。当前，我国社会发展呈现出新的形势与新的变化，比如人口老龄化、经济发展速度放缓等，因而测算和掌握新环境下减贫效应变化的规律，对于我们把握贫困特征的变化趋势，并制定相应的反贫困策略是十分必要的。前面的数据虽然已经表明我国以及西部地区近年来贫困规模与贫困发生率的变动，但统计数据难以进一步拆分，阻碍了我们对贫困变化特征的深入分解，需要使用新的数据与新的方法，重新计算西部的贫困变化情况，分解贫困的影响因素及其动态特征。

一般来说贫困的变化主要受两种因素的影响：收入水平与收入分配。对于一个社会来说，居民收入水平的普遍增长显然有助于贫困发生率的下降；而总体收入能更多地分配到贫困人群中，从而缩小收入差距，也同样能够减少贫困的发生；但如果随着经济增长而贫困人群的收入衰退，则对贫困减缓起到相反的作用。基于此，我们对西部贫困变化的影响因素也分解为收入增长与收入分配两方面，并根据已有研究的理论基础，我们采用 FGT 指数测算贫困情况，并在此指数上使用 Shapley 分解计算收入增长与收入分配的影响。

FGT 指数由 Foster、Greer、Thorbecke 于 1984 年提出，又被称为贫困缺口或贫困距指数，该指数使用收入差距比率作为权重来衡量贫困率，从而可以有效考察贫困群体内部各子群的贫困程度。FGT 指数应用广泛，包括世界银行在内的众多组织、机构以及学者都采用了该指数进行贫困研究，其具体形式如下：

$$FGT = \frac{1}{n}\sum_{t=1}^{q}\left[\frac{z - y_i}{z}\right]^a \qquad (1-5)$$

式中 n 为总人口，q 为贫困人口，z 为贫困线，y_i 表示第 i 个贫困人口的收入，$\left[\frac{z - y_i}{z}\right]^a$ 一项即为贫困缺口（或贫困距），表示个体收入与贫困线之间的距离。FGT 指数对内部不同贫困程度群体的区分通过参数 a 的取值来实现，当取 $a=0$ 时，公式为普通的贫困发生率计算，即贫困人口指数 Headcount（HC）；取 $a=1$ 时，公式计算的是贫困缺口 Povertygap（PG），即贫困人口的平均收入与贫困线之间的差距比例，也可以看作是贫困的深度；取 $a=2$ 时，公式计算贫困缺口平方 PGsquared（PGS），由于该指数是贫困缺口的平方，越贫困的人口在其中的权重越大，反映了远离贫困线的群体，即极端贫困人群的情况。由于这三个指标对贫困的测度角度不同，它们所度量出来的贫困变化会因贫困人口中不平等状况的不同而有所区别，进而导致贫困分解结果的不同①。

计算某一地区的FGT指数可通过该地区不同收入水平下的人口比例与平均收入，拟合洛伦兹曲线（Lorenz curve）来实现，并可同时计算该地区收入分布情况。计算的理论推导过程可参见Gaurav Datt（1998）、林伯强（2003）等人的文章，本书不再赘述。

根据FGT指数的计算过程，贫困指标P（可以是HC、PG或PGS）可以用收入水平N与收入分布L表示，则t时期的贫困水平可写成：

$$P_t = P(N_t, L_t) \tag{1-6}$$

两个时期 $t=0$ 与 $t=1$ 的贫困变化 ΔP 即是两个时期贫困水平的差值：

$$\Delta P = P_1 - P_0 = P(N_1, L_1) - P(N_0, L_0) \tag{1-7}$$

也即贫困变化 ΔP 可由收入水平（N）与收入分配（L）变化决定，而这两个参数变化的分解则需要计算两个虚拟的贫困水平，一是保持 $t=0$ 时期收入分配（洛伦兹曲线）不变，而收入增长影响下的 $t=1$ 时期贫困水平 $P(N_1, L_0)$；二是保持 $t=0$ 时期收入水平（平均收入）不变，而收入分配改变影响下的 $t=1$ 时期贫困水平 $P(N_0, L_1)$。因而贫困变化 ΔP 又可表示为

$$\Delta P = [P(N_1, L_0) - P(N_0, L_0)] + [P(N_0, L_1) - P(N_0, L_0)] + R \tag{1-8}$$

公式（1-8）虽然表示出平均收入（N）与收入分配（L）变化的影响，但是存在一个残差R，R表示保持收入分配不变和平均收入不变两种情况下，收入增长和收入分配对贫困水平影响的差值，采用Shapley分解则可以消除这一差值。我们用 P_N 表示平均收入（N）变化下的影响，P_L 收入分配（L）变化下的影响，即有：

$$\Delta P = P_N + P_L \tag{1-9}$$

根据Shapley分解的原则，P_N 与 P_L 可分别表示为：

$$P_N = \frac{1}{2}\{[P(N_1, L_0) - P(N_0, L_0)] + [P(N_1, L_1) - P(N_0, L_1)]\} \tag{1-10}$$

$$P_L = \frac{1}{2}\{[P(N_1, L_1) - P(N_1, L_0)] + [P(N_0, L_1) - P(N_0, L_0)]\} \tag{1-11}$$

---

① 万广华，张茵，子璇．收入增长与不平等对我国贫困的影响．经济研究，2006（6）．

其中的 P（N_1，L_0）与 P（N_0，L_1）的数值可以通过世界银行开发的 FGT 计算软件 povcal 分别改变收入分配与平均收入水平来获取。并根据公式（1 - 10）与（1 - 11）计算，我们就可以考察各个时期贫困水平变动的收入增加效应与收入分配效应。

二、数据来源及统计性描述

我们采用上一节的方法分析 2000 ~ 2015 年的数据，以评估中国西部地区贫困状态的变化，分解收入增长与分配对减缓贫困的效用。计算过程需要用到的数据包括贫困线、不同收入水平居民的比例与平均收入。

贫困线以我国政府的公告标准，为 2010 年不变价下的居民人均年纯收入 2300 元。根据《中国农村贫困监测报告 2015》的说明，贫困标准的使用范围与时间有相应的限制，我国 2300 元的贫困标准于 2011 年 11 月 29 日在中央扶贫开发工作会议上提出，并说明是以 2010 年不变价为基础、针对中国农村消费水平制定，因此该贫困标准主要适用于 2010 年这一时间点与农村范围的贫困判定，其他年份的国家贫困线标准需要以 2010 年为基期，根据国家统计局农村居民消费品价格指数进行计算，本书计算了 2000 ~ 2015 年主要年份的农村贫困标准（年份选择见下文说明），取整之后如表 1 - 9 所示。

表 1 - 9　　主要年份国家贫困线变化

指标	农村居民消费价格指数（上年 = 100）	贫困标准（元）
2000 年	100.4	1862
2004 年	103.9	1955
2008 年	105.9	2242
2011 年	105.4	2424
2014 年	102	2603
2015 年	101.4	2639

数据来源：《中国统计年鉴》。

不同收入水平居民的比例与平均收入数据，主要采用各省区市统计年鉴中居民分层次（不同收入水平）纯收入。由于各省在农户收支的统计方式与完整性不同，无法统一计算分析，考虑了地理区位代表性与数据完整度，本书选取贵州、陕西、新疆三省区为例来计算分析。贵州的数据来源为各年度《贵州统计年鉴》《贵州六十年》；陕西的数据来源为各年度《陕西统计年鉴》；新疆的数据来源为各年度《新疆统计年鉴》《新疆调查年年鉴》《新中国六十年——新疆人民生活》。

对于贵州、陕西、新疆三省区的基本情况，我们通过人均 GDP 与农村居民家庭人均纯收入来简单说明。从大致排序上看，贵州是三省中发展水平最低的省份，人均 GDP 与农村居民人均纯收入是西部乃至全国水平最低的省份之一。与贵州省的“双低”不同，陕西省人均 GDP 为三省最高，在西部十二省中排名第三，新疆则位于中游。需要注意的是，陕西虽然整体发展水平最高，但新疆的农村居民纯收入高于陕西，表明新疆农村居民的生产与工资收入更高，两地区也分别代表了从事种植业与农牧业农户的不同情况。从具体数据来看，贵州 2010 年人均 GDP 为 13119 元，仅相当于陕西与新疆人均 GDP 的一半左右，但贵州的经济发展速度最快，2015 年人均 GDP 为 29847 元，相比 2010 年增加 127.5%，2015 年陕西人均 GDP 为 47626 元，新疆为 40036 元，分别比 2010 年增长 75.5% 与 59.9%。在农村居民纯收入上，2010 年贵州、陕西、新疆三省区分别为 3471.9 元、4105 元、4642.7 元，2015 年分别为 7386.87 元、8688.91 元、9425.08 元，相比 2010 年增加 112.7%、111.6%、103%（具体见表 1－10 与表 1－11）。

表 1－10　2010～2015 年贵州、陕西、新疆人均 GDP　单位：元/人

地区	2010 年	2011 年	2012 年	2013 年	2014 年	2015 年
贵州	13119	16413	19710	23151	26437	29847
陕西	27133	33464	38564	43117	46929	47626
新疆	25034	30087	33796	37553	40648	40036

表 1－11　2010～2015 年贵州、陕西、新疆农村居民家庭人均纯收入　单位：元

地区	2010 年	2011 年	2012 年	2013 年	2014 年	2015 年
贵州	3471.9	4145.4	4753	5897.77	6671.22	7386.87
陕西	4105	5027.9	5762.5	7092.2	7932.21	8688.91
新疆	4642.7	5442.2	6393.7	7846.59	8723.83	9425.08

此外，本节研究目的是演算贫困变化趋势，结果上并不需求逐年计算，因此只选择了主要年份作为时间节点计算，实际上采用 FGT 指数与贫困变动分解的研究均采取了类似的方法处理。在贫困计算的时间节点上我

们选择了具有代表性的年份，包括取消了农业税的2004年、金融危机爆发与中国政府实行经济刺激计划的2008年、贫困线提高至2300元的2011年，以及我们为了观察最新的变化而连续选取的2014年与2015年，从计算结果来看，以上年份的选取能够较好地反映贫困变化的趋势。

三、计算结果与分析

在取得数据后，使用以上FGT指数计算方法，并通过povcalnet软件测算，可分别得到贵州、陕西、新疆三省区2000~2015年农村贫困率、贫困距、加权贫困距以及基尼系数的变化数据，具体结果如表1－12所示：

表1－12　2000~2015年贵州、陕西、新疆贫困情况　单位：%

时间	地区	贫困率	贫困距	加权贫困距	基尼系数
2000年	贵州	79.16	31.10	15.47	27.33
	陕西	77.92	33.69	18.50	35.19
	新疆	68.26	31.09	17.82	39.83
2004年	贵州	66.94	24.19	11.55	30.27
	陕西	60.48	21.55	10.32	29.78
	新疆	50.37	20.04	10.50	37.68
2008年	贵州	42.59	14.48	6.74	33.54
	陕西	28.86	10.19	8.09	31.18
	新疆	33.37	12.21	6.08	35.13
2011年	贵州	22.73	6.67	2.73	32.49
	陕西	16.22	5.09	2.26	32.98
	新疆	22.26	12.24	12.24	35.86
2014年	贵州	10.58	3.34	1.46	32.34
	陕西	9.52	3.02	1.31	34.34
	新疆	14.91	9.06	9.06	42.19
2015年	贵州	9.85	3.53	1.77	33.26
	陕西	7.80	2.08	0.76	34.46
	新疆	11.63	3.45	1.38	40.63

表1－12中贫困率为贫困发生率，即贫困人口指数Headcount（HC）；贫困距为贫困人口的平均收入与贫困线之间的差距比例，即贫困缺口Povertygap（PG）；加权贫困距为贫困距的平方，亦即贫困缺口平方PGsquared（PGS），三个指标对贫困深度的反映由浅入深，一般来说，HC表示处于贫困线以下的人口比例，PG与PGS可以看作“比较贫困群体”与“极端贫困群体”情况的反映。

从表1－12中计算的数据来看，依照2010年2300元的贫困标准，贵州、陕西、新疆三省区自2000年以后贫困率、贫困距与加权贫困距都有大幅度的下降，分别从2000年的79.16%、77.92%、68.26%下降到2015年的9.85%、7.80%、11.63%，分别下降69.31、70.12、56.63个百分点，减贫成效斐然。贫困距分别从31.10%、33.69%、31.09%下降到3.53%、2.08%、3.85%，加权贫困距分别从15.47%、18.50%、17.82%下降为1.77%、0.76%、1.59%。三省区中陕西的下降比例最高、新疆最低，使得原本在2000年贫困率最低的新疆，到2015年却成为三省贫困率最高（详见图1－3）。

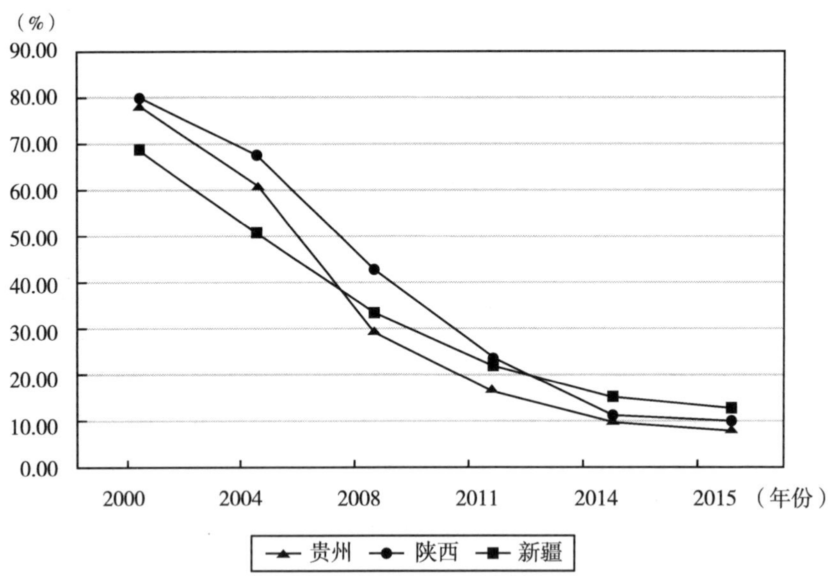

图1－3 2000～2015年贵州、陕西、新疆贫困率变化

基尼系数是通过定量测定收入分配差异程度的指标，基尼系数越高说明收入分配的差距越大。从计算结果来看，基尼系数的变化与基本单调下降的减贫趋势不同，2000年三省农村的基尼系数分别是：贵州27.33、陕西35.19、新疆40.21，2015年分别为33.26、34.46、44.1，这一时间范围内贵州的基尼系数的变化趋势为逐年上升，表明贵州省农村的分配状况在持续恶化、贫富差距在持续扩大。新疆的基尼系数则呈现先降后升的形态，在2011年为最低37.17，随后在2014年上升到42.19，2015年达到44.1。陕西基尼系数虽然也有先降后升的情况，但升幅较小，分配状况基本维持在35左右。从图1－4看，新疆的基尼系数整体上都高于其余两省，上升态势也比较明显，可以推断收入分配的改善会对新疆的减贫工作产生了更大影响，贵州、陕西两省农村居民的收入增长对其减贫的效果更好，这一点通过下面的贫困分解能更直观地得到印证。

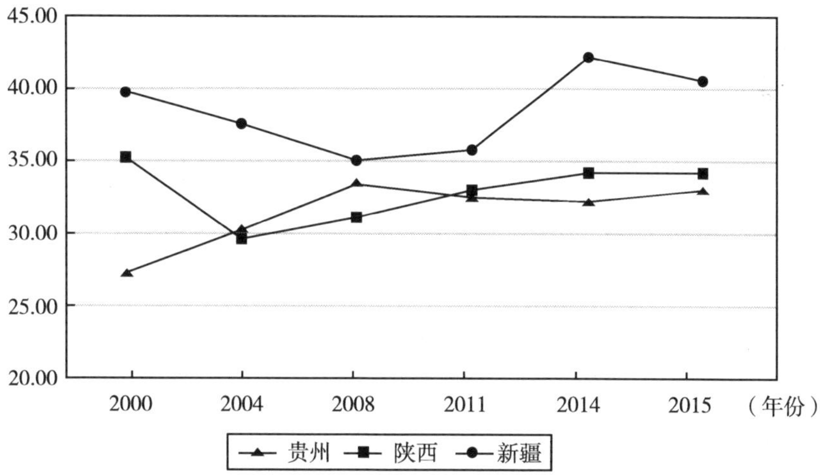

图1－4　2000～2015年贵州、陕西、新疆基尼系数变化

计算出各个时间节点的FGT贫困指数后，我们可以通过两个时间节点的数据进行进一步处理，得到节点区间的减贫效率的变动分解，即收入分配与收入增长对FGT贫困指数的影响。需要说明的是表中的符号，负号表明贫困减少，即受到收入分配（或增长）影响下的贫困减少量，正号则相反，表明在该影响下的贫困人口反而增加。由于数据繁多，我们将三省拆分进行单独分析。

贵州在2000～2015年贫困发生率共减少69.31%，如表1－13所示，减贫效率先增后减，最高的时间区间为2004～2008年与2008～2011年，年均减贫6.06%与6.62%，最低为2015年，仅减少0.73%。贵州减贫效率分解上，各个区间收入增长均对减贫有正向作用，2004～2008年区间影响达到7.36%，而收入分配对减贫起到完全负向作用，同样在2004～2008

年使贫困率恶化了1.27%。此外还有两个情况需要特别注意，一是农村居民收入增长对贵州农村减贫的效率在逐年下降，虽然贫困率（包括贫困距与加权贫困距）的减少一直依靠收入增长带来的影响，但是在达到峰值7.36%后开始下降，到2015年仅为1.15%。二是收入增长与收入分配对贵州不同贫困深度FGT指数影响不一样，从数据上可以看到，一方面，2000~2015年收入增长对贫困率、贫困距与加权贫困距的影响随着贫困深度加深而递减，说明收入增长对比较贫困与极端贫困群体的减贫作用较小，而随着整体减贫效率的下降，该影响也逐渐缩小并趋近于零，2015年收入增长对贫困距与加权贫困距的影响仅为0.57与0.31；但另一方面收入分配对各个FGT指数影响几乎一样，说明收入分配对不同贫困深度的群体有着相同的减贫效率。

表1-13　　贵州2000~2015年农村贫困变化分解

年份区间		2000~2004	2004~2008	2008~2011	2011~2014	2014~2015
年均贫困率变化		-3.06	-6.09	-6.62	-4.05	-0.73
收入分配影响（年均）	贫困率	0.55	1.27	0.37	0.62	0.78
	贫困距	0.75	1.38	0.17	0.56	0.77
	加权贫困距	0.57	1.01	0.11	0.41	0.62
收入增长影响（年均）	贫困率	-3.60	-7.36	-6.99	-4.67	-1.51
	贫困距	-2.48	-3.81	-2.77	-1.67	-0.57
	加权贫困距	-1.56	-2.21	-1.45	-0.83	-0.31

陕西在2000~2015年贫困发生率共减少70.12%，如表1-14所示，减贫效率同样先增后减，最高的时间区间为2004~2008年，年均减贫7.9%，最低为最近的2015年，仅减少1.72%。减贫效率分解上，各个年份区间收入增长对陕西农村减贫起到正向作用，2004~2008年区间影响达到9.26%。而收入分配对减贫在不同时间有不同影响，其中2000~2004年与2015年为正向作用，其余年份为负向作用，2008~2011年区间影响使贫困率恶化了2.25%。此外，陕西农村居民收入增长对减贫的效率同样在逐年下降*，2008年达到7.36%后下降为2015年的1.28%。

表1-14　　陕西2000~2015年农村贫困变化分解

年份区间	2000~2004	2004~2008	2008~2011	2011~2014	2014~2015
年均贫困率变化	-4.36	-7.90	-4.21	-2.24	-1.72

续表

年份区间		2000 ~ 2004	2004 ~ 2008	2008 ~ 2011	2011 ~ 2014	2014 ~ 2015
分配影响（年均）	对贫困率	-0.75	1.35	2.55	1.24	-0.44
	对贫困距	-0.34	0.89	0.41	0.63	-0.46
	对加权贫困距	-0.15	1.16	-0.85	0.36	-0.32
增长影响（年均）	对贫困率	-3.61	-9.26	-6.76	-3.48	-1.28
	对贫困距	-2.69	-3.73	-2.11	-1.32	-0.48
	对加权贫困距	-1.90	-1.72	-1.10	-0.68	-0.24

新疆在2000 ~2015年贫困发生率共减少56.63%，如表1－15所示，减贫效率呈现先降后升的趋势，2000 ~2014年区间影响逐年下降，由2000 ~2004年的4.47%下降到2011 ~2014年的2.45%，到2015年减贫效率上升到3.28%。在减贫效率分解上，收入增长在各个年份区间都对新疆农村减贫起到正向作用，趋势呈现先升后降，由2000 ~2004年约4.23%上升到2008 ~2011年的5.78%，随后2015年下降到1.21%。与此相反，收入分配对新疆农村的减贫效率先降后升，除2000 ~2004年区间影响为正向且影响较小，其后收入分配开始出现负向作用，在2008 ~2011年区间影响使贫困率恶化2.64%，超过贵州、陕西两省，而到2015年收入分配影响上升并且超过收入增长的影响，成为当年新疆农村减贫的主要动力。另一点需要注意的是，收入分配不仅影响由负转正，且对比较贫困与极端贫困群体的减贫作用更加明显，尤其在2015年对极端贫困人口的减贫作用达到7.38%。

表1－15　　　　新疆2000 ~2015年农村贫困变化分解

年份区间		2000 ~ 2004	2004 ~ 2008	2008 ~ 2011	2011 ~ 2014	2014 ~ 2015
年均贫困率变化		-4.47	-4.25	-3.71	-2.45	-3.28
分配影响（年均）	对贫困率	-0.24	0.92	2.64	0.67	-2.07
	对贫困距	-0.11	0.53	2.00	1.05	-5.16
	对加权贫困距	-0.05	0.33	1.76	1.38	-7.38
增长影响（年均）	对贫困率	-4.23	-5.01	-5.78	-3.90	-1.21
	对贫困距	-2.65	-2.57	-2.54	-1.45	-0.45
	对加权贫困距	-1.78	-1.57	-1.39	-0.58	-0.31

从以上对贵州、陕西、新疆2000 ~2015年农村贫困率、贫困距、加权

贫困距以及基尼系数的计算与分解，我们可以总结出三点规律：一是整体减贫效率已处于逐年下降的阶段；二是收入增长是减贫的主要动力，但效果逐年下降，收入分配对减贫起着负面影响，但近年开始出现由负转正的情况；三是收入增长对一般贫困率的影响较大，但随着贫困深度加深影响递减，收入分配对贫困深度更深的群体有着更大的影响。

第五节　当前西部地区贫困问题

一、反贫困任务依然严峻

反贫困减少趋势下降，贫困人口依然众多。从我国贫困统计数据来看，2010 年后，西部贫困人口数与贫困发生率都大幅下降，2010 年大部分新增的贫困人口是由于上调的贫困线而导致“返贫”，实际上他们已经有能力获取经济发展的红利，收入能够随着经济增长而增加，因此也是最容易、最快速脱贫的人群。而在旧贫困线下的贫困群体则属于核心贫困阶层，他们的发展能力低下，难以通过自身努力来获取更多收入，是最“顽固”也是最“脆弱”的贫困群体，扶贫开发工作随着时间推进将会越来越困难。2010～2015 年西部地区的贫困人口减少量分别为 2085 万人、1259 万人、877 万人、609 万人、689 万人，贫困发生率减少分别为 7.3%、4.4%、3%、2.1%、2.1%，贫困规模和贫困发生率减少量逐年下降的情况十分明显（具体见表 1－16）。

表 1－16　　2010～2015 年西部地区贫困人口与贫困发生率　　单位：万人、%

年份	2010	2011	2012	2013	2014	2015
贫困人口	8430	6345	5086	4209	3600	2914
减贫人口	—	2085	1259	877	609	686
贫困发生率	29.2	21.9	17.5	14.5	12.4	10.3
减贫率	—	7.3	4.4	3	2.1	2.1

数据来源：《农村贫困检测报告 2016》。

时至今日，开发式扶贫战略的实施对推动贫困地区经济发展和缓解贫困起了很大作用。但是这种开发式扶贫战略明显受到传统发展经济理论的影响。随着实践的不断推进，人们也逐渐认识到了这种发展思路的负面影响。发展经济理论的研究与实践伴随着大规模的经济重建而兴起，各种经济增长的理论和模型相继提出。这些理论和模型都有一个共同的特点，即重视各种经济要素的投入对经济增长的作用，认为只有对贫困地区进行大量的资金、人力等流动性要素投入，促进经济的快速增长，才能突破经济发展的“临界”，摆脱“低水平陷阱”和“贫困恶性循环”。但是这种经济增长的模式和路径只重视区域发展中的经济因素，忽视了经济发展中的非经济因素，尤其是社会发展因素和人的能力，从而给欠发达地区造成了现实困境。

伴随着西部地区脱贫攻坚进入“啃硬骨头”的阶段，扶贫资源投入呈现边际效益递减的态势，对于农村基础设施、公共服务、产业发展等历史欠账，扶贫资源投入的成本大幅提高，脱贫攻坚正在走进高成本时代。针对区域层面的“低水平陷阱”与“贫困恶性循环理论”，事实上也同样适用于贫困户层面。在脱贫攻坚持续深入推进的背景下，未脱贫人口的致贫原因不仅仅在于生产资料或劳动力的匮乏、身体健康状况的不佳，还在于知识积累和社会资本积累等方面的严重不足，从而导致“因为贫困所以贫困”的结构性贫困恶性循环。这是对脱贫攻坚的深层挑战，迫切要求扶贫不仅要加强经济层面的帮扶，更要加强在教育、技能和思想观念等方面全方位个性化的帮扶，否则难以从根本上实现稳定脱贫。当前扶贫开发工作及其成效之所以不如“八七”扶贫攻坚计划时期，最主要原因是剩余贫困人口素质进一步降低，严重缺乏自我发展的生存能力①。传统经济发展理论的局限性和当前西部地区的现实性都要求在发展中必须正确认识和处理经济、人口、社会之间的关系。

二、外部发展环境持续恶化

贫困的快速减缓，主要得益于我国经济的高速发展，除了西部贫困自身变化外，西部的反贫困过程中所面临的外部环境也在不停变化，变化情况可以总结为“双重分离”现象，即指：西部地区与中东部地区的经济发展水平分离、西部地区农村与城市的发展水平分离。我们收集了 2010 ~ 2015 年的数据，其中人均 GDP 与城乡居民可支配收入都已经过价格指数平减（具体见表 1 – 17、表 1 – 18 和表 1 – 19）。

---

① 沈茂英．试论农村贫困人口自我发展能力建设．安徽农业科学，2006（10）．

表 1-17　2010~2015 年东、中部与西部地区人口总量变化　单位：万人

年份	2010	2011	2012	2013	2014	2015
东、中部	97316	97820	98361	98879	99407	99955
西部	36069	36222	36428	36637	36839	37133
差值	61247	61598	61933	62242	62568	62822

数据来源：《中国统计年鉴》。

表 1-18　2010~2015 年东、中部与西部地区人均 GDP 变化　单位：元

年份	2010	2011	2012	2013	2014	2015
东、中部	36544.2	37522.66	41561.51	46248.94	50814.33	54839.57
西部	22570.21	24114.23	27629.38	31231.91	34665.48	37053.06
差值	13973.99	13408.43	13932.14	15017.03	16148.85	17786.52

数据来源：《中国统计年鉴》。

表 1-19　2010~2015 年西部地区城乡居民可支配（纯）收入变化　单位：元

年份	2010	2011	2012	2013	2014	2015
城市居民	15389.21	15293.85	17575.21	19718.51	22057.59	24751.25
农村居民	4392.43	4549.647	5309.068	6565.44	7521.777	8457.419
差值	10996.78	10744.2	12266.14	13153.07	14535.82	16293.83

数据来源：《中国统计年鉴》。

从实际情况来看，我国 50% 以上的贫困人口居住在西部地区。其中 70% 的贫困人口集中在西部的深山、石山、荒漠、高寒、高原等自然条件较恶劣的地区。与其他地区相比，这些地区自然资源的支撑力和环境的承载力较低，开发式扶贫的政策目标是为了实现贫困地区的“造血”功能，增强贫困人口的自力更生能力，但是由于受传统发展路径依赖的影响，开发式扶贫在促进经济增长进而减少贫困的同时，一方面导致脆弱的生态环境进一步恶化；另一方面由于对社会发展的重视不够，尤其是在医疗卫生和教育以及公共服务等方面重视不够。使本已较弱的区域自我发展能力变得更弱。从而内生地决定了贫困区域化凸显的特点，主要表现为三个方面：一是贫困人口和贫困发生率在空间上较为集中，贫困人口大都分布在西部的深山、石山、荒漠、高寒、高原地区，绝对贫困发生率在 10% 以上的有贵州、西藏和青海 3 省区；二是这些地区大都海拔较高，自然生态较

为脆弱；三是这些地区的基础设施和公共服务缺乏，教育、医疗、卫生条件较差，如贫困人口劳动力文盲率达16.3%。比非贫困人口高10个百分点，而初中文化以上劳动力比重不到40%，比非贫困人口低15个百分点。

扶贫开发不仅仅是解决贫困人口的温饱问题，更重要的是要增强区域发展能力与农民的发展能力。贫困地区不仅普遍生态环境脆弱，而且面临资源环境压力日益加大的挑战，特别是水污染、土壤污染、农村环境污染等问题日益突出，后备土地资源不足与产业扶贫需求的矛盾日趋突出。这些都迫切需要从扶贫投入入手，坚持扶贫开发与生态保护并重，通过扶贫投入结构优化来提高扶贫成效和质量，增强脱贫成效的稳定性和经济社会可持续发展能力。

三、扶贫效率低于中、东部地区

随着贫困标准提高、减贫压力增大等因素的影响，至2015年，全国依然有5575万的农村贫困人口，这些缺乏发展能力而被“漏出”的贫困人口主要集中在西部自然条件恶劣、少数民族集中的边远地区，使得减贫难度持续加大，对资源投入的需求日益增加。减贫效率是衡量减贫效果的重要指标，已有大量文献证实了发展效率偏低以及单位要素的投入产出比不高是贫困问题产生的根本原因①。更为重要的是，环境要素制约、物质资本因素制约、基础设施因素制约以及人口因素制约型贫困陷阱所构成的因素贫困循环链使得“精准扶贫”时期的政策措施必须充分考虑贫困区域的空间异质化特征②。我国的区域经济发展在脆弱性、敏感性和应对性等方面呈现出非均质的空间特征③。贫困作为经济增长概念下的一种极端结果，贫困问题本身便具有显著的空间属性，而以往研究中对减贫效率的空间差异特征讨论较少。

在这种现实背景下，根据测算2011～2015年全国以及各区域层面的农村减贫效率与减贫效率的空间差异变化，我们得到以下结论。第一，对农村减贫效率的总体特征评价上：2011～2015年农村减贫的平均综合技术效率为0.40，相对较低，未能充分挖掘现有资源投入的潜力，处于规模不经

---

① 陈薇，杨春河．河北省财政扶贫政策绩效评价实证研究．农业经济，2006（2）．

② 王亮亮，杨意蕾．贫困陷阱与贫困循环研究——以贵州麻山地区代化镇为例．中国农业资源与区划，2016（2）．

③ 任崇强，翟国方，李莎莎等．中国经济增长系统脆弱性的区域差异性研究——基于制度因素的度量．中国农业资源与区划，2017（2）．

济状态。农村减贫综合技术效率的分解中纯技术效率对综合技术效率的影响及制约能力强于规模效率，而纯技术效率整体偏小，这在很大程度上降低了综合技术效率。研究期内全国农村减贫综合技术效率、纯技术效率、规模效率、均呈现出先减后增的趋势，并表现出西高东低的阶梯型空间布局。具体来看，减贫效率较高的省份有西藏、贵州、甘肃、云南、广西、青海等省份，减贫效率较低的区域则主要集中在东部沿海地区。第二，通过 ESDA 对农村减贫效率空间关联性分发现，全局 Moran's I 与 G_i^* 均表明在研究期内农村减贫综合技术效率存在正自相关性，即存在高高相邻或低低相邻的聚集特征。高高聚集的区域主要集中在西北和西南地区，2013 年后空间聚集的范围逐渐缩小至西南地区贵州、云南、西藏三省。低低聚集区在研究期内表现出由东北地区转向京津地区的趋势。此外，局部 G_i^* 指数表明减贫综合技术效率的热点区域主要集中在西北与西南两大地区，具有较强的稳定性。冷点区域则主要分布在江西、安徽及东部沿海地区，但每一时期的空间分布较为分散，较为稳定的冷点区域主要集中在东北及环渤海地区。

四、收入与分配的减贫效应发生变化

收入增长对西部地区农村减贫的效应逐年下降，收入分配所带来的减贫效果逐渐加强，迫切需要进一步推进减贫政策创新。一方面，从我们第二节对西部地区农村贫困变化的测算与分解来看，过去所严重依赖的收入增长减贫效应下降明显，伴随着我国经济增长速度放缓，农村居民收入增加的脱贫攻坚进入“啃硬骨头”的阶段，扶贫资源投入呈现边际效益递减的态势，对于农村基础设施、公共服务、产业发展等历史欠账，扶贫资源投入的成本大幅提高，脱贫攻坚正在走进高成本时代。西部地区扶贫资源边际效益递减需要扶贫政策创新，以实现“政策对接无落差、政策衔接无缝隙、政策承接无障碍”，优化配置扶贫资源，寻求扶贫脱贫新路径新模式。另一方面，从对西部农村贫困率、贫困距、加权贫困距的计算与分解来看，农村居民的收入增长仅对一般贫困率的影响最大，而对贫困距、加权贫困距的影响递减明显，可见对于现阶段的西部地区反贫困工作，努力增加农民收入仅仅影响接近贫困线的轻度贫困群体，对贫困深度更深的群体影响很小，且该影响也随着时间递减。相反，农村居民整体的收入分配改变对不同贫困深度的各类群体都有着同样的影响，尤其对极端贫困群体的影响更大。同时在时间序列上，我们过去由于分配恶化所带来减贫阻力正在逐年减轻，收入分配减贫效应开始由负转正。

为了适应贫困面貌与减贫效应发生的变化及其带来的新趋势，更为了完成未来五年反贫困任务，我们迫切需要扭转过时的扶贫思路、改革扶贫工作方式，进一步推进减贫政策创新，实现优化配置扶贫资源，寻求扶贫脱贫新路径新模式。对于本书来说，我们下一步的任务是在了解这些趋势的前提下，推进贫困理论的创新，构建适应当前西部贫困变化、符合西部地区情况的贫困框架，使用框架结合实际数据与案例分析后，提出可行的反贫困政策建议。

西部农村贫困与
反贫困研究

Chapter 2

第二章 中国农村贫困：一个解释框架

从贫困问题受到重视开始，人们就一直在寻找合适的方法来解释贫困，从发展经济学到制度经济学、从恩格尔到阿玛蒂亚·森、从世界银行到联合国发展署，不管是学科、学者还是各类组织，都在对抗贫困的道路上通过自己的理解给出了对于贫困的解释，这个过程与其说是人们在越来越接近贫困的真理，不如说是人们在逐渐完善和修补解释贫困的框架，使其符合随着人类社会变迁而同样改变的贫困形态。中国西部地区的贫困也同样伴随着改革开放以来快速而剧烈的社会变化而发生演变，那么传统的贫困研究框架将如何适应当前中国西部的贫困问题？从这一角度出发，本章研究的重点内容即是在前人研究的基础上，结合西部的实际情况，提出一种新的贫困框架。本章的结构包括两个部分，第一部分为文献综述，主要回顾了贫困代际传递、发展能力、权利等贫困理论，以及可持续生计分析框架；第二部分在借鉴有关研究成果的基础上，构建了一个分析贫困的新框架。

第一节　贫困问题研究综述

一、贫困代际传递

Donella Meadows 在《增长的极限》（1972）提到，未来社会将是均衡的社会，“均衡的社会将必须不仅考虑现在的人类价值，而且也考虑未来人类的价值，并对由有限的地球造成的不能同时兼顾的因素，做出权衡”①。20 世纪 80 年代，T. Page 最早提出代际公平的概念，在 1988 年发表的《代际公平和社会贴现率》一文中对代际公平问题做出如下阐释：假定某项决策所产生的后果将对好几代人的利益产生影响，有关的各代人之间如何才能公平地承担上述后果②。关于如何实现代际公平，Page 提出了“代际多数规则”，即如果某项决策将涉及若干代人的利益，那么决策的选择权应当由这若干代人之中的多数来行使。之后 D. W. Pearce（1993）又提出“能够保证当代人福利增加，又不会使后代人所得利益减少”③，这时

① 丹尼尔·梅多斯等. 增长的极限. 吉林人民出版社，1997：141.

② 张卓元. 经济政治学大辞典. 经济科学出版社，1988，http：//xuewen. cnki. net/R2009120310000194. html.

③ David W，Pearce. Capital Theory and the Measurement of Sustainable Development：An Indicator of “Weak” Sustainability［J］. Ecological Economics，1993，8（2）：103－108.

就达到了代际公平。美国国际法学者 Edith Weiess（2000）最先从可持续发展的角度系统阐述了代际公平的含义，其《公平对待未来人类：国际法、共同遗产、世代公平》一书中提到："在任何特定时期，各代人既是未来世代地球的保管人或受托人，也是地球所有结果的受益人。这就赋予人们保护地球的义务，以及某些利用地球的权利"①。她还提出了代际公平的三项基本原则，包括"保存选择"原则、"保存质量"原则、"保护获取"原则。在谈到土壤的代际公平问题时，三个原则就表现为传递给后代人土壤的质量、土壤的多样性，以及后代人利用土壤资源的机会，同时由于土壤资源的特殊性，这三个方面联系较为密切，当代人对未来世代形成影响的活动几乎都会同时在这三个方面发生作用。这实际上是分析了农民生计方式对代际公平可能产生的影响。

美国当代哲学家西沙德·弗莱切特在《技术、环境、代际公平》（2002）一文中，就代际伦理问题进行了论证，提出代际契约理论。美国著名伦理学家约翰·罗尔斯在其《正义论》中对代际公平问题进行了论述。他强调"权利优先于善"，反对为后代而要求当代人进行严格的禁欲的功利主义观，认为这种要求损害了当代人的利益，不仅无法做到，而且违背了正义原则。罗尔斯认为，为直接后代进行一定的代际"储存"，才是当代人切实可行的做法，即"每一代不仅必须保持文化文明的成果，完整地维持已建立的正义制度，而且也必须在每一代的时间里，储备适当数量的实际资金积累"。在罗尔斯看来，"代与代之间的正义问题"甚至"使各种伦理学理论受到了即使不是不可忍受也是很严厉的考验"②。

国内很多的学者也对代际公平问题进行了深入的研究。姜学民提出对于存在于星球上的资源、空间，人类各代拥有均等的享用权和发展机会③，他认为，如果各代人只追求自己目前的利益，毫无节制地耗费资源和环境质量，那留给后代人的只是一个越来越窄、越来越污秽的空间④；黄乾认为片面强调代内公平，会导致资源的过度消耗和生态环境恶化，从而威胁到人类的生存。他提出，在资源的配置过程中要关注公平的双重特征，即代内公平与代际公平，从而促进人类社会的可持续发展⑤。于振英认为，

---

① 爱蒂丝·布朗·魏伊丝．公平地对待未来人类：国际法、共同遗产、世代公平．法律出版社，2000：17－42．

② 罗尔斯．正义论．中国社会科学出版社，2009：275．

③ 姜学民．持续发展中代际财富转移简单模型．生态经济，1994（3）．

④ 舒基元，姜学民．资源代际管理与可持续发展．中国人口·资源与环境，1999（1）．

⑤ 黄乾．论代内公平与代际公平．南方人口，2001（2）．

随着制度的不断变迁，农村所面临的代际公平问题也在不断发生变化，当前，经济制度和社会制度是影响农村代际公平实现的两大重要因素，因此，合理的制度安排是促进农村代际公平实现的重要动力①。宋旭光主要从经济学的方面对代际公平的理论内涵进行了阐述，对代际不公平可能导致的经济福利损失进行了分析，认为代际公平的实质就是要求资源在配置的过程中实现帕累托改进，而政府某些旨在促进代内公平的举措，长期来看，可能会损害代际公平②。林娅认为保存及选择自然和文化多样性、享受较高质量生活是各代人都应平等享有的权利，因此每一代人在自身需要得到满足的同时，有义务为后代保存好自然和文化资源③；但承龙对耕地资源代际公平内涵进行了界定，阐述了代际公平原则对传统经济学理论的挑战，并从数量存量失衡和功能存量危机两个方面分析了我国目前耕地资源利用存在的问题，最后分析了我国耕地资源利用代际失衡的原因并提出相应的对策④。苏丽以可持续发展为背景，探讨可持续发展视阈下的代际公平问题，提出确立可持续发展战略的宪法地位，在使后代人的权利得到法律的承认，从而为代际公平的实现提供法律保障。韩浩以代际公平性和可持续发展理论为研究视角，提出了农林特产资源可持续利用的路径选择。认为建立农林特产资源资本市场制度体系是制度创新、实现代际公平的关键，代际可持续发展是人力资源可持续性与科学技术可持续性的统一体⑤。杨成湘分析了实现代际公平所面临的困难，并据此提出了实现代际公平的可能性路径，诸如实现代内公平、树立体现代际关怀的消费观、确立合适的代际储存、坚持代际创造等⑥。

二、农民发展能力与区域发展能力

近年来，将发展能力作为主要影响因素解释区域发展不均衡与农村贫困，逐渐成为经济研究的热点。在农民发展能力提出前，传统的理论一直把贫困单纯地看作是收入过低的结果，对贫困衡量通常把一定的收入水平

---

① 于振英. 制度变迁与我国农村代际公平的实现. 石家庄经济学院学报，2003（4）.

② 宋旭光. 代际公平的经济解释. 内蒙古农业大学学报（社会科学版），2003（3）.

③ 林娅. 代际公平与可持续发展. 江西社会科学，2006（11）.

④ 但承龙. 耕地资源利用的代际公平原则与社会经济可持续发展. 城市发展研究，2007（5）.

⑤ 韩浩等. 农林特产资源可持续利用的代际公平. 东北林业大学学报，2009（2）.

⑥ 杨成湘. 实现代际公平的可能性路径. 中南大学学报（社会科学版），2011（1）.

作为受助者是否可以被纳入贫困救助的标准，但收入只是人们正常的生活需要的一个部分，收入并不代表实际需求的满足。Amartya Sen 认为贫困不仅仅是贫困人口收入低的问题，贫困意味着贫困人口缺少获取和享有正常生活的能力（capability），或者说贫困的真正含义是贫困人口创造收入能力和机会的贫困[①]。贫困人口的能力问题考虑了更多的个人因素，如教育、健康、就业机会等，这些是长期影响一个人生活水平和生存能力的重要因素，并且这些因素并不能单单依靠个人力量来获得。同时，贫困人口的低收入也是导致他们获取收入能力丧失的一个重要因素，但疾病、人力资本的不足，社会保障系统的软弱无力，社会歧视等都是造成贫困人口收入能力丧失的不可忽视的因素。可以说，人们陷入贫困虽然表现为收入低这一现象，但是其根本原因是他们获取收入的能力受到剥夺（capability deprivation）以及机会的丧失。相较过去的收入视角，森从能力的角度来解释贫困的发生原因是一次巨大的进步，森的这一思想对后来的发展经济学、反贫困研究产生了很大影响。

在能力等理论的基础上，森进而提出了一种全面考察人口贫困状态的研究框架，即多维贫困（multidimensional poverty）研究框架[②]，多维贫困框架不仅考察个人收入水平所反映的经济维度信息，也包含其他维度如教育、医疗等致贫因素，Alkire 等学者也认为多维贫困测量能够提供更加准确的信息，便于全面认识贫困[③]。基于以上思想，康涛、陈斐提出，必须坚持正确的开发式扶贫方针，建立政府、社会和市场相结合的反贫困机制，采用扶持贫困地区发展与扶持贫困人口相结合的策略，通过增加反贫困资金投入、改进金融服务、加强基础设施建设、完善农业生产和农民生活条件、加快发展贫困地区教育、加大农村人力资本开发力度、营造发展经济良好环境等措施，促进贫困地区经济社会发展，扶持贫困人口尽快脱贫致富[④]。王生云利用2002 年的中国家庭收入项目（CHIP）调查数据，考察了中国农村的长期贫困与暂时性贫困。研究发现：中国农村更多呈现出暂时性消费贫困的特征，并且贫困家庭脱贫后进入高收入阶层的机会较

---

① Sen A. Poverty and Famines. Arguments for A Better World Essaysin Honor of Amartya Sen, 1981.

② 森. 以自由看待发展. 中国人民大学出版社，2002.

③ Alkire S. Choosing Dimensions：The Capability Approach and Multidimensional Poverty. The Many Dimensions of Poverty. Palgrave Macmillan UK，2007：89 - 119.

④ 康涛，陈斐. 关于我国农村贫困与反贫困的研究. 华中农业大学学报（社会科学版），2002（4）.

小；离贫困线越远，其脱贫能力越低，离贫困线越近，其返贫的比例越高。远离区域经济中心、家庭负担较重、小孩老人较多的家庭容易陷入长期贫困。村支书的年轻化对于中下层贫困阶层摆脱长期贫困具有重要意义。社会政治资本、劳动力素质和居住条件是影响中等贫困家庭脱离长期贫困的重要因素①。马比双等三人在系统梳理已有贫困理论的基础上，结合贫困问题的现实状况，从贫困产生的内在机理及外部环境，提出“内生性贫困”和“外生性贫困”的概念，并由此提出“健康人”和“健康社会”的构想，针对解决贫困问题做出建设性的探讨②。

区域发展能力研究历程与农民发展能力类似，传统的区域发展理论认为主体利用空间资源等要素的能力是一样的，但是随着社会发展，欠发达地区的基础设施逐步完善、区域间要素流动加强、资源空间配置趋同，而发展水平相比发达地区差距更加扩大，使得传统观点理论上的不足开始显露。林毅夫提出了企业“自生能力”的概念③。林毅夫通过对比中国改革开放后的企业与实行“休克疗法”的东欧国家的企业发展，提出这一问题，为什么完全按照现代主流经济学原则改革的东欧国家出现了严重的通货膨胀与经济倒退，而存在大量国有企业、实行经济双轨制、不被经济学家看好的中国经济却保持了快速增长？他认为经济发展主体——企业并不天生具有“自生能力（viability）”，即“是否能在一个开放、自由、竞争的市场上获取正常利润”，同时企业要具备自生能力需要其产业、产品与技术与国家要素禀赋结构所决定的比较优势一致。此后，其他学者扩展了“自生能力”的研究范围，将研究目标从“企业”扩大到了“区域”。王科认为区域自我发展能力是一个区域的自然生产力和社会生产力的总和，是对一个区域的自然资本、物质资本、人力资本和社会资本积累状况的整体描述④。成学真、陈小林将区域发展自生能力界定为区域经济系统在一定的条件和所处的发展阶段，具备或形成的对区域发展所需各类要素的集聚和优化能力，并构建了区域发展自生能力的评价指标体系⑤。郑长德认为区域的真正发展是培育自我发展能力，要增强西部地区自我发展能力首

① 王生云. 中国农村长期贫困程度、特征与影响因素. 经济问题，2011（11）.

② 马比双，张恒，于旭. 贫困问题研究综述. 经济研究导刊，2013（10）.

③ 林毅夫. 自生能力、经济转型与新古典经济学的反思. 经济研究，2002（12）.

④ 王科. 中国贫困地区自我发展能力解构与培育——基于主体功能区的新视角. 甘肃社会科学，2008（3）.

⑤ 成学真，陈小林. 区域发展自生能力界定与评价指标体系构建. 内蒙古社会科学（汉文版），2010（1）.

先要增强民族地区的自我发展能力①。姜安印认为，在静态上区域自我发展能力指一个特定区域的自然生产力与社会生产力的总和。动态上，区域发展能力是在区域功能给定的前提下，不同区域单元实现人的全面发展所需的基本条件的集合②。可见使用“发展能力”解释区域的经济增长，已成为学术界的认可。

三、权利与贫困

阿马蒂亚·森的贫困理论是权利贫困研究的先河，他指出一个人避免饥饿的能力依赖于他的所有权，以及他所面对的交换权利映射。一个农民和一个无土地的劳动者在所有权方面就存在着明显的差别③。权利贫困概念在本质上就是权利的不平等造成的，中国农民贫困的制度性原因就是权利贫困。黄少安和刘明宇从权利的不公平分配角度来谈农民贫困，他认为农民的贫困不仅是直接收入低导致，而有三个层次或三重含义：一是货币的和实物的收入低、享受的社会福利少，即收入贫困；二是创造财富和收入的能力差，即能力或人力资本的贫困；三是获取收入或财富和提高能力的权利和机会少，即权利和机会的贫困。这三重意义上的贫困具有内在联系，而且形成恶性循环。三重意义上的贫困都与相应的制度有关，主要是现行的土地制度、户籍制度、粮食购销体制、教育制度和税费制度在很大程度上造成了农民的贫困④。

权利的实施基础是产权制度。李晓红、周文的研究建立在阿马蒂亚·森权利分析方法的基础上，把马克思的社会生产关系理论与现代产权理论结合起来，尝试建立贫困与反贫困的产权分析方法⑤。张伟、朱萌主要从制度经济学的角度，对中国农民贫困问题的现状进行了初步分析，指出解决农民贫困问题的出路在于——合理的制度设计⑥。陈小伍、王绪朗从制度这一视角出发认为，造成当下中国农民贫困现状的主要原因是有效的制

---

① 郑长德. 中国民族地区自我发展能力构建研究. 民族研究，2011 (4).

② 姜安印. 区域发展能力理论——一个初步分析框架. 兰州大学学报（社会科学版），2012 (6).

③ 森. 贫困与饥荒：论权力与剥夺. 商务印书馆，2011.

④ 黄少安，刘明宇. 权利的不公平分配与农民的制度性贫困. 制度经济学研究，2005 (1).

⑤ 李晓红，周文. 贫困与反贫困的产权分析. 马克思主义研究，2009 (8).

⑥ 张伟，朱萌. 制度权利失衡：农民贫困问题的一种制度性解释. 内蒙古农业大学学报（社会科学版），2006 (1).

度供给不足。农民的贫困是制度性贫困，农民摆脱贫困需要分析制度瓶颈发挥作用的经济学机理①。路思远认为农民贫困的根本原因在于不合理的制度设计，只要不利于农民状况的制度设计不变革，农民贫困问题就没有办法从根本上得到解决②。邢乐勤、刘涛指出农民利益的法律政策的实施以及整个社会环境对农民的“压迫”，最终导致农民处于社会的边缘，成为弱势群体，农民权利贫困。重点限制国家权力，彰显农民权利，把农民脱贫作为首要任务③。

土地是农民最重要的生产资源，洪名勇认为“农民真穷，农村真穷，农业真危险”的根源是农民的权利贫困，农民土地产权贫困是权利贫困的核心④。李世平等从中国农民权利贫困的角度来探讨征地补偿制度中存在的问题及导致失地农民贫困的根源，以期为失地农民摆脱贫困有所裨益⑤。孟继民指出通过修改相关法律和建立土地流转、农民转移和城乡互动的良性机制，是实现土地、国有民用的有效途径⑥。欧阳南希认为，中国农民土地财产权是农民对农村集体土地享有的财产性权利，包括集体土地所有权以及土地承包经营权、宅基地使用权、建设用地使用权、集体收益分配权等与集体土地所有权有关的财产权利，其本质为带有“公有”色彩的“私有财产权”。当前中国农村土地产权制度改革的方向应当是赋予农民完整的土地财产权，强化对农民土地财产权的保护⑦。同时指出完善我国的农村土地产权制度已成为当务之急的大任，基于这一出发点，他对农村土地产权的概念和农村土地产权制度的基本理论进行了概括性总结，并结合我国农村土地产权制度变迁路径，重点分析当前我国在家庭联产承包责任制下农村土地在使用与流通领域中出现的问题及问题会带来的后果。杨富堂从制度利润的视角——多农地产权制度的演进过程进行了研究，指出制度利润是农地产权制度演进的动力⑧。刘灿指出深化农村土地产权制度改革的核心是赋予农民的土地财产权利。真正赋予农民的土地财产权利，要解决的问题从法律角度讲就是权利界定和权利保护，建立权利主体完善的

---

① 陈小伍，王绪朗．农村贫困问题的制度性分析．安徽行政学院学报，2007（6）．

② 路思远．制度抑制与效率损失：农民贫困的制度经济学分析．北方经济，2009（10）．

③ 邢乐勤，刘涛．论农民的权利缺失与保护．浙江工业大学学报：社会科学版，2011（3）．

④ 洪名勇．农民土地产权贫困与农地产权保护．商业研究，2009（2）．

⑤ 李世平，江美丽，孙寒冰．失地农民贫困现状缘于中国农民权利贫困——换个角度谈征地补偿制度．农村经济，2006（1）．

⑥ 孟继民．对农村土地实行“国有民用”的思考．经济问题，2008（4）．

⑦ 欧阳南希．中国农民土地财产权保护新论．经济研究导刊，2013（3）．

⑧ 杨富堂．基于制度利润视角的农地产权制度演进研究．农业经济问题，2013（8）．

所有权和使用权（或用益物权）制度；从经济学角度讲就是要实现农民的土地权利收益（包括经营性收益、级差地租和土地增值收益）。改革的推进需要破解两个难题：一是如何在土地所有权上改变单方面的国家强制，建立起国家与农民集体和个人之间的平等的产权关系；二是如何硬化农民拥有的使用权，把它变成《物权法》调节下的私人财产权利而赋予它应有的产权权能，包括转让权、收益权、处置权等，即这种物权应该有多大的"完整性"，是否赋予它与所有权相同的平等地位①。张超、罗必良的研究则结合了 Angus Deaton 的福利与贫困思想，认为人力资源与物质资源产权缺失是贫困的重要成因，通过中国的脱贫经验及印度、非洲的贫困案例验证了产权保护对于脱贫的重要作用②。

四、可持续生计分析框架

可持续生计分析框架（SLA）是由英国国际发展机构（DFID）于2000年提出贫困分析思路，提出后被学术界采纳并广泛应用于世界各地的贫困问题研究。其中的生计方式我们可以理解为："一种维持生活的手段或方式"③。20 世纪 80 年代后期，人们开始从贫困人口的角度来分析这一概念。此后"就业"的概念替代了以前的"生活的手段（方式）"。目前被普遍接受的生计概念是 Chambers 和 Conway 于 1992 提出的，他们把生计解释为一种建立在能力、资产和活动基础上的谋生方式④。"可持续生计"这一概念被首次提出是在 1987 年举办的世界环境与发展大会上，1992 年的联合国环境和发展大会，这一概念被正式引入行动议程，会议还明确指出，消除贫困的主要目标就是实现稳定的生计。1995 年哥本哈根社会发展世界峰会上，"可持续生计"被再次提出。《哥本哈根宣言》将"可持续生计"界定为"使所有男人和妇女通过自由选择的生产性就业和工作，获得可靠和稳定的生计"⑤。基于生计与可持续生计的概念，许多国外学者和组织都

---

① 刘灿．深化农村土地产权制度改革的核心是赋予农民的土地财产权利．经济学家，2013（12）．

② 张超，罗必良．产权保护与摆脱贫困——兼评安格斯·迪顿的贫困理论．福建论坛（人文社会科学版），2016（2）．

③ 寇淋．可持续生计文献综述．改革与开放，2012（6）．

④ Chambers R，Conway G. Sustainable rural livelihoods. Practical concepts for the 21st century. IDS Discussion Paper 296，Brighton，1992：7－8.

⑤ 陆五一等．关于可持续生计研究的文献综述．集体经济·学术探讨，2011（1）．

各自提出了生计分析框架。Scoones 是第一个直接对可持续生计框架进行阐述的学者，他首先指出包括以创造工作时间，减少贫困，幸福感和能力，适应性、脆弱性和恢复力为目标的可持续生计，其中这 5 个目标的实现均以自然资源为基础。然后，结合生计的内涵和可持续性，明确解释了可持续生计的概念，并提出的可持续生计分析框架①；Bebbington 提出对农户生计、脆弱性和贫困的框架进行的分析，要以资本和能力为核心②；此外，联合国开发计划署也提出了一个适用于一国范围内的可持续生计分析框架。在众多的框架中，最优秀且被广泛采纳的是由英国国际发展机构构建的可持续生计分析框架（SLA）。SLA 包括五种类型的生计资本，分别为：自然资本、物质资本、金融资本、人力资本和社会资本。该框架描述了农户在受到法律、政策、文化、制度因素的影响下，在市场、制度和政策等脆弱性背景下，如何利用自身所拥有的各类资本去提升自身的生计水平，综合反映出农户脆弱性背景、生计资本结构、生计过程和生计输出之间相互转化和相互作用的关系。

国外对于农村贫困和生计资本研究的重点区域集中在亚、非发展中国家。梅里・杜帕尔等在对越南、老挝、柬埔寨、泰国等东南亚国家以及中国云南省的环境、生计和地方机制进行广泛研究的基础上提出，分权改革能够起到保障地方生计的作用，有效促进资源管理水平的提升和社会公平的实现。但是，在分权规划中存在的一个突出问题就是妇女参与度较低，因此，在分权规划设计的过程中应考虑将妇女参与问题作为其中的一个目标，真正增强妇女的参与才能。Simon 通过研究发现，对于大多数贫困人口而言，以畜牧为资本和以畜牧养殖为生计活动是他们的基本生计法则，他们所拥有的资源使用权是十分有限的，这种情况使得他们很难摆脱贫困的状态，并且呈现出每况愈下的趋势③。Ian 认为发展农村教育和技能培训是提高人力资本的主要途径，而人力资本的改善是提升撒哈拉以南非洲农户生产力、多样性、可持续性和食物安全的关键因素④。另外，弗兰克・

---

① Scoones. I：Sustainable Rural Livelihoods：A Framework for Analysis，IDS，Working Paper，No. 72，1998.

② Bebbington A. Capitals and Capabilities：A Framework for Analyzing Peasant Viability，Rural Livelihoods and Poverty. World Development，1999，27（12）：2021 –2044.

③ Simon Anderson. Animal genetic resources and sustainable livelihoods. Ecological Economics 45（2003）：331 –339.

④ Ian Wallace. A framework for revitalisation of rural education and training systems in sub – Saharan Africa：strengthening the human resource base for food security and sustainable livelihoods. International Journal of educational Development27（2007）：581 –590.

艾里斯在对乌干达和马拉维两个国家的农村进行研究的过程中，对农户的生计资本状况进行了统计，并依据可持续生计框架分析了影响农户生计的因素，提出了有效组织贫困的建议①。

在国内，何国强通过对广东客家居山农耕居民生计的研究发现，在不同的地理、气候和海拔条件下，当地居民以农耕为本的生计模式会通过耕作方法、栽培品种、灌溉形式等表现出或同或异的内容②；罗康隆认为，导致各民族生计方式的多样性的原因是人类生存环境的多样化，相较于生态环境，社会环境对民族生计方式的形成更具影响力③；李小云等通过对农户脆弱性进行定量分析发现，导致农户脆弱性的直接原因就是生计资产的缺乏，无论是单一缺乏还是多元缺乏。低收入农户人力资本累积速度较慢、自然资产脆弱性大、物质资产不可转换性强、社会资产单一，生计资本特点表现为多种资产缺乏④。杨云彦、赵锋等基于可持续生计分析框架，对南水北调（中线）工程库区内农户的生计资本状况进行了调查与分析，发现库区农户拥有的五种资本的存量从高到低依次为：物质资本、社会资本、自然资本、人力资本、金融资本。同时发现，库区农户生计资本呈现出整体脆弱性特征，且生计资本在不同收入水平农户之间存在较大差异⑤。黎洁等通过对陕西省周至县退耕山区实地调查数据的分析发现，兼业户的生计资本状况要优于农业户，同时，在促进生计活动多样化、增强抗风险能力、减轻对自然环境的依赖性方面，兼业户也更具优势⑥。但文红在《石漠化地区人地和谐发展研究》一书中对贫困和石漠化的相互影响进行了分析，并提出了石漠化与贫困循环累积机制，认为石漠化地区恶劣的生存环境导致了当地农民的贫困，同时贫困农民为了生存需要盲目开垦耕地、砍伐森林、破坏草地，这种落后的生计方式使得喀斯特地区原本就很脆弱的生态环境遭到破坏，从而进一步扩大石漠化的范围，影响当地生态环境的可持续发展⑦。郭圣乾、张纪伟通过构建农户可持续生计资本衡量指标，

---

① 迪帕·纳拉扬，拉伊·帕特尔. 谁倾听我们的声音. 中国人民大学出版社，2001.

② 何国强. 居山农耕的基本生计方式——客家族群生存策略研究系列之二. 广西民族研究，2002（3）.

③ 罗康隆. 论民族生计方式与生存环境的关系. 中央民族大学学报，2004（5）.

④ 李小云等. 农户脆弱性分析方法及其本土化应用. 中国农村经济，2007（4）.

⑤ 杨云彦等. 可持续生计分析框架下农户生计资本的调查与分析——以南水北调（线）工程库区为例. 农业经济问题，2009（3）.

⑥ 黎洁等. 可持续生计分析框架下西部贫困退耕山区农户生计状况分析. 中国农村观察，2009（5）.

⑦ 但文红. 石漠化地区人地和谐发展研究. 电子工业出版社，2011：114－115.

对农户生计资本进行了评价研究，结果表明，相较于中高和高收入农户，低收入及中低收入农户除自然资本和物质资本存量相对充足外，其余各生计资本都十分欠缺，尤其是在金融资本和人力资本方面，差距更为明显①。

第二节 中国西部贫困研究框架

一、基础框架——可持续生计分析框架（SLA）介绍

英国发展署（DFID）建立的 SLA 可持续生计分析框架是目前主流贫困分析框架。SLA 可持续生计分析框架包括五种类型的生计资本，分别为：自然资本、物质资本、金融资本、人力资本和社会资本。该框架描述了农户在受到法律、政策、文化、制度因素的影响下，在市场、制度和政策等脆弱性背景下，如何利用自身所拥有的各类资本去提升自身的生计水平，综合反映出农户脆弱性背景、生计资本结构、生计过程和生计输出之间相互转化和相互作用的关系。

如图 2－1 所示，可持续分析框架的五个组成部分分别为：脆弱性背景、生计资本构成、结构和制度的转变、生计战略和生计输出。这些组成部分彼此之间不是相互孤立的，也不是单向的影响关系，而是以复杂的方式相互作用着，图 2－1 中箭头所表示的关系只是一些较为重要的作用关系。这些关系包括：冲击、趋势以及季节性的脆弱性背景对生计资本的改善或者破坏；农户生计资本状况与政府机构管理水平、政策、制度等因素的相互关系，其中前者是后者形成的基础，后者的形成又会对前者造成影响；政策和制度因素可能对农户可持续生计的脆弱性背景产生作用。在外部环境和脆弱性背景共同作用下所形成的生计策略最终确定了生计输出的情况，而生计输出则反过来作用于生计资本②。生计资本较为丰富的农户能够利用各种有利的条件形成良好的生计策略，减轻脆弱性背景的影响，增强资源利用的稳定性，增加自身收入，从而实现可持续生计的实现。

可持续生计分析框架描述了研究农户生计的一般过程，而不是要求我们必须严格按照每个步骤依次进行分析。例如，我们对农户生计的分析不

---

① 郭圣乾等．农户生计资本脆弱性分析．经济经纬，2013（3）．

② Kollmair M，Gamper. The Sustainable Livelihoods Approach. Input Paperforthe Integrated Training Course of NCCR North－South Aeschiried，Switzerland，2002（9）．

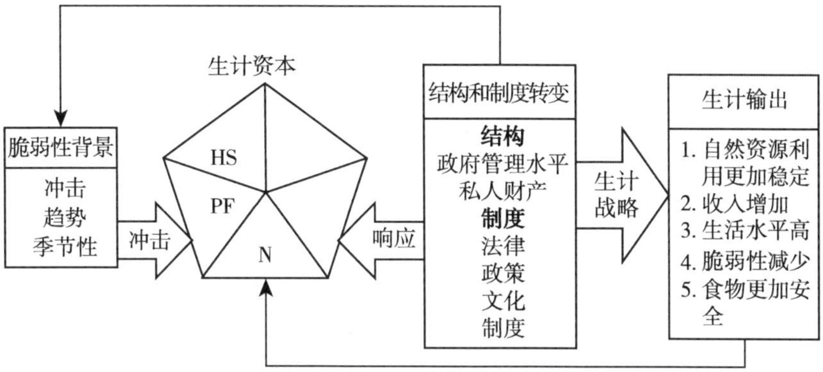

图 2－1　英国发展署（DFID）可持续生计框架

注：H：人力资本；S：社会资本；N：自然资本；P：物资资本；F：金融资本。

一定非要从其脆弱性背景开始，按照图 2－1 所示的步骤逐步分析各要素之间的作用，最终得出农户的生计成果。农户生计方式受到生计资本特征和各种外部因素共同的影响，而这些因素会随着时间、环境的改变不断发展变化，这就要求我们在分析农户生计时要考虑到其生计资本特征的差异、外部因素的变化，以及他们为了特定的生计目标所采取的生计策略的异同。在可持续生计分析框架所示意的各种反馈中，从变革中的组织机构和过程到脆弱性背景的反馈，以及从生计成果到农户生计资产的反馈，是最重要的两个反馈。生计方式这一概念并未在可持续生计框架内得到直接的体现，但却蕴含其中。生计方式是"一种建立在能力（capabilities）、资产（assets，包括储备物、资源、要求权和可获得途径）和活动（activities）基础上的谋生方式"①。农户的生计方式其实就是建立在自身所拥有的五大生计资本基础之上，并受市场、政策和制度等因素影响的谋生方式，是生计策略的具体表现形式，直接表现在对土地、草原、森林等自然资源的利用方式上。农户的可持续生计方式是实现可持续发展和代际公平的重要保障。

可持续生计分析框架代表了当前主流的贫困分析范式：第一，突出了脆弱性这一逐渐受到关注的贫困特征，持续性则可以看作抵抗脆弱性；第二，内容涵盖广泛，除了贫困人口自身的资本外，还考虑到了法律、政策、文化等外生环境。虽然 SLA 的优点众多、应用广泛，但在研究中却不能直接套用，绝大多数使用 SLA 框架研究贫困问题的文献或多或少进行了

① Chambers R, Conway G. Sustainable rural livelihoods: Practical concepts for the 21st century. IDS Discussion Paper 296, Brighton, 1992: 7－8.

改变，或者只关注于框架的某一方面。因此，本书对中国西部贫困问题的研究也需要对框架进行改进，这些改进我们将遵循以下原则：一是可测量性，框架所罗列的贫困特征、成因等因素需要有可行的手段进行测量，能够获得有效的数据并通过框架对扶贫工作进行指导；二是针对性，原 SLA 框架涵盖内容较多，我们需要针对西部的特殊情况进行合并与缩减，一方面要能够正确简明地反映西部的贫困问题，另一方面也使其符合可测量性的要求；三是指导性，在通过框架确定了贫困问题的数字情况后，我们可以将数字返回到框架内，并得出针对当前贫困问题的政策指导。

二、西部贫困研究框架

当前我国西部贫困的形态与变化趋势，根据前面的研究我们从两个层面——内部差异和外部差异来总结，内部差异是指西部地区贫困本身的变化，外部差异是指我国东西部区域发展的变化。贫困内部变化方面，西部的贫困发生率以及减贫的收入增长效应、分配效应都发生了重要的变化。第一，贫困发生率的下降速度减缓，不论是统计数据还是 FGT 计算数据，我国西部十二个省区市的减贫效率下降速度明显，2015 年我国西部地区还有 2822 万贫困人口，以及 9.7% 的贫困发生率，如果这一下降速度延续到今后的扶贫开发阶段，那么 2020 年我国全面解决贫困问题的目标在西部将不能实现。第二，收入增长效应与分配效应的此消彼长，根据已有文献计算与前面的研究结果结合，可以看到我国及西部地区在贫困减缓过程中，收入增长所带来的减贫效应是最高的，但在 2008 年后逐渐下降，收入分配效应在 20 世纪 90 年代至 2014 年前甚至为负效应，但是 2000 年后收入分配逐渐改善，其效应也逐渐增强，尤其在 2014 年后，部分地区的收入分配效应由负转正，实现了收入增长与分配的双向减贫。贫困的外部变化则更加严峻，改革开放尤其是 20 世纪 90 年代以来，我国中东部地区先后都实现了区域经济的起飞，而西部地区长久处于封闭落后状态，虽然 2000 年后我国实施了西部大开发战略，到 2010 年前后西部部分省区市的经济增长速度进入全国前列，但经济增长总量依然无法和中东部地区相比，区域差异的库兹涅茨曲线（即倒“U”曲线）拐点依然没有出现。回溯历史，西部地区长久以来就是贫困蒙昧、封闭落后之所，经过两次大规模人口迁徙后我国经济重心由西转东、由北转南，东西部的差异更加突出，宏观上西部地区低水平经济循环的代际效应早已成型。发展至今，如果我们连区域均衡发展都不能实现，又何来全国同步小康之说。

基于以上特征，我们的贫困框架需要考虑到以下问题：我国西部地区扶贫开发工作越来越艰难、攻坚任务越来越重，如果不改变下一阶段的扶贫思路，很有可能无法完成2020年消除贫困的目标；这个过程中，收入增长所带动的减贫效应正逐渐降低，收入分配的改善开始为贫困人口减少做出贡献，培育贫困人口的发展能力有助于增加他们的收入、进一步改善分配效应；虽然收入增长效应相对减少，但绝对量依然是减贫的主要动力，当前西部地区经济发展水平依然滞后，与中东部地区的差距没有缩小，因此增强西部区域发展能力的建设、提高整体收入依然至关重要。除此之外，目前西部贫困人口基本是农村居民，扶贫主战场在农村，我们的反贫困框架的分析主体为农民，出于这一点，西部地区农民所拥有的自然资源使用状况也需要重点考虑，这种状况同时包括资源相对应的产权制度，产权制度的强弱好坏直接决定了农民对资源使用与获利的效益。

（一）整体框架

我们在可持续生计分析框架的基础上，结合了西部地区的基本特征，提出西部反贫困研究框架。框架保留了可持续生计框架的大部分元素，而将其重新组合与简化，比如生计资本经过调整后用农民发展能力替换，结构和制度部分统一组合为产权，结构如图2－2所示。

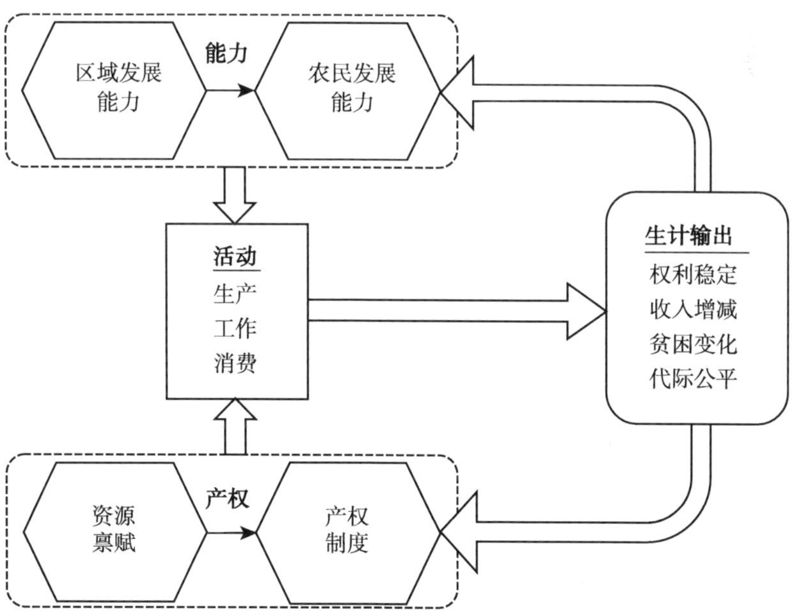

图2－2　西部反贫困研究框架

西部反贫困框架包含三大部分，一是区域发展能力与农民发展能力，二是资源禀赋与产权制度，三是最终的生计输出，此外还有作为外在影响的风险。从系统的角度来看，发展能力和资源产权是两个输入端，二者通过影响农民的生产生活得到输出端，即生计输出内容，风险可看作外部冲击，根据整个系统的脆弱性（抵御能力）大小而产生不同影响。

具体来看，图2－2中箭头方向表示单向影响，其中区域发展能力对农民发展能力有着正向影响，区域发展能力一定程度上决定了农民发展能力；另一方面，西部地区农民所能获得的自然资源是生产活动的基础，生产活动尤其是资源使用、要素流转、产品交易等活动则受其上的产权制度直接影响。就西部的情况而言，一方面区域发展和农民能力培育比较落后；另一方面虽然自然资源丰富，但产权制度安排却并不合理，造成诸如资源浪费、资源开发过度等资源错配现象，从而形成了能力和产权的双重约束，这种约束不仅影响农民的生产生活活动，也使得农民具有较高的脆弱性，在面对风险的冲击时更容易致贫、返贫。以上问题产生的后果则是低水平的生计输出，包括权力受损、收入降低、贫困率高和代际不公平现象，而这些“结果”反过来对农民的发展能力、产权制度产生负面影响，最终导致贫困的恶性循环。

（二）区域发展能力

能力模块包含区域发展能力与农民发展能力两个子模块，区域发展能力是衡量一个区域整体发展水平以及发展潜力的指标，学者在研究相关问题时通常也使用区域自我发展能力的说法，更强调经济发展的自身基础或“造血”功能，但同时也认为（区域自我发展能力）并不排斥外部力量对一国或地区经济发展的推动作用，相反它是外部力量发挥积极作用的基础。二者并没有直接的区别，下面引用时都统一成区域发展能力，同样，农民发展能力与农民自我发展能力也做此处理。静态看，区域发展能力指一个特定区域的自然生产力与社会生产力的总和。动态看，区域发展能力是在区域功能给定的前提下，不同区域单元实现人的全面发展所需的基本条件的集合。从这个角度出发，可以把区域发展能力看成是功能、权力、知识三个变量的函数。其中功能的经济学内涵包括资源组合、科技进步、制度创新等区域能力，资源组合功能是将各种生产要素优化配置的能力，不仅包含资源存量基础，也包含使用资源的能力，如地区的企业数量、产业集聚程度等；科技进步是知识和技术创新与引进的能力；制度创新则是适应市场经济需要，不断进行制度和体制改革的能力，如市场化程度。权力是指区域主体在空间资源价值运动中的可行能力，一般通过两种途径获得：一是通过历史传承形成的习俗等非正式制度安排获得，二是通过法律和政策构成正式制度安排获得。社会的权力结构一方面通过对空间价值增值的分成和价值耗散的承担影响区域发展能力的形成，另一方面通过对区域主体的选择机会的限制与扩展影响区域发展能力的形成。知识有着宽泛的意义，一般包含感知和认知、价值判断、技能与经验等内容。关于主体的选择能力与知识的逻辑关系，经济学通过情景理性建立起来。在知识与区域发展能力的关系上，可以通过区域教育水平、人力资本和社会资本的存量（增量）与区位租增值与耗散关系来体现。

（三）农民发展能力

农民发展能力是指农户运用所学知识和技能，获取并利用已有资源和机会，追求目标时的一系列行为决策能力。农民发展能力反映了农民发挥自身潜能，主动利用周围自然、经济和社会环境的综合能力。农民发展能力的内涵包括发展潜能和发展意识两个方面。自主发展潜能包括农户的技能、健康、社会资本，以及经济资本积累能力和主动获取信息的能力。农民主要劳动力的身体健康状况，是确保农户各种能力能否顺利实现的前提条件。农民能力（即吸收、更新知识的能力）和创新能力（即获得新知识、扩充新知识的能力），具体指农民在受学校教育和社会锻炼中形成的技能和潜能，即具有适应市场经济、科技进步和时代迅速变化的综合性能力。人际网主要指农民在日常经济社会生活中形成的社交网络，它有助于延长农民自身的各种能力。资本积累能力主要体现农民现有的经济状况、筹资能力，是决定农民自我发展和自我决策的经济基础。信息获取能力是农户通过不同途径获取生产和生活的信息，在一定程度上体现了农民对外的视野和对所处社会经济的洞察力。自主发展意识指农户在从事社会经济活动中所持有的价值观和心态，具体指农民对生活的态度、生活目标的设计、发展空间的拓展、市场经济参与度的认识。

（四）资源利用与产权制度

产权模块包含资源禀赋与产权制度两个子模块，其中资源禀赋是基础，产权制度则决定资源的使用方式与收益分配模式。资源禀赋主要指农民所能使用的自然资源，又称为生态资本，是存在于自然界之中的可用于满足人类经济社会活动需要的自然资产。自然资源是自然资本的主要组成部分，但自然资源不等于自然资本，自然资本在包含传统的自然资源（土地、水、空气）的同时，还包括环境的自净能力、自然资源的再生增殖能力、生命支持系统等重要的组成部分。长期以来，经济学家对自然资本的定义也存有两种观点，一种认为自然资本包括经济活动中的土地资源和资本，另一种观点则认为自然资本仅包含土地资源。农村的自然资本是指农户用来维持生计的各类自然资源，包括本地区人口所共同拥有的地理环境、气候条件等无形资源，以及个体农户所拥有的耕地资源、灌溉用水资源和野生动植物资源等有形资本，后者构成了农民赖以生存和发展的生计资本的主要方面。

理论上资源的丰裕程度与地区发展、农民收入正向相关，但区域发展的实践证明，二者的关系远比此复杂，相对比率只能表示特定空间单元资源与能力的一般关系，现实社会发展中还存在着大量“资源诅咒”现象，因此，资源的产权安排和实际使用方式决定了其对区域发展的影响。

第三章 区域发展能力与农民发展能力

贫困是一个在世界范围内普遍存在的问题，对于一个国家而言，贫困是制约国民经济持续健康发展的重要因素。因此，减缓贫困、缩小区域之间的发展差距，是各个国家共同面临的任务。而完成这一任务需要同时进行两方面的努力，一方面在于通过培育与提升落后地区的自我发展能力，实现区域的内生化发展；另一方面，通过促进农村贫困人口的自我发展能力，发挥贫困人口的自我脱贫意识和参与意识，贫困人口的基本生存状态才可能有一个比较好的改善。

本章的研究思路即是通过区域发展能力、农民发展能力对贫困问题做出解释，主要研究内容安排如下：第一节是区域发展能力与农民发展能力的理论基础，阐述发展能力的研究历程；第二节是界定区域发展能力，并对西部地区和其他地区的发展能力进行评估；第三节是界定并评估农民发展能力；第四节是通过计量对区域发展能力、农民发展能力与贫困之间的关系进行分析。

第一节　区域发展能力与农民发展能力的基本理论

一、区域发展能力基本理论

（一）新古典经济学、发展经济学中的区域发展能力理论

新古典经济学与新经济理论认为，经济增长主要基于要素的投入与技术进步。在20世纪40年代出现的“哈罗德—多马”经济增长理论将资本累计视作经济增长的唯一因素①，在其模型中技术水平是给定的，没有考虑到技术进步对经济增长的影响。索洛认为决定经济发展的要素除了资本累积外，更重要的是技术进步，这一观点在通过索洛余值测算技术进步率的方法中得到体现。新古典经济增长理论得到普遍认同，但技术进步本身是一个非常复杂的问题，围绕影响技术进步因素的研究催生了新的经济增长理论，即内生经济增长理论。在此基础上，舒尔茨等经济学家提出了人力资本论②，认为通过教育、卫生等对人的投资，使一般人力资源转换为人力资本，可以直接或间接地促进经济增长。贝克尔提出家庭中的“利他

① Harrod R. An Essayin Dynamic Theory. Economic Essays. Palgrave Macmillan UK，1972：14－33.

② 舒尔茨．论人力资本投资．北京经济学院出版社，1990.

主义”理论[①]，认为人力资本投资非“社会产品”而是家庭的“私人产品”，并通过“时间价值”理论与儿童“量—质”权衡理论分析了父母对儿童人力资本投资的增加过程，从而建立内生的人力资本增长理论。20世纪90年代卢卡斯等人发展了人力资本理论[②]，提出知识累积、技术创新及专业化人力资本是经济增长中的决定要素，这些要素不仅自身是收益递增的，还可以使其他投入要素收益递增，从而使经济得到长期增长。新经济增长理论最大的贡献在于将新古典的一般均衡分析框架动态化，但是其缺陷也在于严重依赖新古典主义的假设，如假设所有生产部门都是同质的，并且忽视了基础设施、资本与商品市场、制度结构上的差异，使得新增长理论并不适用于对发展中国家的研究，但也因此而衍生出发展经济学。

发展经济学中，罗斯托最早使用“起飞”（take - off）[③] 来描述经济发展的过程，经济起飞则必须具备以下三个互有关联的条件：一是生产投资率的提高；二是有一种或多种实质性的制造业部门快速发展起来；三是有一种政治的、社会的和制度的结构存在，使经济增长具有不断前进的特性。张培刚认为，工业化“起步”或“启动”即是经济“起飞”[④]，而发动和定型工业化进程的因素有人口、资源或物力、社会制度、生产技术、企业家的创业新管理才能。发展经济学并没有直接衍生出关于发展能力的具体理论，但是其部分理念是我们构建区域发展能力的理论基础。发展经济学所总结的地区经济起飞或工业化启动的特征，如上面所说，包括生产投资率提高、制造业部门发展快速、良好的制度结构，更为具体的因素可分解为人口数量、物资投入、社会制度、生产技术以及企业家才能，以上因素我们认为也是区域发展能力的重要组成。

（二）区域经济学中的发展能力理论

区域经济学又称为地域经济学、区位经济学，是一门地理学与经济学的交叉学科。传统的区域经济学主要研究稀缺资源的空间配置，随着社会变迁，研究对象从资源空间分布转变为人类经济活动，研究重点包括区域经济整体运行、区域发展以及区域创新与区域竞争力[⑤]。其中就区域发展

---

① Becker GS. A Theory of the Allocation of Time. Economic Journal，1965，75（299）：493 -517.

② JrREL. On the mechanics of economic development. Journal of Monetary Economics，1988，22（1）：3 -42.

③ 罗斯托．经济成长的阶段．商务印书馆，1962.

④ 张培刚．农业国工业化问题初探．华中科技大学出版社，2002.

⑤ 杨开忠．区域经济学概念、分支与学派．经济学动态，2008（1）.

而言，传统理论中包括倒“U”理论、“中心—外围”理论、“收敛—发散”理论等均认为区域发展水平差距扩大是空间异质性所导致的经济累积的结果，调整资源的空间配置可以让区域实现趋同发展，可见其中暗含的假设是：不同区域内的人、家庭以及企业等区域发展主体是同质的。换句话说，传统的区域发展理论认为主体利用空间资源等要素的能力是一样的，但是随着社会发展，欠发达地区的基础设施逐步完善、区域间要素流动加强、资源空间配置趋同，而发展水平相比发达地区差距更加扩大，使得传统观点理论上的不足开始显露。姜安印认为人的异质性是空间异质性的真正基础，区域发展理论需要确立与人的全面发展之间的逻辑关系，使区域发展理论从“要素论”到“功能论”再到“能力论”，形成区域发展能力理论①。由区域经济学演化出来的区域发展能力，或者说从区域经济学角度看待区域发展能力有两个基本概念：区位租与区域功能。区位租是指不同区位上的地租差距（超额利润），区位租既表示空间价值生成、又表示空间利益分配，是联系空间学与经济学的纽带，是区域发展能力的核心概念。区域功能则要求研究区域发展能力时，不能脱离区域的基本功能定位。强调区位租与区域功能概念表明，区域经济学中区位条件仍然是区域快速发展的主导因素，也是区域发展能力的基础属性。

（三）林毅夫“自生能力”理论

如前面所提及的，新古典经济学认为，区域发展水平不平衡的主要原因是区域间的经济积累、要素投入、生产技术以及空间地理的差异所导致，暗含的假设是不同区域内的人、家庭以及企业等经济主体的发展能力是同等的，这一假设随着社会的发展开始显露其不足。林毅夫注意到这个问题，并提出了“企业自生能力”的概念②。林毅夫通过对比中国改革开放后的企业与实行“休克疗法”的东欧国家的企业发展，提出这一问题，为什么完全按照现代主流经济学原则改革的东欧国家出现了严重的通货膨胀与经济倒退，而存在大量国有企业、实行经济双轨制、不被经济学家看好的中国经济却保持了快速增长？他认为经济发展主体——企业并不天生具有“自生能力（viability）”，即“是否能在一个开放、自由、竞争的市场上获取正常利润”，同时企业要具备自生能力需要，其产业、产品与技

---

① 姜安印．区域发展能力理论——一个初步分析框架．兰州大学学报（社会科学版），2012（6）．

② 林毅夫．企业自生能力与国企改革．中国经济周刊，2005（8）．

术与国家要素禀赋结构所决定的比较优势一致。这正是中国的经济能够取得巨大发展成就的原因，也是新古典经济学的发展理论的缺陷，林毅夫主张：在分析社会主义经济、转型经济和发展经济问题时，放弃现有的新古典经济学体系中企业具有自生能力的暗含前提，把企业是否具有自生能力作为一个具体的考虑变量，这是新古典经济学理论的必要发展。

此后，其他学者扩展了“自生能力”的研究范围，将研究目标从“企业”扩大到了“区域”。王科认为区域自我发展能力是一个区域的自然生产力和社会生产力的总和，是对一个区域的自然资本、物质资本、人力资本和社会资本积累状况的整体描述①，成学真、陈小林将“区域发展自生能力”界定为区域经济系统在一定的条件和所处的发展阶段，具备或形成的对区域发展所需各类要素的集聚和优化能力②，并构建了区域发展自生能力的评价指标体系。郑长德认为区域的真正发展是培育自我发展能力，并提出“要增强西部地区自我发展能力首先要增强民族地区的自我发展能力”③。可见使用“发展能力”解释区域的经济增长，已成为学术界的一个重要趋势。

二、农民发展能力基本理论

（一）舒尔茨的人力资本理论

舒尔茨是人力资本理论的倡导者，他的研究将人力资本投资与农业改造、农民发展问题结合了起来。在《改造传统农业》一文中，舒尔茨提出传统农业本质上是一种生产方式长期没有发生变动和基本维持简单再生产的长期停滞的小农经济，改造传统农业的根本举措在于供给新的生产要素与新的资本投入④。同时舒尔茨认为，资本不仅包括作为生产资料的物，而且应该包括作为劳动力的人，引进新的生产要素不仅包括物的要素，还要引进具有现代技能知识、能够运用新要素的人，而“各种历史资料表明，农民的技能与知识水平与其耕作的生产率之间存在着有力的正向相关关系”。因此，就需要对农民进行人力资本投资，包括教育、在职培训以

① 王科. 中国贫困地区自我发展能力解构与培育——基于主体功能区的新视角. 甘肃社会科学，2008（3）.

② 成学真，陈小林等. 区域发展自生能力界定与评价指标体系构建. 内蒙古社会科学（汉文版），2010（1）.

③ 郑长德. 中国民族地区自我发展能力构建研究. 民族研究，2011（4）.

④ 舒尔茨. 改造传统农业. 商务印书馆，1987.

及健康水平，其中教育最为重要。此后《人力资本投资》（1990）文中舒尔茨明确提出：人力资本是当今时代促进国民经济增长的主要原因。传统理论无法解释国民收入增长与国民资源增长之间的缺口，他分析说："国民产量的增长比较土地和按人时计算的劳动量以及能再生产的物质资本的增长更大，这种情况已经普遍可见"，而"人所获得的能力是尚未得到解释的生产力提高的一个重要原因"。此外，舒尔茨完善了人力资本的相关概念。他认为，人力资本主要指凝集在人身上的知识、技能、经历、经验和熟练程度等，用货币形式表现为提高人口质量、提高劳动者时间价值的各项开支。人力资本投资的范围和内容包括卫生保健费、在职培训费、学校教育费用、成人教育费、择业过程中发生的费用和迁移费用。可以说，要改变农民的贫穷与农业的落后，我们需要对传统农业进行改造，投入新的生产要素，更重要的是对农民的人力资本进行投资，培养农民的发展能力。传统农业和现代农业的巨大差别主要是农民能力的差别，提高农民的发展能力是农民得以增加收入的重要因素。

（二）森的可行能力理论

传统的理论一直把贫困单纯地看作为低收过入的结果，对贫困衡量通常把一定的收入水平作为受助者是否可以被纳入贫困救助的标准，但收入只是人们正常的生活需要的一个部分，收入并不代表实际需求的满足。阿玛蒂亚·森认为贫困不仅仅是贫困人口收入低的问题，贫困意味着贫困人口缺少获取和享有正常生活的能力（capability），或者说贫困的真正含义是贫困人口创造收入能力和机会的贫困①。贫困人口的能力问题考虑了更多的个人因素，如教育、健康、就业机会等等，这些是长期影响一个人生活水平和生存能力的重要因素，并且这些因素并不能单单依靠个人力量来获得。同时，贫困人口的低收入也是导致他们获取收入能力丧失的一个重要因素，但疾病、人力资本的不足、社会保障系统的软弱无力、社会歧视等都是造成贫困人口收入能力丧失的不可忽视的因素。可以说，人们陷入贫困虽然表现为收入低这一现象，但是其根本原因是他们获取收入的能力受到剥夺（capability deprivation）以及机会的丧失。相较过去的收入视角，森从能力的角度来解释贫困的发生原因是一次巨大的进步，森的这一思想对后来的发展经济学、反贫困研究产生了很大影响。

进一步阿玛蒂亚·森在他的著作《以自由看待发展》（1998）中全面

① 阿玛蒂亚·森. 论经济不平等. 社会科学文献出版社，2006.

而系统地提出关于可行能力的观点："一个人的'可行能力'指的是此人有可能实现的、各种可能的功能性活动的组合"。它既包括"有足够的营养和不受可以避免的疾病之害"也包括"参与社区生活和拥有自尊"等多层次的要求①。这一标准森认为可以用来评判个人的处境是否处于贫困的境地，对于本书来说，这也是评价农民是否拥有完整的自我发展能力的重要依据。

（三）马克思的主体性理论

人的自我发展能力的构建离不开客观要素的投入，但是其核心主体依然是人，以及人的主观发展意识。人有自我、自主的意识和能力，这是人与动物的最大区别。人的自主意识表现为自己支配、控制自己的命运，以及对自我的反思和责任，主体性则是人的自主意识的表象化。马克思在近代唯心主义的基础上，发展出了"实践主体性"思想。在《关于费尔巴哈的提纲》一文中，马克思从发展人的能动性方面肯定了唯心主义，批评了从前的一切唯物主义只从客观和直观方面来理解现实的片面性。马克思在《关于费尔巴哈的提纲》中指出："从前的一切唯物主义——包括费尔巴哈的唯物主义——的主要缺点是：对对象、现实、感性，只是从客体的或者直观的形式去理解，而不是把它们当作人的感性活动；当作实践去理解，不是从主体方面去理解"②。在马克思的哲学中可以看到，主体性不只是精神层面的活动，不再是一个抽象的思辨的问题，主体性与现实有着强烈的相关关系，这一关系通过实践来达到。同时，人的主体性都是不断发展的，这种发展需要人类生产实践活动来积累。这一思想进一步发展成为"主观能动性"理论，更加明确地描述了主体性（主观）与实践性（客观）之间的相互关系。"主观能动性"指人的主观意识和实践活动对于客观世界的反作用或能动作用。主观能动性一方面是人们能动地认识客观世界，另一方面是在认识的指导下能动地改造客观世界。这也反映了人的主体性的重要程度，主体性的发展不仅是自我意识的进步，也是推动客观世界改造的重要动力。

从本书的角度来看，农业本身是依靠自然资源、遵循自然规律来获取产品的活动，离开了客观实践的农业生产无从谈起，但没有农民主体性的

---

① 阿玛蒂亚·森. 以自由看待发展. 中国人民大学出版社，2002.

② 鲁克俭. "关于费尔巴哈的提纲"的写作原因及其再评价. 马克思主义与现实，2008(5).

发展，农业生产则会停滞不前。农业生产、农村生活等实践活动是农民的主体性不断得以产生的基础，农民主体性的程度又反映了农业生产、农村生活的实践发展程度。可以说，培育农民的发展能力，不仅需要客观的资本要素投入，更需要激发农民的主观发展动力；不仅要为农民发展创造条件，也要培养农民主动适应这种条件的主体性。

第二节　西部地区区域发展能力评价

一、区域发展能力界定

通过区域发展能力来解释地区的经济发展问题，已成为学术的研究热点。增强落后地区的区域发展能力，也是我国政府持续关注的重要议题。在区域发展能力的研究历程上，学者们对其概念的解读并不一致。国外的研究者与研究机构对发展能力的定义比较广泛，如联合国开发计划署（UNDP）对发展能力的定义就包含个人、制度、社会三个层次，具体的定义是一种持续地发挥作用、解决问题，能够确立并达到目标的能力[①]。Fukuda、Sakiko的发展能力也包含这三个层次，其中社会层次的发展能力是指社会整体发展的能力以及社会转型发展的能力，比如公平、提供机会等[②]。国内学者中，成学真、陈小林将“区域发展自生能力”界定为区域经济系统在一定的条件和所处的发展阶段，具备或形成的对区域发展所需各类要素的集聚和优化能力。郑长德的定义是：所谓“区域自我发展能力”是反映一个区域在没有外部扶持的情况下，区域将完成它所期望的功能和实现某种更好结果的程度与可能性。姜安印对区域发展能力的定义分为两方面，静态上是指一个特定区域的自然生产力与社会生产力的总和；动态上，区域发展能力是在区域功能给定的前提下，不同区域单元实现人的全面发展所需的基本条件的集合。这里显然更应该考虑动态的区域发展能力问题。

以上文献对“区域发展能力”都给出了不同定义，国外研究内容比较

---

① Mupinga DM, Busby JR. With out capacity there is no development. International Vocational Education & Training Association, 2009: 77-87.

② Fukuda Parr, Sakiko. The Human Development Report 2003. Womens International Network News, 2008: 9-18.

广泛，但界定比较模糊，基于我国西部区域的发展现实与本书的研究目的，这里暂不考虑。国内学者的研究都集中在经济发展问题上，因此他们的定义的前半部分是一致的，即在区域的外部条件给定的情况下，是考虑到这些变量在实证研究中需要得到控制。定义后半部分出现差异，分别是“要素聚集与优化能力”“完成功能和实现更好结果的程度与可能性”以及“实现人全面发展的基本条件集合”，这三种定义的出发点与侧重点不一样，但关于结果都包含了“优化”“更好”“全面”的要求。另一点需要注意的是，对于区域发展能力与地区发展水平之间因果关系判定上的分歧，部分学者虽然没有明说，但其定义与评价内容都认为发展能力是发展水平的“因”，即所评价出来的区域发展能力只是区域发展水平的解释变量。另一类学者如成学真、陈小林等则认为区域发展能力就是“果”，所评价出来的区域发展能力指数就代表了地区综合发展水平。我们认为，区域发展水平是区域发展潜力的基础，良好的发展基础保证了对未来成长的投资，对于落后的发展水平则通过外部对发展潜力的注入，来打破区域的低效经济循环，从而提升发展水平。

本章的研究目的归纳起来就是：中国东西部区域之间贫困发生率差异较大，是否是发展能力不同导致的，而宏观的区域发展能力与微观的农民发展能力之间的关系是怎样的？因此，我们既需要评估当前的区域发展能力的“果”，同时为了捕捉区域发展的动态变化情况，我们还需要考虑区域未来发展的“因”。以当前区域发展水平的评价作为发展结果，以区域发展潜力测算作为（未来）区域发展的原因，二者结合即是完整的区域发展能力评估。结构可分为发展水平与发展潜力两部分，并可归纳为图 3 - 1。

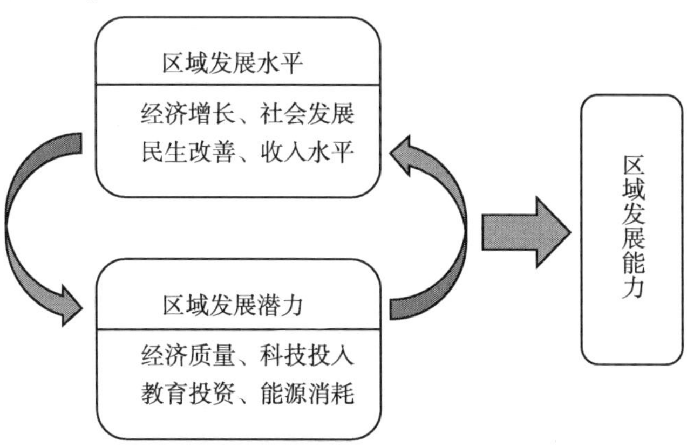

图 3 - 1　区域发展能力评价体系

在此定义下的区域发展能力具有综合性、可变性与差异性三个特点。

第一，综合性。区域发展能力是多重影响因子的综合体现，既包含了区域的自然环境、地理位置等硬性衡量区域特征的影响，也包括教育投资、基础设施投资等经济要素投入长期累积的效果。区域发展能力反映了这些因素在整体上对经济与社会的影响，其内涵是综合的、复杂的。

第二，可变性。区域发展能力所包含的多种影响因素并非一成不变，经济要素投入变化所带来的产出变化不言而喻。此外还应该意识到，区域的文化传统受到社交媒体的影响巨大，经济政策本身就需要与时俱进，市场氛围则通过政府的管制调节，内在影响因素具有的可变性使得作为表象的区域发展能力也具有可变性。

第三，差异性。区域发展能力虽然具有可变性，但是区域间地理位置、自然条件差异极大，由此形成的社会传统、经济理念是不同的，东西部地区经济积累的长期影响同样有很大差异。尽管我们能够在一定范围内改变部分影响因素，但也应该意识到不同区域之间发展能力的差异性是无法彻底抹平的。

二、区域发展能力指标构建

过去的文献对区域发展能力定义不同，指标构建的方法也有所不同。前期的研究中，任东明、曹静基于可持续发展的要求构建了区域发展指标体系，并使用经济外向度、外资供应能力、能源利用能力、固定资产投资能力、环保投资能力、三废处理能力、教育投资能力、科研投资能力来计算区域发展能力①。成学真、陈小林则使用了较为复杂的评价方法，其区域发展自生能力界定与评价指标体系由系统层、指标层、变量层构成，其中系统层包含区域产业发展能力、企业竞争力、生态可持续能力、地方政府行政调控能力、金融服务能力。每一系统层的能力对应4～5个指标层的指数，每一指数又需要数个变量来统计，这里不再赘述。郑长德基于自我发展主体的视角，将区域自我发展能力指标分解为政府自我发展能力指数、企业自我发展能力指数、家庭自我发展能力指数和区域学习与创新能力指数。具体计算上，政府自我发展能力指数为一般预算支出除以一般预算收入，企业自我发展能力指数为利润总额、税金总额、利息支出之和，

① 任东明，曹静．经济高速增长条件下中国区域可持续发展状态的综合评价．中国人口·资源与环境，2000（1）．

除以平均资金总额，家庭自我发展能力指数为平均受教育年限与平均预期寿命积的平方根，区域学习与创新能力指数由科技部发布的综合科技进步水平指数代替。陈作成、龚新蜀针对西部地区的自我发展能力测度也使用了这个计算指标体系①。以上文献均通过各自的定义与理解，对区域发展能力拟出了不同的评价指标，我们选取其中有代表性的两种方法——成学真、陈小林与郑长德，以及国家统计局发布的“地区发展与民生指数（DLI）”进行详细分析。

成学真、陈小林所提出的区域发展自生能力的评价指标体系如表3－1所示。

表3－1　　区域发展自生能力评价指标体系

目标层	系统层	指标层
区域发展自生能力	区域产业发展能力	产业结构、产业经济效益、产业技术水平、产业能耗强度
	区内企业竞争力	企业规模、企业质量与运营能力、企业自主创新能力、企业社会贡献能力
	区域生态可持续能力	自然资源潜力、环境质量水平、生态环境治理与保护
	地方政府行政调控能力	公共服务能力、政府财政吸收能力、政府资源配置整合能力、社会管理能力
	区域金融服务能力	金融规模、金融效率、金融结构、金融生态

郑长德所提出的区域自我发展能力（DCI）的评价指标体系如表3－2所示。

表3－2　　区域自我发展能力（DCI）的评价指标体系

名称	含　义	指标
政府自我发展能力（GCI）	政府为区域内自我发展创造一个平等机会，为区域内自我发展提供经济发展所需要的硬件设施和法律制度、文化软环境、区域财政能力及提供公共产品的能力	一般预算支出/一般预算收入

① 陈作成，龚新蜀．西部地区自我发展能力的测度与实证分析．西北人口，2013（2）．

续表

名称	含　义	指标
企业自我发展能力（ECI）	如果一个正常经营管理的企业预期能够在自由、开放和竞争的市场中赚取社会可接受的正常利润，那么这个企业就是有自生能力的，否则，这个企业就是没有自生能力的	总资产贡献率
家庭自我发展能力（HCI）	劳动者的人力资本能力，受教育水平和健康状态是家庭自我发展能力的两个最重要方面	平均受教育年限；平均预期寿命
区域学习与创新能力（LII）	学习能力是区域主体借鉴和模仿发达地区发展经验和发展方式的能力。创新能力是在一定区域范围内，通过在生产体系中引入新要素，或者实现要素的新组合而形成的促进资源有效配置，创造新东西的新手段、新能力，包括区域技术性变化的创新及非技术性变化的组织创新	综合科技进步水平指数

地区发展与民生指数（DLI）评价指标体如表 3－3 所示①，原文献中还有三级指标，是二级指标的具体数据选择与计算方法，由于其数量多达 41 个，限于篇幅这里不展开描述。此外，分项指标的权重采取专家打分法（即 Delphi 法）进行处理。

表 3－3　　　　发展与民生指数评价指标体系

一级指标	二级指标	权重
经济发展	经济增长、结构优化、发展质量	20%
民生改善	收入分配、生活质量、劳动就业	26%
社会发展	公共服务支出、区域协调、文化教育、卫生健康、社会保障、社会安全	21%
生态建设	资源消耗、环境治理	20%
科技创新	科技投入、科技产出	13%

① 中国统计学会国家统计局统计科学研究所．2013 年地区发展与民生指数（DLI）统计监测结果［EB/OL］．国家统计局，2014－12－31. http：//www. stats. gov. cn/tjsj. /zxfb/201412/t20141231_661933. html.

可以看到区域发展自生能力评价的系统层是按功能划分，区域自我发展能力评价基本按主体划分，地区发展与民生指数则是按发展目标划分。在指标的选取上，自生能力评价与发展及民生指数的指标众多、涵盖面广，包含了发展积累与发展潜力，自我发展能力评价 DCI 主要关注主体的发展潜力，指标较少。

其中区域自我发展能力（DCI）与地区发展与民生指数（DLI）还有分项指标的合成方法，区域自我发展能力为：

$$DCI = \sqrt[4]{GCI \times ECI \times HCL \div LII} \tag{3-1}$$

地区发展与民生指数为：

$$DLI = \frac{\sum_{i=1}^{41} Z_i W_i}{\sum_{i=1}^{41} W_i} \tag{3-2}$$

其中，Z_i为前 41 个指标无量纲化后的数值，W_i为其权重。无量纲化的处理也叫数据的标准化，是通过数学变换来消除原始变量（指标）量纲影响的方法。无量纲化的指数一般分布在 0 ~ 1，此种方法测算的指数不仅横向可比，而且纵向可比；不仅可以比较各省（区、市）发展指数的相对位次，而且可以考察每个省（区、市）指数变化的历史进程。

正指标无量纲化计算公式：

$$Z_i = \frac{X_i - X_{min}^i}{X_{max}^i - X_{min}^i} \tag{3-3}$$

逆指标无量纲化计算公式：

$$Z_i = \frac{X_{max}^i - X_i}{X_{max}^i - X_i^{min}} \tag{3-4}$$

基于前面对区域发展能力的定义，并结合已有文献的指标体系，我们构建了自己的区域发展能力评价标准，如表 3 - 4 所示。对于最终指标的组合，我们采用加权的方法来合成，因此合理地确定区域发展能力各主要因素指标的权重，是进行综合评估能否成功的关键问题。考虑到 DLI 指数是由国家统计局发布，其权重打分具有很高权威性，所以我们以 DLI 指数权重为基础，根据本研究指标体系的划分重新组合与拆分并重新确定各指标的权重占比，比如原 DLI 中人均地区生产总值为三级指标，权重仅 5%，在本书评价体系中扩大为唯一衡量经济增长的指标，其权重也相应增加到

10%，其他变化不再赘述。具体指标权重设置为：经济增长 10%、社会发展 10%、民生改善 26%（包括城镇 13%与农村 13%）、经济质量 15%、科技水平 24%（包括 R&D 占比 13%与文肓率 11%）、能源消耗 15%，其中发展水平类型权重合计 46%，发展潜力类型权重合计 54%。

表 3-4　　区域发展能力指标体系

指标类型	指标名称	统计变量	权重	指标方向
发展水平	经济增长	人均地区生产总值	10%	正
	社会发展	人均地方财政公共服务支出	10%	正
	民生改善	城镇居民家庭可支配收入	13%	正
		农村居民家庭纯收入	13%	正
发展潜力	经济质量	第二、三产业占 GDP 比值	15%	正
	科技教育	规模以上企业 R&D 经费占 GDP 比重	13%	正
		15 岁以上居民文肓率	11%	逆
	能源消耗	每单位 GDP 消耗传统能源数量	15%	逆

当前区域发展水平的指标分别为经济增长、社会发展、民生改善。经济增长的统计变量为国内生产总值（GDP），是指按市场价格计算的一个国家（或地区）所有常住单位在一定时期内生产活动的最终成果。对于一个地区来说，称为地区生产总值，或地区 GDP，人均 GDP 是指一定时期内按常住人口平均计算的 GDP。

社会发展的统计变量为人均地方财政公共服务支出。基本公共服务是指建立在一定社会共识之上，由政府根据经济社会发展阶段和总体水平来提供、旨在保障个人生存权和发展权所需要的最基础的公共服务。基本公共服务主要分为四个方面：一是基本生存服务，包括公共就业服务、社会保障等；二是基本发展服务，包括教育、医疗卫生、文化体育等；三是基本环境服务，包括交通通信、公共设施和环境保护等；四是基本安全服务，包括公共安全、国防安全等。这里的基本公共服务支出是指包括公共教育、医疗卫生、社会保障和就业、公共文化、环境保护、基础设施、住房保障等支出，我们以地方财政公共服务支出来统计。

民生改善的统计变量为城镇居民家庭可支配收入与农村居民家庭纯收入。城镇居民家庭可支配收入指居民家庭可以用来自由支配的收入，它是家庭总收入扣除交纳的个人所得税、个人交纳的社会保障支出以及记账补贴后的收入。农村居民家庭纯收入指农村居民当年从各个来源得到的总收入相应地扣除所发生的费用后的收入总和。数据可通过统计年鉴直接查询。

反映区域未来发展潜力的指标为经济质量、科技水平、能源消耗。经济质量的统计变量为区域第二、第三产业占 GDP 比值，我国的三次产业划分是：第一产业是指农业、林业、牧业、渔业；第二产业是指采矿业、制造业、电力、煤气及水的生产和供应业、建筑业；第三产业是指以服务业为主的其他行业。

科技水平的统计变量为 R&D 经费支出比重与 15 岁以上居民文盲率。R&D 经费支出比重指一定时期内科学研究与试验发展（简称 R&D）经费支出占同期 GDP 的比重。研究与试验发展（R&D）指在科学技术领域，为增加知识总量以及运用这些知识去创造新的应用进行的系统的创造性的活动，包括基础研究、应用研究、试验发展三类活动。

15 岁以上居民文盲率为历年按一定比例进行的人口抽样调查中，15 岁及以上文盲人口数占 15 岁及以上人口数的比重。

能源消耗的统计变量为每单位 GDP 的能源消耗量，为了剔除电力与煤炭消耗的计算重复，并考虑到天然气使用的低污染性，数据中没有统计电力消耗与天然气使用量，统计项目为传统能源，包括煤炭、焦炭、原油、汽油、煤油、柴油、燃料油的消耗量。

三、西部地区区域发展能力评估

根据对区域发展能力的定义与指标构建，并为了与各地区的贫困消除进行对照，我们搜集了 2010 ~2015 年西部地区 12 省区市的相关统计数据，其中 2015 年各区域数据如表 3 –5 所示。从统计数据上看，西部地区区域之间发展差距较大，人均 GDP 最高为内蒙古 71101 万元，最低为甘肃 26165 万元，相差约 2.7 倍。人均公共服务支出以西藏 6355.56 元最高，其他地区则均在 1000 元左右。城镇家庭可支配收入除内蒙古 30594 元，其余各地区均在 20000 ~30000 元，农村家庭纯收入基本分布在 7000 ~10000 元。第二、第三产业占 GDP 比重最高为重庆 0.93，最低为贵州 0.84。R&D 经费支出为每一万元 GDP 规模以上工业企业 R&D 经费支出，其中重庆最高达到 127.03，最低为西藏 2.54。传统能源消耗是逆指标，消耗最低为重庆 0.48，最高为内蒙古 2.23。

表 3-5　　2015 年西部地区区域发展能力指标统计数据

地区	人均 GDP（元）	人均公共服务支出（元）	城镇家庭可支配收入（元）	农村家庭纯收入（元）	第二、第三产业比重	R&D 经费支出	传统能源消耗
内蒙古	71101	1191.32	30594.10	10775.89	0.91	66.53	2.23
广西	35190	824.23	26415.87	9466.58	0.85	45.78	0.59
重庆	52321	895.49	27238.84	10504.71	0.93	127.03	0.48
四川	36775	758.43	26205.25	10247.35	0.88	74.47	0.50
贵州	29847	1214.19	24579.64	7386.87	0.84	43.54	1.37
云南	28806	819.30	26373.23	8242.08	0.85	45.49	0.75
西藏	31999	6355.56	25456.63	8243.68	0.90	2.54	1.40
陕西	47626	947.43	26420.21	8688.91	0.91	95.76	1.26
甘肃	26165	1046.19	23767.08	6936.21	0.86	71.58	1.39
青海	41252	1995.41	24542.35	7933.41	0.91	26.90	0.90
宁夏	43805	1004.34	25186.01	9118.69	0.92	68.84	3.50
新疆	40036	1552.58	26274.66	9425.08	0.83	39.27	2.38

数据来源：各省统计年鉴、《中国科技统计年鉴》。

取得原始数据后我们需要进行无量纲化处理，为了同时体现各地区指标的相对变化与绝对变化，无量纲化的上下限数据选取为 2010～2015 年各地区数据矩阵的最大与最小值。经过处理后各地区 2010～2015 年人均地区生产总值、人均地方财政公共服务支出、城镇居民家庭可支配收入、农村居民家庭纯收入、第二、第三产业占 GDP 比值、规模以上企业 R&D 经费占 GDP 比重、每单位 GDP 消耗传统能源数量数据。

获得经过无量纲化处理后的数据，根据区域发展能力评估体系所确定的各分项指标权重进行计算，计算公式为：

区域发展能力 = 经济增长 ×0.1 + 社会发展 ×0.1 + 民生改善(城镇) ×0.3 + 民生改善(农村) ×0.13 + 经济质量 ×0.15 科技水平 ×0.13 +15 岁以上居民文盲率 ×0.11 + 能源消耗 ×0.2

加权汇总之后得到西部 12 省市 2010～2015 年的区域发展能力评估指数，具体参数如表 3-6 所示。

表 3 - 6　　西部地区 2010 ~ 2015 年区域发展能力评估指数

地区	2010 年	2011 年	2012 年	2013 年	2014 年	2015 年
内蒙古	0.508	0.598	0.678	0.767	0.826	0.877
广西	0.389	0.448	0.516	0.613	0.668	0.705
重庆	0.58	0.672	0.749	0.817	0.89	0.96
四川	0.436	0.508	0.583	0.672	0.734	0.793
贵州	0.287	0.351	0.404	0.487	0.526	0.553
云南	0.324	0.383	0.442	0.518	0.574	0.632
西藏	0.294	0.353	0.433	0.499	0.545	0.641
陕西	0.475	0.549	0.616	0.697	0.75	0.802
甘肃	0.304	0.356	0.416	0.5	0.551	0.574
青海	0.413	0.48	0.52	0.581	0.641	0.68
宁夏	0.368	0.425	0.497	0.577	0.634	0.678
新疆	0.293	0.38	0.438	0.526	0.585	0.626

以上评估结果显示，2010 ~ 2015 年，西部地区十二个省区市的区域发展能力都有了明显进步，西部地区平均区域发展能力由 2010 年的 0.389 增长为 2015 年的 0.71，增长值 0.321。但是各地区的发展并不均衡，其中发展能力较高的地区如重庆、内蒙古、陕西，2010 年的区域发展能力评分分别为 0.58、0.508、0.475，2015 年的评分均在 0.8 以上，重庆的评分达到 0.96，增长数值分别为 0.381、0.369、0.327。发展较差的地区如贵州，2010 年区域发展能力评分仅为 0.287，2015 年评分为 0.553，增加数值为 0.266，亦为西部最低。整体来看，除新疆、广西外，2015 年各地区的区域发展能力评分排序相比 2010 年没有较大改变，在区域层面的发展上，各地区已有的经济发展水平对之后的发展起着决定性影响，各地区之间的差异化发展并没有得到改变。

第三节　西部地区农民发展能力评价

一、农民发展能力界定

相较区域发展能力，农民发展能力的研究还处于探索阶段，不同文献之间从定义到指标选择都有较大差异。曾艳华等（2006）认为，农民发展能力是农民利用自然、改造自然、不断谋求自身生产生活改善的能力。农民发展能力强，意味着农民有较高的适应市场环境变化的能力，有较高的产值、土地产出率、商品率、投资收益率、劳动生产率和收入水平，有较强地带动其他农民发展致富的能力和社区影响力①。李小建等在分析农户自主发展能力对收入增长影响中的定义是：农户自主发展能力是指农户在经济利益驱动下，利用已有发展环境和发展机会追求目标时展示一系列的行为决策能力②。乔家君等认为：农户的自主发展能力是指农户在市场经济环境下，作为一个独立的经济实体依靠自身素能能够主动地获取信息、自主决策，并赋予实施，使家庭实力不断增强，生活水平不断提高，并最终不断完善自身的能力③。赵雪雁、巴建军在针对牧民的研究中，基于联合国发展署的定义，认为自我发展能力是指牧民以可持续方式理解和应对发展挑战的能力④。王湘琳指出，农民发展能力是在一定制度和政策环境下农民自主获取资源、发展生产、改善生活并实现政治诉求的能力，是由体能、智能、技能和潜能所构成的多层次综合能力⑤。黄跃等认为农民的自我发展能力是一个复合概念，指谋求发展的农民具有的整合自然生产力和社会生产力的能力的总和⑥。王术坤、陈少军也从新生代农民这个主体出发，分析了新生代农民发展能力的内涵，从农业现代化、思想能力建设、制度和政策、新型农民四个视角对新生代农民发展能力进行理论分析，在此基础上评价新生代农民的发展能力⑦。张磊等从空间认知的角度出发，将农民发展能力定义为在市场经济环境中，农民自身主动地获取信息、自主决策，并赋予实施，使自身和家庭实力不断增强、生活水平不断提高，最终不断完善自己的能力⑧。并认为农民的发展能力由农民的活动

---

① 曾艳华. 农民发展能力的问题与对策. 改革与战略，2006（6）.

② 李小建，周雄飞，乔家君等. 不同环境下农户自主发展能力对收入增长的影响. 地理学报，2009（6）.

③ 乔家君，党睿，赵德华. 农户自主发展能力的三商影响研究——以河南省吴沟村为例. 经济地理，2009（7）.

④ 赵雪雁，巴建军. 牧民自我发展能力评价与培育——以甘南牧区为例. 旱区地理，2009（1）.

⑤ 王湘琳. 农民发展能力：农村发展的内源动力. 广西大学学报（哲学社会科学版），2010（5）.

⑥ 黄跃，曾艳华，陈少军. 基于农民自我发展能力的家庭农场约束因素研究. 湖北农业科学，2014（16）.

⑦ 王术坤，陈少军. 新生代农民发展能力研究述评和未来展望. 江苏农业科学，2015（6）.

⑧ 张磊，简小鹰，冯开禹. 空间结构视角下的农民发展能力研究. 中国农业资源与区划，2016（4）.

空间、认知空间和思维空间组成的空间结构形成，这三个空间的相互作用与变化决定了农民发展能力的变化。

以上文献对农民发展能力的定义放弃了区域发展能力定义中普遍的前置条件——区域外部条件给定，表明研究者认为微观主体的发展能力也包括获取不同的外部资源的能力，比如使用工具的专业化程度、获取信息的能力等，因此农民发展能力的范围也受限于区域发展能力。一般地，我们可以将农民发展能力定义为：在农民所处的外部条件给定的前提下，农民实现全面发展所需的基本条件的合集。由于本书关注重点是贫困农户的反贫困问题，这里可缩小定义范围为：农民实现生活水平提高所需的基本条件。与区域发展能力的结构一样，农民的发展能力也由两部分组成，一是反映当前农民经济基础的发展水平，是区域发展带动下农民通过自身持有资本（包括土地资本等）进行发展的能力，包括收入水平、生活条件等；二是反映农户未来发展情况的发展潜力，一方面是农民根据当前发展水平而进行的自我投资，另一方面是农户的劳动力质量，包括农户收入结构、医疗消耗、教育投资等，以上因素我们归纳为图 3－2。

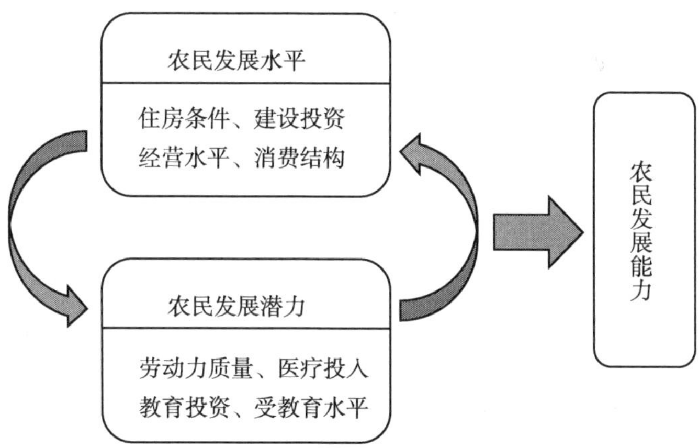

图 3－2　农民发展能力示意图

二、农民发展能力指标构建

已有文献在农民发展能力指标构建上差异较大，我们考察了文献中有完整理论体系和明确指标说明的发展能力评价方式，并综合考虑了文献期刊的影响因素，选择了包括曾艳华、李小建等以及乔家君等的相关研究。

曾艳华的研究认为农民发展能力由三大部分构成[①]。一是内力，即农民自身所具有的能力，包含了农民的体力、脑力、心智等；二是外力，及外部条件赋予农民的能力，包括农民所处的自然资源环境、社会经济条件、政治法律环境、竞争程度等；三是综合能力，即由农民内在素质与外部环境相互作用而形成的能力，包含劳动技能、经营方式、业务力量、赚钱能力、对社会的贡献能力。

除了构成要素外，具体衡量农民发展能力的经济指标有十五项，包括：（1）固定资产原值及其增长率；（2）生产总值及其增长率；（3）土地利用率及其增长率；（4）土地产出率及其增长率；（5）商品量及其增长率；（6）商品率及其增长率；（7）投资额及其增长率；（8）投资收益率及其增长率；（9）劳动生产率及其增长率；（10）总收入及其增长率；（11）纯收入及其增长率；（12）农民人均纯收入及其增长率；（13）带动其他农户数及其增长率；（14）提供就业岗位数及其增长率；（15）缴税额及其增长率。但文章并没有给出以上十五项指标的组合方式及最终农民发展能力的评估方法。

乔家君等（2009）的研究将农民发展能力细分为10方面[②]，分别是：（1）农户自身素能；（2）农户主动获取信息与处理能力；（3）生存能力；（4）决策能力；（5）资本积累与筹措能力；（6）对外交流与协调能力；（7）技术利用与开发能力；（8）对环境的利用能力；（9）经济结构优化能力；（10）农户自主发展能力的综合值。并使用熵值法计算农户自主发展能力值。

李小建等则将农民发展能力分为自主发展潜能与自主发展意识[③]，其内涵包括自我发展潜能与自主发展意识两个方面，自主发展潜能包括农户的体能、素能、人际网以及资本积累能力和主动获取信息的能力。自主发展意识指农户在从事社会经济活动中所持有的价值观和心态，具体的指标构建如表3-7。

从已有研究的指标构建来看，曾艳华对农民发展能力的评价主要集中在农户当前的经济水平上，且有部分指标内容重叠，有部分指标难以评估，

---

① 曾艳华. 农民发展能力的问题与对策. 改革与战略，2006（6）.

② 乔家君，党睿，赵德华. 农户自主发展能力的三商影响研究——以河南省吴沟村为例. 经济地理，2009（7）.

③ 李小建，周雄飞，乔家君等. 不同环境下农户自主发展能力对收入增长的影响. 地理学报，2009（6）.

表 3－7　　农户自主发展能力评价指标体系

指标类型	分项指标	具体衡量指标
农户自主发展潜能指标	体能	医疗费用投资、主要劳动力身体与 5 年前相比变化状况体现
	素能	主要包括劳动力受教育程度、农户对下一代教育投资、村干部对农户的能力分层
	人际网	农户所能获取社会资本，包括村委会选举、农户所处经济地位、社会地位、社会交往投资、对农户家庭帮助最大的人的个数以及与该农户不同关系类型的人员数
	资本积累能力	村干部对农户的经济分层、农户家庭人均生活性消费水平、农户自家遇到重大开支时通过不同渠道能筹措到的资金额
	信息获取能力	农户看电视时间、通信费用、外出远门次数、是否上网查讯息等
农户自主发展意识指标	农户对自己生活态度	由农户对自己现在生活的满意程度和到城市定居的意愿组成
	农户所处发展空间	以农户现有耕地经营规模和农户家庭的劳均负担等指标组成
	农户经济市场参与度	由农户主要粮食作物、经济作物的外卖率和农户进城购物的频率等指标构成
	农户设计自己生活目标	由近十年对非农业是否投资、开发利用当地资源的打算、家庭主要成员需要学习的技术和提高自家经济实力的措施组成

而同时缺少农户消费尤其是教育投资方面的相关指标，对农户的未来的发展能力趋势难以评价。相反，李小建等将发展能力的评价重点放在发展潜力上，在评估农户自我发展潜能与农户自主发展意识中，都没有对农户现有经济基础的直接测量，取而代之的是农户所处经济地位、村干部对农户的经济分层等偏主观的划分。乔家君等的指标分类情况也是如此，忽视了当前农户所拥有的经济基础对其发展的影响。我们认为农民发展能力与区域发展能力一样，当前农户的经济水平是其未来发展前景的基石，针对区域层面的“贫困恶性循环理论”也同样适用于农户层面。贫困人群所存在的生产资料与劳动力的匮乏、身体健康状况不佳、知识积累和社会资本积

累不足，从而导致“因为贫困所以贫困”的结构性贫困恶性循环。我们认为，构建农民发展能力的指标体系应有足够的权重对当前农户的经济基础进行评价。

我国目前贫困人口集中在农村，扶贫政策对贫困人群的能力开发也可以等同于对农村居民的能力发展，因此精准扶贫的识别方法对我们的农民发展能力评价有着重要的参考价值。精准扶贫识别方法即：“一看房，二看粮，三看劳动力强不强，四看家中有没有读书郎”的“四看”法。2014年以来，贵州省威宁县迤那镇探索出“四看”识真贫以来，该方法经过实践之后成为被广泛推广的精准扶贫识别方法。其中“看房”是通过看农户的居住条件和生活环境，估算其贫困程度；“看粮”是通过看农户的土地情况和生产条件，估算其农业收入和食品支出；“看劳动力强不强”是通过看农户的劳动力状况和有无病残人口，估算其务工收入和医疗支出；“看家中有没有读书郎”是通过看农户受教育程度和在校生现状等，估算其发展的潜力和教育支出。对于本书所构建的农民发展能力评价体系而言，“四看法”比较全面地概括了农民的发展基础与发展潜力，可以作为我们评价体系的结构基础，而同时考虑到数据的可获取性与易于计算性进行了调整，最后结合以上所归纳因素，我们将农民发展能力评价体系的指标构建总结为表3－8。

表3－8　　农村居民发展能力指标体系

指标类型	指标名称	统计变量	权重	指标方向
发展水平	房	人均住房面积	15%	正
		人均居民固定资产投资	15%	正
	粮	农户家庭人均经营性收入	10%	正
		恩格尔系数	15%	逆
发展潜力	劳动力	农户家庭人均工资性收入	20%	正
		医疗消费支出比重	10%	逆
	读书郎	劳动力受教育年限	15%	正
		教育消费支出比重	10%	正

我们评估农村居民发展能力的指标分别为发展水平与发展潜力。农户当前发展水平的水平主要从“看房”与“看粮”两方面体现。“房”指标的统计变量为人均住房面积与居民固定资产投资，住房面积为农村居民住宅建筑面积，住宅建筑面积是指房屋外墙勒脚以上的外围水平面积，包括

阳台、走廊、室外楼梯等的建筑面积。

居民固定资产投资为农村农户固定资产投资额，取值为人均数。人均固定资产投资主要为农村居民当前的房屋建设、农业设施建设等方面的投入，反映农村居民生活条件与生产活动的改善情况。

反映“粮”情况的统计变量为农村居民家庭经营性收入与恩格尔系数，一方面体现居民在种植经营上的能力；另一方面也体现居民在粮食消费上的变化。

农村居民家庭经营收入指农村住户以家庭为生产经营单位进行生产筹划和管理而获得的收入。家庭经营活动按行业划分为农业、林业、畜牧业、渔业、工业、建筑业、交通运输和邮电业、批发和零售贸易餐饮业、社会服务业、文教卫生业和其他家庭经营。数据可通过统计年鉴直接查询。

居民家庭的恩格尔系数（Engel’s coefficient）是指居民食品支出金额在消费支出总金额中所占的比例，恩格尔系数常被用来衡量一个国家和地区人民生活水平的状况，一个国家或家庭生活越贫困，恩格尔系数就越大；反之，生活越富裕，恩格尔系数就越小。根据联合国粮农组织提出的标准，恩格尔系数在59%以上为贫困，50%～59%为温饱，40%～50%为小康，30%～40%为富裕，低于30%为最富裕。

农户未来发展潜力主要从“看劳动力”与“看读书郎”两方面体现。“劳动力”指标的统计变量为家庭工资性收入与医疗消费支出比重，在劳动力状况的测量上，相比劳动力数量我们更看重农户的劳动力质量，在当前工业化和城市化背景下，农村居民的务工收入可以直接体现劳动力质量对家庭发展水平的影响。此外，家庭有无病残人口也是影响农户家庭劳动力强弱的重要因素，这一指标在微观上的作用更明显，宏观上我们使用家庭的医疗支出代替。

农村居民家庭工资性收入指农村成员受雇于单位或个人，靠出卖劳动力而获得的全部劳动报酬和各种福利收入。数据可通过统计年鉴直接查询。

医疗消费支出比重指农村居民医疗保健支出金额在消费支出总金额中所占的比例，医疗保健消费支出指农村住户用于医疗和保健的药品、医疗器械和服务费用。包括医药卫生保健用品、医疗保健服务费和医疗卫生设备、用品加工修理费等。计算公式为：

$$\text{医疗消费支出比重}=\frac{\text{医疗保健支出金额}}{\text{消费支出总金额}}\times 100\% \tag{3-5}$$

“读书郎”指标的统计变量为劳动力受教育年限和教育消费支出比重。该指标一方面体现家庭劳动力当前的教育水平，另一方面考察家庭的教育投资，其中当前受教育水平并不仅仅反映农户的发展水平，因为教育并非消耗品，农村居民当前的受教育水平同样影响未来收入、权利、权益，以及对教育的投资态度，因此也是体现农民发展潜力的指标。

劳动力受教育年限指一个地区在一定时期内，劳动力受教育年限的平均数。大多数统计年鉴的该项数据为各层次劳动力水平的比重，需要换算得到最终数据，我们按照现行各级教育年数的一般规定，大专及以上文化程度为16年、高中12年、初中为9年、小学为6年、文盲为0进行计算，计算公式如下。此外，部分地区、部分年份的数据有缺失情况，我们通过时间序列的线性回归法进行了预估与补齐。

$$\text{劳动力受教育年限} = \frac{\text{小学劳动力水平比重} \times 6}{100} + \frac{\text{初中劳动力水平比重} \times 9}{100} + \frac{\text{高中劳动力水平比重} \times 12}{100} + \frac{\text{大专以上劳动力水平比重} \times 16}{100} \tag{3-6}$$

教育消费支出比重指农村居民文教娱乐支出金额在消费支出总金额中所占的比例，文教娱乐消费支出指农村住户用于文化、教育、娱乐方面的支出，包括文化教育娱乐用品支出和文化教育娱乐服务支出。计算公式为：

$$\text{教育消费支出比重} = \frac{\text{文教娱乐支出金额}}{\text{消费支出总金额}} \times 100\% \tag{3-7}$$

三、西部地区农民发展能力评估

根据对农民发展能力的定义与指标构建，并为了与各地区的区域发展能力及贫困消除情况进行对比研究，数据搜集范围为2010~2015年西部地区12省区市的相关统计数据。其中2015年各区域数据如表3-9所示。从统计数据上看，人均住房面积中重庆最高，为54平方米，最低为内蒙古仅26平方米，区间跨度较大，这种差距主要来自农村居民的居住习俗差异。人均固定资产投资青海最高为1691.78元，最低为西藏的701.42元。家庭经营性收入有两省区超过5000元，均是以牧业为主的内蒙古与新疆，分别为 6185.4 元和 5297.5 元，最低为贵州的 2878.7 元。恩格尔系数最高为西藏的 52.19，最低为陕西的 27.84。家庭工资性收入最高为宁夏的 3614.3 元，最低为西藏的 1872.9 元。医疗消费支出比重最高为青海 13.9%，最低为西藏 2.44%。劳动力教育水平最高为广西 8.66 年，最低为西藏 4.04 年。教育消费支出占比最高为内蒙古 13.7%，最低为西藏 3.21%。

表 3-9　　2015 年西部地区农民发展能力分项指标统计数据

地区	人均住房面积（平方米）	人均固定资产投资（元）	家庭经营性收入（元）	恩格尔系数	家庭工资性收入（元）	医疗消费支出比重	劳动力教育水平	教育消费支出占比
内蒙古	26.07	914.74	6185.40	29.36	2249.70	10.51	8.43	13.70
广西	45.22	1332.41	4359.40	35.35	2549.10	9.36	8.66	11.10
重庆	54.13	803.06	3774.70	39.96	3583.40	8.35	8.18	10.33
四川	47.13	1320.83	4197.30	39.12	3463.50	9.08	7.74	7.56
贵州	32.00	777.23	2878.70	34.16	2897.10	6.76	7.29	13.13
云南	32.00	818.01	4600.80	36.41	2315.50	8.46	7.34	11.45
西藏	32.75	701.42	4937.70	52.19	1872.90	2.44	4.04	3.21
陕西	42.60	1260.30	2908.60	27.84	3548.30	12.13	8.56	13.12
甘肃	30.00	701.42	3025.20	32.86	1974.90	9.81	7.87	12.50
青海	31.40	1691.78	3058.50	29.93	2234.70	13.90	6.50	9.42
宁夏	30.15	1558.53	3837.00	29.15	3614.30	11.00	7.17	11.83
新疆	28.00	951.81	5397.50	34.07	2131.40	9.51	8.35	8.21

取得原始数据后我们需要进行无量纲化处理，与区域发展能力度量的考虑一样，为了同时体现各地区指标的相对变化与绝对变化，无量纲化的上下限数据选取为 2010～2015 年各地区数据矩阵的最大与最小值。经过处理后得到各地区 2010～2015 年人均住房面积、居民固定资产投资额、家庭经营性收入、恩格尔系数、家庭工资性收入、医疗支出占消费支出比重、劳动力受教育年限、教育消费支出比重数据。

获得经过无量纲化处理后的数据，根据农民发展能力评估体系所确定的各分项指标权重进行计算，计算公式为：

农民发展能力指数 = 人均住房面积 ×0.15 + 居民固定资产投资额
×0.15 + 家庭经营收入 ×0.1 + 恩格尔系数
×0.15 + 家庭工资性收入 ×0.2

$$+ \text{医疗消费支出} \times 0.1 + \text{劳动力受教育年限} \times 0.15 + \text{教育消费支出} \times 0.1。\quad (3-8)$$

加权汇总之后得到西部12省区市2010～2015年的农民发展能力评估指数，具体参数如表3－10所示。

表3－10　西部地区2010～2015年农民发展能力评估指数

地区	2015年	2014年	2013年	2012年	2011年	2010年
内蒙古	0.639	0.616	0.564	0.504	0.490	0.443
广西	0.688	0.668	0.658	0.570	0.532	0.501
重庆	0.704	0.664	0.668	0.583	0.531	0.465
四川	0.672	0.578	0.641	0.518	0.500	0.457
贵州	0.588	0.554	0.472	0.415	0.364	0.352
云南	0.557	0.538	0.447	0.413	0.386	0.358
西藏	0.340	0.309	0.306	0.236	0.233	0.195
陕西	0.730	0.719	0.673	0.634	0.601	0.542
甘肃	0.519	0.453	0.451	0.391	0.356	0.326
青海	0.523	0.535	0.559	0.505	0.481	0.388
宁夏	0.670	0.649	0.566	0.558	0.517	0.461
新疆	0.562	0.556	0.574	0.561	0.543	0.431

从以上评价结果来看，西部地区十二个省区市的农民发展能力都有了显著增长，西部地区农民区域发展能力评分平均值由2010年的0.41增长为2015年的0.599，增长值0.189。但是发展趋势的变化与区域发展能力有所不同。最大的区别在于各地区农民的发展速度与其原有的发展水平并不一致，其中发展速度最快的地区为重庆、贵州，农民发展能力评分的增加值分别为0.239、0.236，农民发展速度较低的地区为青海和新疆，评分的增加值分别为0.135、0.131，而这两省在2010年的排序却高于贵州，导致2015年西部各地区的农民发展能力评分排序相比2010年有了很大改变。2010年排序为陕西、广西、重庆、宁夏、四川、内蒙古、新疆、青海、云南、贵州、甘肃、西藏，2015年排序为陕西、重庆、广西、四川、宁夏、内蒙古、贵州、新疆、云南、青海、甘肃、西藏，其中贵州排名由第十上升到第七，重庆由第三上升到第二。可见相比区域层面的发展，农村居民的发展自由度更大，发展积累对以后的发展影响较小，即便是原本落后贫困的农民也可以通过各种渠道来改善家庭的发展境遇和增强自身的发展能力。

第四节　区域发展能力、农民发展能力与贫困关系研究

一、研究方法

前面的论述中我们认为，区域发展能力和农民发展能力都与农村的反贫困效率正相关，这二者中任何一个产生负效应都会使区域中农村贫困更加严重。基于此做出了一个推断：西部地区贫困发生率高于全国，主要原因是落后的区域发展能力与农民发展能力。三者的关系为：农村的贫困发生率直接受到农民发展能力的影响，农民的发展能力受区域发展能力影响，区域发展能力通过影响农民发展能力间接影响了区域的贫困发生。本章最后部分（本节）的研究内容即是证明三者之间的关系。

研究方法上，我们使用灰色关联度进行研究。灰色关联分析（Grey Relational Analysis，GRA）是指对一个系统发展变化态势的定量描述和比较的方法，其基本思想是通过确定参考数据列和若干个比较数据列的几何形状相似程度来判断其联系是否紧密，它反映了曲线间的关联程度①。通常可以运用灰色关联分析方法来分析各个因素对于结果的影响程度，也可以运用此方法解决随时间变化的综合评价类问题，其核心是按照一定规则确立随时间变化的母序列，把各个评估对象随时间的变化作为子序列，求各个子序列与母序列的相关程度，依照相关性大小得出结论。灰色关联分析方法通过对动态过程发展态势的量化分析，完成对系统内时间序列有关统计数据几何关系的比较，求出参考数列与各比较数列之间的灰色关联度。与参考数列关联度越大的比较数列，其发展方向和速率与参考数列越接近，与参考数列的关系越紧密。灰色关联分析方法要求样本容量可以少到 4 个，对数据无规律同样适用，不会出现量化结果与定性分析结果不符的情况。其基本思想是将评价指标原始观测数进行无量纲化处理，计算关联系数、关联度以及根据关联度的大小对待评指标进行排序。关联度有绝对关联度和相对关联度之分，绝对关联度采用初始点零化法进行初值化处理，当分析的因素差异较大时，由于变量间的量纲不一致，往往影响分析，难以得出合理的结果。而相对关联度用

① 徐凤银，朱兴珊，颜其彬，李士伦．储层含油气性定量评价中指标权重的确定方法．西南石油学院学报，1994（4）．

相对量进行分析，计算结果仅与序列相对于初始点的变化速率有关，与各观测数据大小无关，这在一定程度上弥补了绝对关联度的缺陷。灰色关联度的应用涉及社会科学和自然科学的各个领域，尤其在社会经济领域，如国民经济各部门投资收益、区域经济优势分析、产业结构调整等方面，都取得较好的应用效果①。

灰色关联分析的具体计算步骤如下：

第一步，确定分析数列。确定反映系统行为特征的参考数列和影响系统行为的比较数列。反映系统行为特征的数据序列，称为参考数列。影响系统行为的因素组成的数据序列，称比较数列。

设参考数列（又称特征序列）为 $Y = \{X(k) \mid k = 1, 2, \cdots, n\}$；比较数列（又称因素序列）$X_i = \{X_i(k) \mid k = 1, 2, \cdots, n\}, i = 1, 2, \cdots, m$。

第二步，变量的无量纲化。由于系统中各因素列中的数据可能因量纲不同，不便于比较或在比较时难以得到正确的结论。因此在进行灰色关联度分析时，一般都要进行数据的无量纲化处理。无量纲化处理过程可参见本章 2.2 节，这里不再赘述。

第三步，计算关联系数。记 $\Delta_i(k) = |Y(k) - X_i(k)|$，$Y(k)$ 与 $X_i(k)$ 的关联系数为：

$$R_i(k) = \frac{\min_i \min_k \Delta_i(k) + \rho \max_i \max_k \Delta_i(k)}{\Delta_i(k) + \rho \max_i \max_k \Delta_i(k)} \tag{3-9}$$

其中 $\rho \in (0, \infty)$ 称为分辨系数。ρ 越小分辨力越大，一般 ρ 的取值区间为（0，1），具体取值可视情况而定，通常取 $\rho = 0.5$。

第四步，计算关联度。在算出 $X_i(k)$ 序列与 $Y(k)$ 序列的关联系数后，计算各类关联系数的平均值，平均值就称为 $Y(k)$ 与 $X_i(k)$ 的关联度。因为关联系数是比较数列与参考数列在各个时刻（即曲线中的各点）的关联程度值，所以它的数值不止一个，而信息过于分散不便于进行整体性比较。因此有必要将各个时刻（即曲线中的各点）的关联系数集中为一个值，即求其平均值，作为比较数列与参考数列间关联程度的数量表示。

第五步，关联度排序。将计算的关联度按大小排序，如果 $R1 < R2$，则参考数列 Y 与比较数列 X2 更相似。

更进一步对于面板数据的灰色关联度计算，如增加不同研究对象 D(j)

---

① 王犁，晋宗义，童金萍．中美石油安全水平对经济增长影响的对比研究——基于灰色关联分析．统计教育，2009（8）．

(j=1，2，…，d）的面板数据，我们参考范洪敏等[①]以及李燕等[②]的计算方法进行处理。其中针对同一时点上不同研究对象的灰色关联系数计算算数平均数，可以得到面板数据的时序灰色关联度，即：

$$r_{k,i}=\frac{1}{D}\sum_{i=1}^{d}R_k(d,i),k=1,2,\cdots,n;i=1,2,\cdots,m。\quad(3-10)$$

针对同一研究对象不同时间点的灰色关联系数计算算数平均数，可以得到面板数据的截面灰色关联度，即：

$$r_{j,i}=\frac{1}{K}\sum_{k=1}^{n}R_k(j,i),k=1,2,\cdots,n;j=1,2,\cdots,d。\quad(3-11)$$

二、区域发展能力与农民发展能力的关系

农民生产与生活质量的提高，离不开所处发展环境的改善，而一个区域内的农民是否能够得到良好的发展环境，取决于区域自身发展能力的好坏。根据本书的研究目的，我们需要使用到针对同一时点上不同研究对象的灰色关联系数计算方法。我们将所构建的区域发展能力评价指标体系中分项指标作为比较序列，包括人均地区生产总值、人均地方财政公共服务支出、城镇居民家庭可支配收入、农村居民家庭纯收入、第二、第三产业占 GDP 比值、规模以上企业 R&D 经费占 GDP 比重、15 岁以上居民文盲率、每单位 GDP 消耗传统能源数量指标，以各地区的农民发展能力评价指数为参考数列，计算各区域发展能力分项指标与其的绝对距离；给定灰色分辨率 $\rho=0.5$，使用无量纲化处理后的指标数据[③]，得到区域发展能力与农民发展能力的面板数据灰色关联系数（详见表 3-11）。

表 3-11 区域发展能力各分项指标与农民发展能力的灰色关联度

指标	2010 年	2011 年	2012 年	2013 年	2014 年	2015 年	关联度
人均 GDP	0.551	0.603	0.655	0.659	0.711	0.708	0.648

① 范洪敏，穆怀中，FANHong-min 等. 中国人口结构与产业结构耦合分析. 经济地理，2015（12）.

② 李燕，陈龙梅，何耀宇等. 山西省产业结构与经济增长的灰色关联度分析——基于面板数据. 太原理工大学学报（社会科学版），2016（5）.

③ 一般在使用灰色关联度分析时会对原始数据进行无量纲化处理，为了保证区域发展能力评价对灰色关联度的解释能力，我们沿用了评价区域发展能力时的无量纲化数据。

续表

指标	2010 年	2011 年	2012 年	2013 年	2014 年	2015 年	关联度
人均公共支出	0.439	0.426	0.443	0.421	0.396	0.391	0.419
城镇居民收入	0.495	0.577	0.756	0.908	0.928	0.683	0.725
农村居民收入	0.500	0.569	0.688	1.000	0.843	0.673	0.712
第二、第三产业占比	0.693	0.698	0.737	0.781	0.803	0.908	0.770
R&D 经费占比	0.823	0.814	0.824	0.726	0.715	0.677	0.763
单位 GDP 能耗	0.573	0.616	0.624	0.665	0.654	0.669	0.633
15 岁以上文盲率	0.367	0.427	0.453	0.516	0.545	0.616	0.487

从以上关联度分析来看，区域发展能力和农民发展能力关系的排序由大到小分别第二、第三产业占比、企业 R&D 经费占比、城镇居民家庭纯收入、农村居民家庭纯收入、人均 GDP、单位 GDP 能源消耗、15 岁以上人口文盲率、人均公共服务支出。需要注意的是，虽然企业 R&D 经费占比关联度较高，但是逐年下降，由 2010 年的 0.823 下降到 2015 年的 0.677，而 2015 年与各地区贫困发生情况关联度最大的是第二和第三产业占比，即地区产业结构，其次分别是人均 GDP 和居民收入。

三、农民发展能力与贫困的关系

农民发展能力对农村的贫困发生有着直接影响。这种影响可以初步从表 3－12 的统计数据上看出，2010～2015 年西部十二省区市整体贫困发生率有了大幅下降，而各地区下降的速度却不一样，其中贵州与新疆贫困发生率分别下降 30.4 和 28.8 个百分点，使得原本 2010 年新疆的贫困状况好于贵州，到了 2015 年其贫困发生率反而较高。相比于区域发展能力循序渐进的平稳变化，贫困发生率跃进式的变化模式更接近农民发展能力的变化，表明原本的贫困状况对之后的反贫困效率造成的阻碍有限，即便是严重贫困的地区也可以通过各种手段加速脱贫。这也印证了前面关于区域发展能力间接影响贫困，农民发展能力直接影响贫困的推断。当然，贫困发生率的变化具体受到农民发展能力中哪一个指标的影响更大，则需要进一步分析找出。

表 3 - 12　　2010 ~ 2015 年西部地区各省区市贫困发生率　　单位：%

地区	2010 年	2011 年	2012 年	2013 年	2014 年	2015 年
内蒙古	19.7	12.2	10.6	8.5	7.3	5.6
广西	24.3	22.6	18	14.9	12.6	10.5
重庆	15.1	8.5	6.8	6	5.3	3.9
四川	20.2	13	10.3	8.6	7.3	5.7
贵州	45.1	33.4	26.8	21.3	18	14.7
云南	40	27.3	21.7	17.8	15.5	12.7
西藏	49.2	43.9	35.2	28.8	23.7	18.6
陕西	27.3	21.4	17.5	15.1	13	10.7
甘肃	41.3	34.6	28.5	23.8	20.1	15.7
青海	31.5	28.5	21.6	16.4	13.4	10.9
宁夏	18.3	18.3	14.2	12.5	10.8	8.9
新疆	44.6	32.9	25.4	19.8	18.6	15.8

数据来源：《中国农村贫困检测报告 2016》。

对于二者关系，我们沿用针对同一时点上不同研究对象的灰色关联系数计算方法，将所构建的农民发展能力评价指标体系中分项指标作为比较序列，包括人均住房面积、人均居民固定资产投资、农户家庭人均经营性收入、恩格尔系数、农户家庭人均工资性收入、医疗消费支出比重、劳动力受教育年限、教育消费支出比重指标。以各地区的农村非贫困人口比例为参考数列①，计算各农民发展能力分项指标与其的绝对距离；给定灰色分辨率 $\rho = 0.5$，使用无量纲化处理后的指标数据，得到农民发展能力与农村贫困情况的面板数据灰色关联系数（详见表 3 - 13）。

表 3 - 13　　农民发展能力各分项指标与贫困状况的灰色关联度

指标	2010 年	2011 年	2012 年	2013 年	2014 年	2015 年	关联度
人均住房面积	0.419	0.417	0.410	0.398	0.437	0.446	0.421
固定资产投资	0.531	0.505	0.466	0.413	0.378	0.337	0.438
经营性收入	0.397	0.400	0.412	0.429	0.472	0.497	0.434
恩格尔系数	0.536	0.526	0.525	0.815	0.602	0.672	0.613

① 非贫困人口比例（%）为当年该区域内高于贫困线标准的人口比例，可通过贫困发生率统计数计算，即：非贫困人口比例 = 1 - 贫困发生率。

续表

指标	2010 年	2011 年	2012 年	2013 年	2014 年	2015 年	关联度
工资性收入	0. 440	0. 452	0. 477	0. 538	0. 510	0. 554	0. 495
医疗支出占比	0. 651	0. 544	0. 483	0. 503	0. 426	0. 410	0. 503
劳动力教育水平	1. 000	0. 875	0. 810	0. 750	0. 728	0. 700	0. 810
教育支出占比	0. 524	0. 476	0. 446	0. 391	0. 652	0. 651	0. 523

从关联度分析来看，对贫困水平关系的农民发展能力排序由大到小分别为劳动力教育水平、恩格尔系数、教育支出占比、医疗支出占比、工资性收入、固定资产投资、经营性收入、人均住房面积。虽然劳动力受教育水平与贫困的关联度最高，但时序上却呈现下降的趋势，从 2010 年的 1 下降到 2015 年的 0. 7。而家庭工资性收入与经营性收入虽然关联度较低，但却呈现逐年加强的影响力，分别由 0. 397 和 0. 44 上升到 0. 497 和 0. 554。

由此本书得出如下结论：农村地区间的贫困差异，主要来自于农民发展能力的差异；而农民发展能力的差异，又与各地区发展能力所提供的农民发展空间的不同有关。在详细考察农民发展能力各分项指标与贫困状况的关联度后，本书发现，劳动力教育水平对农村地区人民收入的增长和农村地区贫困状况的改善是至关重要的。但要缩小西部农村地区贫困发生率下降滞缓的趋势，单靠贯彻执行农村的基础义务教育还远远不够，还需要其他一些配套辅助政策。落后的中西部地区农村反贫困工作的有力推进，一方面有赖于教育水平的提高，另一方面有赖于就业机会的开拓和获取以及农村劳动力向非农业生产的转移，同时加强农业本身的经营效益，而这些都有赖于政府财政投入和政策扶植的策略导向。

第四章　产权制度安排与贫困的实证分析

贫困是人们由于发展能力低下或遭到社会排斥，导致收入不足以满足最低生活水平的状态。其实，发展能力不足和遭受社会排斥都是贫困人口权利被剥夺的表现，阿玛蒂亚森在《贫困与饥荒》（Poverty and Famines，1981）和《饥饿与公共行为》（Hungry and Public Action，1989）的分析中，已经体现出了权利贫困的概念，即人们因为直接权利失效或交换权利失效陷入贫困。具体来说，获取生产资料（资源）的直接权利失效是发展能力不足的成因之一，导致无法通过产品交换取得收入，或者被排斥在交换过程之外，进一步形成交换权利失效，由此陷入贫困，毫无疑问，这与产权制度安排有着直接的关联，是制度层面的问题①②③。

西部农村地区是贫困高发区，即使近年来西部地区的减贫速度逐渐加快，仍然还有很多农村贫困人口集中在西北和西南两个地区，其贫困除了受到经济社会因素的影响外，恶劣的自然条件、匮乏的自然资源、脆弱的生态环境导致农民获取收入和抵抗风险的能力严重不足也是致贫的一个重要原因。在农业收入依然是农村贫困人口主要收入来源的前提下，他们对于自然资源的依赖性来自于农业生产对于土壤、水源等资源型生产资料的依赖性，农民对资源型生产资料的产权禀赋集合和交换权利映射状态以及由此产生的直接权利和交换权利直接影响着他们的收益能力，决定其贫困状态。

第一节　产权制度安排与贫困：一个分析框架

一、什么是产权

（一）产权的定义

学者基于不同的研究角度和界定条件对产权有着不同的定义，可以分为马克思产权理论和西方现代产权理论。根据马克思产权理论，产权是表明产权主体（人）对于客体（财产）所拥有的归属于自身的关系或权利。

① 国内学者认为，权利贫困由于制度层面对部分人群的政治、经济、社会和文化权利的限制和歧视，导致他们获取社会权利的机会和渠道不足，从而无法充分享受相关权利造成生活贫困。

② 洪朝辉．论中国城市社会权利的贫困．江苏社会科学，2003（2）．

③ 张等文，陈佳．城乡二元结构下农民的权利贫困及其救济策略．东北师大学报（哲学社会科学版），2014（3）．

这种权利首先是一种经济权利和经济关系，具有归属性和排他性，体现着人们之间的经济权力关系，需要在社会活动中依赖习惯或相关者的认可来实现和维护，在形成规范后，产权才上升为法权关系，通过法律对权利进行界定、保护和调整。西方现代产权理论认为产权是一种排他性的权利，规定了人与人之间关系的规则，是社会基础性的规则，是一组可以分解为多种权利的权利束，产权可以使人们得到收益或者付出受损的代价①。

（二）基本属性与基本功能

虽然对于产权有着不同角度和前提的差异化定义，但从中归纳出的产权基本属性是具有一致性和普遍认同性的，产权有五个基本属性。

第一，排他性。排他性是指特定财产的特定权利只能有一个产权主体，产权主体对这一权利具有垄断性。是否建立产权的排他性取决于对排他性收益和成本的比较以及产权主体的认知、支付能力和社会产权环境等因素。

第二，有限性。有限性包括产权之间的清晰界限和某一产权本身的限度。在固定时点，产权的有限性体现在产权界限和限度的绝对清晰，随着社会经济环境的发展和人们的需求变化，产权的有限性是在不断调整和适应的过程中发展的。

第三，可交易性。可交易性是指产权在市场经济中，以价格机制为指导，经济主体之间发生的财产以及附着在财产上的权利束（产权组合）的有偿转让行为。产权交易是通过市场机制调整资源配置，提高经济绩效的有效途径。

第四，可分解性。可分解性是将特定财产的产权权能进行分解并分配至不同的产权主体，不同权能所对应的收益也进行相应的分割。例如，我国土地的产权束包括所有权、承包权、经营权等，相应的承包收益和经营利润也归属于相应的产权主体。

第五，收利性。收利性的通俗解释是产权能够带来的利益，表现为资产（包括物品、资本、劳动、无形资产等）的支配和对其剩余价值的占有。收利性是产权存在的根本所在。

产权有六项基本功能，包括减少不确定性、外部性内部化、激励功能、约束功能、资源配置功能以及收入分配功能②。

---

① 洪名勇．制度经济学．中国经济出版社，2012：219－225.

② 洪名勇．制度经济学．中国经济出版社，2012：244.

第一，减少不确定性。产权制度作为人们经济活动的一种规则，限制了人们的选择集合，由此减少不确定性。例如，我国农村土地制度中明确限制了农村土地承包权的主体，只有本村集体成员能够承包本村土地，限制了其他人对土地承包权的取得。

第二，外部性内部化。产权界定不明晰是产生外部性的一个重要因素，产权的主要功能在于引导各种激励机制，使外部效应内部化。

第三，激励功能。明晰的产权能够为产权主体获得相关收益提供保障，对产权主体的行为具有激励效应。例如，土地承包合同中明确规定了承包期内的土地收益权属，则相关权利主体才有提高生产效率，获取更高收益的动力。

第四，约束功能。有限性决定了产权具有约束功能，产权主体的权能是有边界的，在排除其他人员对产权夺取可能性的同时，也限定了产权主体的产权边界。

第五，资源配置功能。各种资源和要素作为产权客体，其配置状态的形成和改变受到产权安排或产权结构的直接影响。在无产权或产权不明晰的状态下，对产权进行界定便是资源配置的一个过程，而后资源配置是处于稳定状态还是调整改变取决于产权制度和结构的稳定性。

第六，收入分配功能。产权能为人们带来收入，是收入分配的基本依据，产权明晰与否决定着收入分配的规范性。

（三）小结

总体来说，产权是一个所有者（产权主体）使用物品或资产（产权客体）来消费或者获取收益的权利，包括利用交易、赠予或者遗赠的形式进行转移，用签订契约的形式进行租赁或者抵押，或者是允许其他人或组织使用此资产或物品。以竞争市场机制为研究核心的福利经济往往假设交易成本为零，产权已经制定明晰，将注意力放在成本节约和资产积累上。North 提出，新的制度，比如具有效率的产权制度，是促进经济增长的核心要素，因为这个世界并不是“毫无摩擦”的，完全明晰的产权制度和零交易成本的假设并不符合现实情况。不管是从正式制度还是非正式制度上看，产权都是制度结构中的一个重要组成部分，是赋予产权主体对产权客体具有合法排他的权利，影响着资源的有效配置以及人们在行使相关权利时是否具有生产效率的行为选择，由此产生不同的产出效益。当然，产权也有多种形式，大概可以分为私有制、公有制和共有制，不同的产权形式对产权束中的各项权利有着不同的约束，比如对于河水，人们拥有使用权，却不能限制他人对河水的使用，对于河水的交易权利也是受到限制的。一般来说，产权中的使用权和交易权都会受到一定的限制①，这和政策、法律、制度执行等都有关联。例如，在我国，农民拥有土地的使用权，但是也不能改变耕地、宅基地的使用性质，不能利用土地从事非法活动。由此可见，产权制度安排对经济发展和人类活动决策的影响是不可忽视的，特别是对人或者企业行为的激励，特别是对决定生产效率的行为。

二、产权制度约束与农民贫困

不同的产权制度决定着产权的明晰程度，进而影响产权基本功能的发挥，决定人们的经济决策和行为，导致不同的资源配置效率。

（一）产权制度与资源配置效率

产权具有资源配置的功能，能够形成或调节资源配置状态，产权制度安排是资源配置的基础，根据科斯定理，交易成本不为零的情况下，不同的产权制度安排会带来不同的资源配置效率。

假设两种产权制度的状态：一种是完全的产权，另一种是不完全的产权。完全的产权指产权主体所拥有的产权束内的各项权利都得到充分的界定、实施和保护，产权的所有基本属性明晰，能够充分发挥其基本功能。根据科斯第一定理，只要交易成本为零，初始的合法的权利配置与资源配置的有效性是无关的。市场交易可以通过权利与权利的资源交换，交接资源配置至最优。在这种状态下，产权主体的经济活动不存在外部性，所有未来价值被完全内部化，产权主体在获取相关经济活动收益的同时，也承担相应的损失，资源配置达到帕累托最优。但是，权利的界定、实施（获取和转让）和保护行为都会产生相应的成本，可以称之为交易成本，当交易成本过高甚至大于收益，人们将放弃实施这种行为。在现实生活中，完全界定和实施产权受到信息、技术、资源等多种因素的影响，具有高昂的交易成本，因此，要达到完全的产权状态在一般情况下是不可能的，现实中更多呈现出的是不完全的产权状态。根据科斯第二定理，在考虑市场交易成本的前提下，合法权利的初始界定会对经济制度运行的效率产生影响。不完全的产权从两方面影响资源配置效率，一是当人们界定和实施产

① Besley T, Ghatak M. Chapter 68-Property Rights and Economic Development* // Handbook of Development Economics. Elsevier B. V. 2010: 51 - 65.

权有利可图，也就是收益大于成本时，他们会有效地运用这种权利提高资源配置效率，但是当拥有产权的收益不足以弥补成本时，他们就不会去运用这种权利，而将这种权利至于公共领域内[①]，导致可能的无效资源配置，而当人们想要调整权利配置以调整资源配置时，也需要成本；二是不完全的产权不仅直接影响利用资产创造价值的程度，还增加了人们取得和保护产权的交易成本，由此降低资源配置效率。

其实，产权安排对应着一系列的经济资源配置活动。第一，所有权结构（私有、公有或者共有）是否完全明晰决定了财富和资产的初次分配；第二，产权对于生产环节的影响体现在物品或资产的使用权配置以及从所有权中分离出来的其他权利配置；第三，产权是否有效配置还对资源配置有着多方面的影响，例如租赁市场的发展程度和市场特征，通过决定财富能否在父代和子代之间继承决定代际间的资源配置，通过限制资源的抵押权利影响信贷市场的发展，还能够影响人与人之间交易的合约形式以及人们对交易未来价值的预期。

由此，我们发现，产权界定成本的大小决定着产权是否明晰，进一步影响了产权的实施和保护成本，并通过影响资源的初始配置、生产效率、相关资源市场的发展等决定着资源配置效率。

（二）产权制度与农民的资源获取和交换能力

完整的产权包括排他的使用权、独享的收益权和自由交易权[②]，也就是由主体对资产（资源）的产权由垄断地使用、完全的收益和自由地让渡这些资产的权利束构成，收益和让渡资产需要通过交换（自由交易）来实现。但由于交易成本的存在，完整的产权制度很难存在，直接影响产权主体资源获取和交换的能力。

森在饥饿和饥荒的权利分析方法中提出，生产机会、交易机会、国家赋予的权利以及其他获得食物的方法等手段决定了人们有没有支配足够食物的能力，一个人支配食物的能力或他支配任何一种他希望获得或拥有东西的能力，都取决于他在社会中的所有权和使用权的权利关系[③]。同样的道理，在经济社会中，人们所拥有的权利直接决定了他们获取所希望拥有东西（例如提高收入）的能力，运用权利方法来进行分析，能够更好地理

---

① Barzel, Yoram. 产权的经济分析. 三联书店上海分店，1997：89.

② 洪名勇. 制度经济学. 中国经济出版社，2012：248.

③ ［印］阿马蒂亚·森. 贫困与饥荒. 商务印书馆，2001：189 - 190.

解一个人对于资源的控制和支配能力，这种分析的前提是要理清楚不同资源禀赋和不同权利支配之间的关系，即产权禀赋集合，然后确定利用资源禀赋集合可以支配的商品组合集合的函数，即交换权利映射。森的权利分析以私有制经济假设为前提，在公有制基础上的产权禀赋集合和交换权利映射可能会有所不同，由此，研究中主要以产权禀赋集合和交换权利映射的概念为基础，再根据实际情况进行相关分析研究。

第一，产权禀赋集合。产权具有可分解的基本属性，马克思的产权理论将产权的权能进行分离，分为终极所有权、所有权、支配权、使用权、收益权、处分权和管理权等，这些权能可以在不同的产权主体之间进行分配，每个产权主体所拥有的权能组合便是产权禀赋集合。这些权能可以归属于一个产权主体，也可以在不同产权主体之间进行组合，权能分离和组合的程度由产权制度决定。美国的土地产权以私有制为主，美国法律保护私有土地所有权不受侵犯，所有权、使用权、收益权界定明确，土地价格由市场供求关系决定，只看所有权和经营权、交易权这三个权能，是属于同一产权主体的；中国实行土地公有制，农村土地所有权属于集体，承包权属于村集体成员、经营权、收益权等权能根据实际情况进行分配，但是不得自由交易，农村土地价格由政府控制，所有权、承包经营权和交易权分属于不同的产权主体。

第二，交换权利映射。交换权利映射是对产权禀赋集合中的每一种权利界定了可交换的物品集合，也就是一个人通过交换可以获得的各种物品所构成的集合。例如，一个农民拥有土地的经营权，他将经营权转租出去，取得的租金收入便是一个可交换的物品集合，他也可以选择自己耕种土地，卖出耕种所得到的粮食获取的收入也是一个可交换的物品集合，如果他的可交换物品集合中没有足够的食物，他可能会面临饥饿的威胁，如果没有足够的收入，他可能就会陷入贫困。

第三，直接权利和交换权利。参照森在“贫困与饥荒”问题研究中使用的“直接权力失败”和“贸易权利失败”两个概念，本书分别用权利禀赋集合和交换权利映射对“直接权利”和“交换权利”进行定义。直接权利是指产权主体所拥有的产权集合中的权利，当产权主体不能再继续使用或权利禀赋集合中的一项或几项权利时，就是直接权利失效，降低人们对资源的获取能力。例如，当地水资源污染严重，农民无法用水，导致农民水资源使用权的直接权利失效；被征地农民的农地承包经营权、收益权等不复存在，农民不能够再使用土地，就是一种直接权利失效。交换权利对应着交换的过程和结果，交换权利失效是交换对象的限制、可交换物品或可被交换物品的减少、市场价格的不利变动等造成对交换过程或交换结果的不利影响导致的，是交换权利映射中物品集合的减少，降低人们的资源交换能力。例如，农民的土地以低价被强制流转给某企业，相比农民流转给其他对象收益较少，这是农民土地经营权在交换过程中权利失效。直接权利失效必定导致交换权利的失效，而交换权利失效则不一定对应着直接权利失效。当然，决定直接权利和交换权利只是影响人们获得和交换资源能力的因素之一，但是是必不可少的因素，本书暂不考虑其他因素的影响。

三、产权保护与农民贫困

（一）农民贫困与权利失效

根据农民权利行使方式的不同，权利失效可以分为直接权利失效和交换权利失效。直接权利失效是指农民失去要素禀赋集合中的某一项或几项权利，例如土地征收后农民永久失去土地使用权；交换权利失效是指农民在产权或者产出品的交易环节受到各种限制，农民失去自由交易权，例如强制性的土地流转行为。按照权利对农民生产生活影响路径的不同，又可以将权利失效分为权利主动失效和权利被动失效。权利主动失效是指农民拥有直接权利和交换权利，但是在排除其他影响的情况下，主动选择不使用或者放弃使用这种权利，视为权利主动失效；与之相反，若农民本该拥有的权利受到制度限制或被其他人员剥夺，导致农民无法继续使用该权利，视为权利的被动失效，如图 4－1 所示。

权利失效导致农民不能通过交换获取应有的产权收益而陷入贫困，是诱发农民陷入产权贫困的直接原因，为了更为清晰地对贫困进行产权解

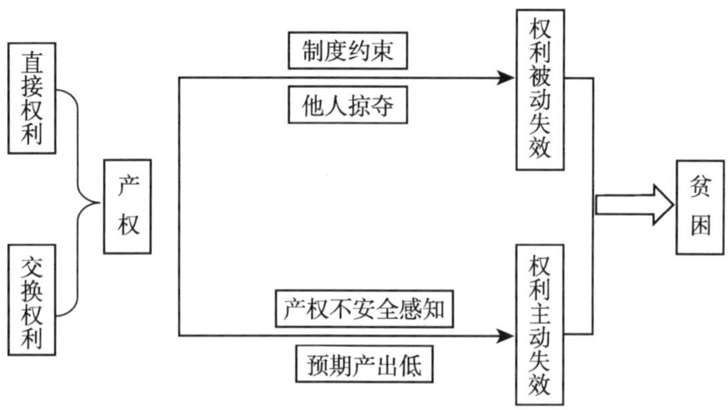

图 4－1　贫困的产权解释路径

释，我们根据产权权利对农民生产生活的影响路径的不同分别进行深入的分析。

（二）农民贫困与权利被动失效

1. 产权不明晰——制度因素

农民对资源型生产资料的权利禀赋集合由各个权利束组成，形成农民的产权权能组合，明确农民的直接权利，再根据使用和让渡产权的情况明确交换权利，获取交换权利映射中的收益（粮食、收入等），产权组合中的产权不明晰是权利失效的根本原因。在这里以土地资源产权为例进行说明。土地产权的权利束包括所有权、处分权、使用权、经营权、收益权，其中，所有权、经营权和收益权是最主要的①。我国农村土地的所有权主体为集体，农民享有分配所得土地的使用权、经营权、收益权、流转权和抵押承包经营权的权利，不得私有、不得购买、不得出售土地。目前，我国农村土地产权制度看似明晰，所有权属于集体，农民也有着自己的权利组合，但在社会实践中，却不断地暴露出很多问题。例如，农民可以将土地的经营权进行流转，土地流转的实质是让农民不仅拥有土地使用权而且拥有在承包期内的转让权，这样的交易应该具有绝对的排他性、自由的交易性、完全的收益性，通过这种交换，农民可以获得收益。在实践中，农民流转权的排他性不是绝对的，很多时候村集体以土地所有权人的身份代替农民行使流转权，采取强制手段让农民接受土地流转合同，此时，流转权交易也不是建立在自愿、自由的基础之上，即使如此，经营权的转让也为农民带来了收益，但是租金价格往往很低，苏州市光福镇黄渠村村民土地被强制流转给太湖国家旅游度假区，租金仅为每亩地560元/年，贵州省德江县木郎村土地在未征求农民意见的情况下，以每亩地100元/年的价格流转给村中的经济合作社，农民的收益权虽在，却是受损的、不完全的收益权。农民的农地流转权不具有完全排他性、自由交易性和完全收益性，是一种不明晰的产权，农民产权禀赋集合中的其他产权也存在不明晰的情况，直接导致农民权利失效。农民如果想要维护自己的土地产权，必须付出更多的交易成本，比如时间成本、谈判成本、监督成本，甚至发生冲突，在维护产权“无利可图”或者没有能力支付这些额外成本的情况下，农民不得不接受收益受损或失去收益的结果，失去获取更高收入的能力，

① 张曙光. 中国制度变迁的案例研究. 中国财政经济出版社，2011：8.

由此陷入的贫困便是因为产权不明晰，权利失效导致的。

2. 产权保护能力

巴泽尔在《产权的经济分析》一书中提出，人们对资产的权利不是永久不变的，它们是他们自己直接努力加以保护、他人企图夺取和政府予以保护程度的函数①，可以将其理解为农民直接权利和交换权利的保护函数，如果说产权不明晰是导致权利失效的根本原因，产权保护力度较弱便是导致权利失效的直接原因。

根据权利保护函数原理，为了更直观地进行分析，简单假设权利保护能力 y 是农民自己直接努力加以保护的能力 x_1，他人企图夺取能力 x_2 以及政府予以保护程度 x_3 的累加值，我们可以将权利保护函数表示为：$y = \sum_{i=1}^{3} x_i$。

农民自己直接努力加以保护产权的能力 x_1 与农民的受教育程度、健康情况、产权认知、法律意识因素有着紧密的联系，往往陷于贫困的农民在这些重要因素上都处于不利于产权保护的状态。他们无法正确地认知自己所拥有的权利，也因为知识水平较低、健康状况不佳等因素不能够很好地利用自己的权利获取收入，在遭受权利损害的时候还不懂得寻求法律的保护，大大削弱了自己的产权保护力度，即使到不得已的时候采取暴力的形式来予以维护权利，所起到的效果也甚微，往往还会伤害到自己。

他人企图夺取能力 x_2 为负值，力度越大，x_2 的绝对值越大，产权保护能力 y 就越小。这项力度与企图夺取权利的对象有关，除了农民自己，其他农民、村委会、基层政府、企业、投资者等都有可能，和农民自己保护产权的能力一样，夺取者的夺取能力也和他们的知识水平、产权认知、法律常识等因素有关。一般来说，夺取者会选择自我产权保护力度较低的对象进行产权剥夺，提高他们的相对夺取力度，减少夺取成本，增加获得更多产权收益的概率，所以贫困农民的产权被他们夺取的可能性更高。

政府予以保护程度 x_3 取决于两个因素：一个是产权权益保障法律法规的完善程度，完善程度越高，x_3 值越大；另一个是法律实施效果，这在很大程度上依赖于基层政府执行部门，实施效果越好，x_3 值越大。这需要指出，在不完善的产权保护法制体系下，作为理性经济人的基层政府执行人员或村支两委人员可能会找法律的漏洞为自己谋利，成为企图夺取农民产权的夺取者，这在大大降低 x_3 的同时，大幅提高了 x_2 的绝对值，对农民权

① Barzel，Yoram．产权的经济分析．三联书店上海分店，1997：2.

利保护造成绝对不利的影响。

产权保护能力的大小，直接决定了农民权利失效的概率。贵州省德江县木郎村村民 A 的土地因修建乡村公路或者学校被占用，但并没有给予他相应的赔偿，村委会给出的解释是：土地是国家的，修路和修学校占用是国家收回了，没有赔偿，这虽然与他们的心理预期不符，但他们不知道土地产权制度和国家政策究竟是怎么样的，也没有询问和表达诉求的途径，只好接受这样产权被侵害的结果，失去土地后便失去了收入来源，现阶段只能够依靠以前储存的粮食度日。在这个案例中，农民，尤其是贫困农民不清楚自己的土地产权禀赋，没有法律保护意识，自己直接努力保护产权的力度 x_1 极小，再加上产权保护实施者“叛变”，成为农民产权的强力夺取者，并且夺取能力很强，造成 x_2 极大但 x_3 趋近于零，根据产权保护函数，农民 A 的产权保护力度 y 已经为负，相当于他的土地产权并没有受到保护，从而导致失去土地，他关于土地的直接权利和交换权利同时失效，从而陷入贫困。类似的案例在西部地区并不难找，贫困农民直接权利失效和交换权利失效已成常态。

3. 农民贫困与产权被动失效

产权明晰程度和产权保护能力相互关联，共同影响农民的权利效度。产权不明晰提高了农民通过交换运用产权组合取得收入的交易成本，也为他人侵犯农民的产权提供了机会，大大降低了农民的产权保护能力，再加上农民自身产权保护能力弱，政府予以产权保护的力度又与执行者有着很大的关系，农民因为产权制度设计不清和产权保护能力不足导致直接权利或者间接权利失效，减小了农民通过行使权利获取收益的可能性，或者是减少了交换渠道，导致农民收入低下，陷入贫困，而贫困农民的脆弱性特征又更容易遇到权利失效问题，进入“权利被动失效—贫困”的恶性循环当中。

四、产权激励与农民贫困

权利主动失效是指农民拥有直接权利和交换权利，但是在排除其他影响的情况下，选择不使用或者放弃使用这种权利，解释了产权如何影响农民的生产和经济活动决策，继而影响他们获取收入的能力。

一般地，农民以生产产出的大小作为决策依据，而他们所能够感知到的产权安全程度能够对产出预期进行调整。农民产权的安全性感知受到产权界定与产权保护的影响。从产权界定的角度来看，完全的产权界定清晰，对于产权主体来说具有完全的排他性、自由的交易性和全部的收益性，是安全的产权，保障了农民产权的直接权利和交换权利。在现实社会中，不管是产权的界定、实施、还是交易、抵押，都是具有一定交易成本的，交易成本的存在使得产权一般不能够被完全界定，这对于产权主体来说，是不安全的产权，不同产权制度安排的区别在于这种不安全程度的大小，也对产权主体的经济活动行为产生不同的影响。产权保护能力取决于产权保护函数，与产权安全感知成正比。特别地，西部地区农村人口具有生态脆弱性，对于土地、水资源等自然资源的依赖性很高，生计路径较为单一，他们的行为决策对产权安全感知的敏感度更高。

Besley 提出，产权制度对农民行为决策的影响涉及以下三个问题①：第一，产权被侵害的风险。不完全的产权将导致农民权益被侵害的风险，致使农民的预期产出收益偏差。第二，保护成本。在不完全的产权环境中，农民为了防止受到侵害，会加大产权保护成本的投入，在从经济学的角度上讲，这可能导致农民无效率的资源配置。第三，交易。在安全的、有效的产权环境下，资产和资源最终会通过交易市场流向高生产效率的活动，否则，产权便会阻碍交易进程，降低资源配置效率。

（一）产权安全与生产激励

假设农民处在没有产品交易市场和劳动力交易市场的经济环境中，他拥有一块土地，依靠种植一种农产品自给自足，农民的劳动力足以满足他的生产要求，同时，不考虑收入效应和风险偏好。其他生产要素不变，农民的产出决定于他投入生产的劳动 $x \in [0, 1]$，农民具有资源禀赋产出 $\bar{x} \leqslant 1$，得到产出 A 的概率为$\sqrt{x}$，零产出的概率为 $1-\sqrt{x}$的概率，农民的期望产出 y_{exp}为：

$$y_{exp} = A\sqrt{x} \tag{4-1}$$

农民的效用函数是消费（c）和闲暇（l）的线性函数：

$$u(c, l) = c + l \tag{4-2}$$

假设产权是不完全界定的，农民生产的产品或者土地产权收益都可能

① Besley T, Ghatak M. Chapter 68-Property Rights and Economic Development* // Handbook of Development Economics. Elsevier B. V. 2010: 51-65.

由于产权的不完全或产权保护能力不强而遭受他人的剥夺，例如土地征收，强制性的土地流转等，用产权侵占指数 $\tau \in [0,1]$ 来表示产权被侵害的概率。假设农民的生产投入时不能预期到自己是否会遭受到产权侵占，则农民的期望产出是 $y_{exp}=(1-\tau)A\sqrt{x}$。由于不存在劳动力市场，农民的有效劳动力供给决定了他的最佳投入水平 x，以此获取最大收益，其收益函数为：

$$\pi=(1-\tau)A\sqrt{x}+\bar{x}-x,\ x\leqslant\bar{x} \tag{4-3}$$

得到农民劳动的最佳投入水平 x_{best} 为

$$x_{best}=\left[\frac{(1-\tau)A}{2}\right]^2 \tag{4-4}$$

相应地，得到最佳期望产出 $y_{max}(\tau)$ 和最佳生产净收益 $\pi_{max}(\tau)$

$$y_{max}(\tau)=\frac{(1-\tau)A^2}{2} \tag{4-5}$$

$$\pi_{max}(\tau)=\left[\frac{(1-\tau)A}{2}\right]^2+\bar{x} \tag{4-6}$$

根据式（4-4）—式（4-6）得到推论1。

推论1：劳动力投入、土地产出以及农民收益与产权被侵占概率为负相关关系。

产权被侵害概率 τ 表示农民只能获得其产出收益的一部分，能够调整收益预期。被侵害的可能性越小，能“分到”的收益就越多，对农民来说是一种投入激励，当然这样的投入不仅包括劳动力，还包括其他能够提高生产效率，增加生产收益的生产投资，例如肥料、资金以及提高土地质量的投资等投入品。

（二）产权安全、产权保护与资源分配

当遭受到侵害，农民必定采取保护措施以减小产权被侵害的概率，也会产生保护成本。将农民的劳动分为两种类型：一种是投入生产过程的生产性劳动（productive labor）$x_{product}\in[0,1]$，另一种是减小被侵害概率的保护性劳动（guard labor）$x_{guard}\in[0,1]$，农民被侵害概率调整为 $\tau(1-\nu\sqrt{x_{guard}})$，其中，$\tau\in[0,1]$，$\upsilon\in[0,1]$，保护性劳动 x_{guard} 投入使产权被侵害概率 τ 降低，降幅取决于保护效率 υ。根据巴泽尔提出的权利保护函数，农民保护效率 υ 与农民自己直接努力加以保护的能力、他人企图

夺取能力以及政府予以保护程度有关，假设他人企图夺取的能力以及政府予以保护的程度不变，保护概率 υ 由农民保护行为决定。经过调整，农民的产出利润 π 为：

$$[1-\tau(1-\upsilon\sqrt{x_{guard}})]A\sqrt{x_{product}}+\bar{x}-x_{guard}-x_{product} \quad (4-7)$$

农民必须考虑最优生产性劳动投入量和最优保护性劳动投入量，分别为：

$$x_{product}=\left[\frac{2(1-\tau)A}{4-(\tau\upsilon A)^2}\right]^2 \quad (4-8)$$

和

$$x_{guard}=\left[\frac{\tau\upsilon(1-\tau)A^2}{4-(\tau\upsilon A)^2}\right]^2 \quad (4-9)$$

根据式（4-8）和式（4-9）得到推论2。

推论2：在农户生产不受到资源禀赋限制时，（i）较低产权被侵害概率 τ 会激励农民生产性劳动 $x_{product}$ 的投入；（ii）保护性劳动 x_{guard} 随着产权被侵害风险概率 τ 递增，但是当风险过大，被侵害风险 τ 大于临界值 $\bar{\tau}$（$\bar{\tau}\leqslant 1$），农民的保护性劳动投入反而随被侵害概率的增加而减少。

生产性劳动投入与产权被侵害概率为负相关关系，保护性劳动投入与产权被侵害概率的相关性要视情况而定。在劳动力足够充分的前提下，生产性劳动和保护性劳动为互补关系，对于产权保护的投入（x_{guard}）越大，保护效率（υ）越高，越能够激励农民的生产性投入（$x_{product}$），最后增加农民的预期生产收益。产权被侵害概率 τ 通过两条途径影响农民的生产性劳动 x_1 的投入：第一，直接影响路径，产权被侵害概率与农民生产性劳动投入直接负相关；第二，间接影响途径，产权侵占概率以防护性劳动为媒介，对生产性劳动产生影响，当产权侵占概率增大（$\tau\leqslant\bar{\tau}$），农民通过加大产权保护劳动的投入来调整产权被侵占概率的实际大小，农民根据调整后的产权安全性进行生产性劳动的投入决策。

一般来说，农民所拥有的资源常常是受到限制的，劳动力也不例外，不能保证他所拥有的资源正好可以满足最优投入量。由此，引入是拉格朗日乘数 λ（lagrangian multiplier）表示资源限制，对式（4-7）一阶求导：

$$(1-\tau+\tau\upsilon\sqrt{x_{guard}})A\frac{1}{2\sqrt{x_{product}}}=1+\lambda$$

$$\tau\upsilon\frac{1}{2\sqrt{x_{guard}}}A\sqrt{x_{product}}=1+\lambda \quad (4-10)$$

农民的劳动限制条件为：$x_{product}+x_{guard}=\bar{x}$，整理并求解，得到：

$$x_{product}=\bar{x}-\left\{\frac{1}{4\upsilon}\left(1-\frac{1}{\tau}\right)+\sqrt{\left[\frac{1}{4\upsilon}\left(1-\frac{1}{\tau}\right)\right]^2+\frac{\bar{x}}{2}}\right\}^2 \tag{4-11}$$

$$x_{guard}=\left\{\frac{1}{4\upsilon}\left(1-\frac{1}{\tau}\right)+\sqrt{\left[\frac{1}{4\upsilon}\left(1-\frac{1}{\tau}\right)\right]^2+\frac{\bar{x}}{2}}\right\}^2 \tag{4-12}$$

$x_{product}$与τ呈现负相关关系，而x_{guard}与τ呈现正相关关系。贫困农民受到较强的资源禀赋约束，劳动力十分有限，防护性劳动x_{guard}的增加会占用劳动资源，影响生产性劳动$x_{product}$的投入。

（三）产权安全与产权交易激励

产权交易不仅能够优化土地资源配置，还能够让农民获得更多收益，产权制度决定了交易市场的有效性，在不完全的产权环境中，农民进行交易必须承担产权被侵害的风险。

对模型条件进行调整，将农民分为土地资源禀赋丰富群体（占比为δ）和土地资源禀赋匮乏的群体（占比为1－δ），土地资源禀赋丰富的农民拥有的土地超出了他们的最佳耕种面积，而另外一部分农民的土地则供不应求。伴随着供求关系的变化，土地交易（租赁）市场出现，假设租赁合约规定租赁土地的农民（下文中称为租入者）必须预先支付租金，出租土地的农民（下文中称为出租者）在每个租赁合约结束时面临失去土地的风险概率为τ。在每一次租地行为开始之前，每一个农民都有一个生产效率区间$\kappa\in(\kappa_{high},\kappa_{low})$，其中，$0\leqslant\kappa_{low}\leqslant\kappa_{high}\leqslant1$，生产效率较低（$\kappa=\kappa_{low}$）的概率为p。

给定生产效率κ，得到农户的收益函数：

$$\pi=\kappa A\sqrt{x}+\bar{x}-x \tag{4-13}$$

在完全产权状态下，农民劳动的最优投入量为$x_{best}=\left(\frac{\kappa A}{2}\right)^2$，最优产出利润为$\pi_{best}(\kappa)=\left(\frac{\kappa A}{2}\right)^2+\bar{x}$。现在设定，农民的固有资源禀赋产出$\bar{x}=0$，他们除了获取耕种收益，他们还可以通过出售劳动力而获得工资收益w（$w\geqslant0$），进一步假设：

$$\pi_{best}(\kappa_{low})>w \tag{4-14}$$

此时，农民的耕种收益大于工资收益，进行土地交易有利可图。假设土地富余的农民耕种超出其最优生产范围的土地时生产率较低，将这部分农民表示为 $p\delta$，生产效率高但缺乏土地的农民为（$1-p$）（$1-\delta$），设定条件：

$$(1-p)(1-\delta)>p\delta\Rightarrow p+\delta<1 \tag{4-15}$$

生产效率高但缺乏土地的农民多于生产效率低但富余土地的农民，便形成一个以稀缺土地为标的物的竞争性租赁市场，土地富余者决定土地租赁价格：

$$r=\pi_{best}(\kappa_{high})-w \tag{4-16}$$

在土地产权完全的环境中，农民只需要考虑收益的多少，不用担心土地产权被侵占而带来的损失，土地流向生产率较高的农民，直到资源配置达到最优。现实中，完全产权环境几乎不存在，农民必须承担交易中带来的风险，例如承租人可能不会返还土地，这样的风险用产权被侵害概率 τ 进行表示。农民对“多余”的土地有两种处理路径：第一，出租土地并且承担土地可能损失的风险；第二，自己耕种土地。农民不同决策的期望收益用两个价值方程来表示，农民如果选择出租土地，则他的期望收益为 R，否则，他将获得自己独立耕种土地的收益 C：

$$R=\pi_{best}(\kappa_{high})+\beta(1-\tau)[(1-p)C+pR] \tag{4-17}$$

$$C=\pi_{best}(\kappa_{high})+\beta[(1-p)C+pR] \tag{4-18}$$

求解，得到：

$$R=\frac{1-\beta\tau(1-p)}{1-(1-\tau p)\beta}\pi_{best}(\kappa_{high}) \tag{4-19}$$

$$C=\frac{\pi_{best}(\kappa_{high})+\beta pR}{1-\beta(1-p)} \tag{4-20}$$

从式（4-19）看出，农民租出土地的收益随着被侵害风险的增加而减小，这与上面的分析相一致。农民如果选择自己耕种土地，则存在他的劳动生产率高和低的两种情况，用 C_{high} 表示其独立耕种时较高的劳动生产率所带来的收益，较低的劳动生产率收益用 C_{low} 表示：

$$C_{low}\equiv\pi_{best}(\kappa_{low})+\beta[pC_{low}+(1-p)C_{high}] \tag{4-21}$$

$$C_{high}\equiv\pi_{best}(\kappa_{high})+\beta[pC_{low}+(1-p)C_{high}] \tag{4-22}$$

求解，得到：

$$C_{low}=\frac{\pi_{best}(\kappa_{low})[1-\beta(1-p)]+\beta(1-p)\pi_{best}(\kappa_{high})}{1-\beta} \tag{4-23}$$

将式（4－19）与式（4－23）进行对比，当土地产权被侵害概率 τ 足够小时，$R > C_{low}$，农民选择将多余的土地出租，土地流向生产率更高的租入者。当土地产权被侵害概率为 0，农民可以获取所有出租收益；相反，如果土地产权被侵害概率 τ 很高，土地富余的农民就必须在低效率的自我耕种或者承担风险出租土地两个策略中进行权衡。考虑土地产权被侵害概率 $\tau = 1$ 的极端情况，由式（4－19）得出：

$$R = \pi_{best}(\kappa_{high}) \tag{4-24}$$

假定 $C_{low} > R$，将式（4－24）带入式（4－23）得到：

$$\frac{\pi_{best}(\kappa_{low})}{\pi_{best}(\kappa_{high})} > 1 - \frac{\beta}{1 - \beta + \beta p} \tag{4-25}$$

当 $1 - \frac{\beta}{1 - \beta + \beta p} < 0 \Rightarrow \beta > \frac{1}{2 - p}$ 时，即使 $\pi_{best}(\kappa_{low}) = 0$，也必定会得到 $C_{low} > R$ 的结果，农民不会选择出租土地。由此，得到推论 3：

推论 3：如果 $\beta > \frac{1}{2 - p}$，便存在一个产权被侵害概率 $\hat{\tau} \in (0,1)$，当 $\tau \geqslant \hat{\tau}$ 时，农民自行耕种的最低收益也将大于出租所得，所以，农民拒绝进行土地产权交易。

产权被侵害概率过高阻碍了土地产权交易进程，单位资产的产出损失为 $\delta p\,[\pi_{best}(\kappa_{high}) - \pi_{best}(\kappa_{low})]$，降低产权被侵害概率 τ 可以激励农户进行产权交易。推论 3 从产权角度解释了我国西部农村地区一些农民宁愿闲置土地也不愿意进行土地流转的原因。

（四）产权激励与农民贫困

产权制度通过产权被侵害概率、农民的保护成本以及产权交易三个方面对贫困农民的生产行为产生影响。第一，产权受侵害程度高。根据产权保护函数，西部地区贫困农民产权受到侵害往往是因为企图夺取其产权的“对手”过于强大，这样的对手可能是其他人或企业，也可能是应当对其产权实施保护的政府部门，再加上贫困农民自己由于受教育水平不高，产权和法律意识不强等问题，产权的自我保护能力很弱，导致其产权受到侵害的程度很高。根据推论 1，农民的生产性投入与产权被侵占概率呈负相关关系，低投入不可能有高产出，更不可能获得高收益，由此致贫。第二，受到较强的禀赋约束。西部地区贫困农民对于自然资源有着很强的依赖性，维持生活的收入往往源于土地产出，与此同时，劳动力、化肥、农药等投入品相对缺乏，也受到严格的约束。根据推论2，产权制度对贫困农民产生了两个方面的影响。其一，较高的产权侵害概率降低了农民的生产性投入；其二，在严格的禀赋约束下，农民无法提高产权防护性投入（劳动力、时间、金钱），过高的产权保护成本往往导致他们放弃进行产权保护，导致农民的直接权利失效，最终陷入贫困。第三，产权难以交易。在西部地区，政府、企业与农民之间因为农地经营权流转而引起的冲突事件并不少见，强制性流转、无法获取应有收益等都是引发冲突的原因。根据推论3，土地交易过程中，政府以及第三方的强制交易手段、较低的流转收益都将提高农民的产权侵占预期，在如此之高的产权侵害概率下，农民要么不敢进行产权交易，主动放弃产权交换权利，选择进行低效率的耕种或者闲置土地，其生产资料始终处于低效率的生产环节，最终的结果是低产出、低收入，陷入贫困困境；要么被迫进行交易，失去赖以生存的土地和通过土地产权获取更多收入的机会，依靠很低的租金收入（如800元/年的土地租赁租金）勉强度日，如果找不到增收的其他途径，农民便有极大的机率成为贫困户。

第二节　土地产权制度与农民贫困

土地制度在经济发展和社会生活中有着重要作用，土地产权是我国土地制度的核心，指与土地有关的权利束的总称，形成农民的土地产权禀赋集合，包括土地所有权、土地使用权、土地收益权、土地处分权等，并用法律（法规）规定了产权主体对土地的各种权利，并进行限制和约束。

一、我国土地产权制度安排

《中华人民共和国宪法》（2004年修正）（以下简称《宪法》）、《中华人民共和国土地管理法》（2004年修正）（以下简称《土地管理法》）、《中华人民共和国土地管理法实施条例》（2011年修订）（以下简称《实施条例》）、《中华人民共和国农村土地承包法》（2009年修正）（以下简称《承包法》）等法律法规共同形成我国土地产权的制度约束。

（一）土地制度的法律解释

1. 土地所有权

我国法律明确规定，农村土地归集体所有，村集体经济组织、村民委员会或者村民小组是土地经营管理的代理人。《宪法》第十条规定：城市的土地属于国家所有。农村和城市郊区的土地，除由法律规定属于国家所有的以外，属于集体所有；宅基地和自留地、自留山，也属于集体所有。国家为了公共利益的需要，可以依照法律规定对土地实行征收或者征用并给予补偿。《土地管理法》第八条规定：城市市区的土地属于国家所有。农村和城市郊区的土地，除由法律规定属于国家所有的以外，属于农民集体所有；宅基地和自留地、自留山，属于农民集体所有。第十条规定：农民集体所有的土地依法属于村农民集体所有的，由村集体经济组织或者村民委员会经营、管理；已经分别属于村内两个以上农村集体经济组织的农民集体所有的，由村内各该农村集体经济组织或者村民小组经营、管理；已经属于乡（镇）农民集体所有的，由乡（镇）农村集体经济组织经营、管理。第十一条规定：农民集体所有的土地，由县级人民政府登记造册，核发证书，确认所有权。《管理条例》第四条规定：农民集体所有的土地，由土地所有者向土地所在地的县级人民政府土地行政主管部门提出土地登记申请，由县级人民政府登记造册，核发集体土地所有权证书，确认所有权。

2. 土地使用权

土地使用权是指土地的承包经营权，农村土地承包权限制在农村集体经济组织内部的家庭，赋予集体内部的农民土地使用权，并且对土地的使用进行了严格的用途限制，不得变更土地用途。《土地管理法》第十四条规定：农民集体所有的土地由本集体经济组织的成员承包经营，从事种植业、林业、畜牧业、渔业生产。土地承包经营期限为三十年。发包方和承包方应当订立承包合同，约定双方的权利和义务。承包经营土地的农民有保护和按照承包合同约定的用途合理利用土地的义务。农民的土地承包经营权受法律保护。在土地承包经营期限内，对个别承包经营者之间承包的土地进行适当调整的，必须经村民会议 2/3 以上成员或者 2/3 以上村民代表的同意，并报乡（镇）人民政府和县级人民政府农业行政主管部门批准。《土地承包法》第三条规定：国家实行农村土地承包经营制度。农村土地承包采取农村集体经济组织内部的家庭承包方式，不宜采取家庭承包方式的荒山、荒沟、荒丘、荒滩等农村土地，可以采取招标、拍卖、公开协商等方式承包。第四条规定：国家依法保护农村土地承包关系的长期稳定。农村土地承包后，土地的所有权性质不变。承包地不得买卖。第五条规定：农村集体经济组织成员有权依法承包由本集体经济组织发包的农村土地。任何组织和个人不得剥夺和非法限制农村集体经济组织成员承包土地的权利。

3. 土地处分权

土地处分权是指农民处置土地的权利，包括流转、抵押、继承等。我国实行最严格的土地管理制度，对农民的土地处分权进行了严格的限制。第一，农民不得变更土地用途，特别是耕地，如果耕地要转变为建设用地，必须由国家征收以后再进行处置。《土地管理法》第三十一条规定：国家保护耕地，严格控制耕地转为非耕地。第四十三条规定：任何单位和个人进行建设，需要使用土地的，必须依法申请使用国有土地；但是，兴办乡镇企业和村民建设住宅经依法批准使用本集体经济组织农民集体所有的土地的，或者乡（镇）村公共设施和公益事业建设经依法批准使用农民集体所有的土地的除外。前款所称依法申请使用的国有土地包括国家所有的土地和国家征收的原属于农民集体所有的土地。

4. 土地收益权

由于土地的处分权受到限制，其收益权也受到一定的制约。农民利用土地使用权获取收益的途径包括：自己耕种土地获取务农收入、在国家允许的范围内流转土地经营权收益，按照国家标准获取征收收益。《土地管理法》第四十七条：征收土地的，按照被征收土地的原用途给予补偿。征收耕地的补偿费用包括土地补偿费、安置补助费以及地上附着物和青苗的补偿费。征收耕地的土地补偿费，为该耕地被征收前三年平均年产值的六至十倍。征收耕地的安置补助费，按照需要安置的农业人口数计算。需要安置的农业人口数，按照被征收的耕地数量除以征地前被征收单位平均每人占有耕地的数量计算。每一个需要安置的农业人口的安置补助费标准，为该耕地被征收前三年平均年产值的四至六倍。但是，每公顷被征收耕地的安置补助费，最高不得超过被征收前三年平均年产值的十五倍。征收其他土地的土地补偿费和安置补助费标准，由省、自治区、直辖市参照征收耕地的土地补偿费和安置补助费的标准规定。被征收土地上的附着物和青苗的补偿标准，由省、自治区、直辖市规定。征收城市郊区的菜地，用地单位应当按照国家有关规定缴纳新菜地开发建设基金。依照本条第二款的规定支付土地补偿费和安置补助费，尚不能使需要安置的农民保持原有生活水平的，经省、自治区、直辖市人民政府批准，可以增加安置补助费。但是，土地补偿费和安置补助费的总和不得超过土地被征收前三年平均年产值的三十倍。国务院根据社会、经济发展水平，在特殊情况下，可以提高征收耕地的土地补偿费和安置补助费的标准。第四十八条：征地补偿安置方案确定后，有关地方人民政府应当公告，并听取被征地的农村集体经济组织和农民的意见。

（二）农村土地制度中存在的问题

我国农村土地产权制度经历了四个变迁发展阶段，第一个阶段是1948～1953年，新民主主义革命阶段，农民拥有土地所有权；第二个阶段是1954～1956年，社会主义改造阶段，农民土地所有权被收回；第三个阶段是1957～1978年，社会主义建设阶段，农民土地使用权被收回；第四个阶段是1983年以后，社会主义改革开放阶段，农民拥有土地使用权①。我国的土地产权制度在不同的社会经济背景下不断尝试和完善，每一次调整都对财产关系和利益关系有着很大的影响，在这个过程中，制度的缺陷逐渐暴露。

1. 所有权主体模糊

农村土地所有权属于集体，但法律法规并没有对集体进行明确的界定，只是将经营管理集体土地的权利委托给了集体经济组织、村委会或者村民小组。集体即村集体组织中的所有农民，这个所有权是属于大家共有的，并没有单独属于某一个人，但在现实中，集体土地的所有权往往被少数村干部或乡镇干部所“占有”，委托代理关系让他们成为集体土地的实际支配者和最大受益者，集体土地所有权主体是模糊的，农民并不是土地真正的所有者。

2. 产权权利界定不清

《物权法》中提出“一物一权”，但我国农村土地产权并不具备这个特征。在土地使用和处分过程中，权利归属不清，导致土地的各种权利主体变得不明确，国家、政府通过行政权力管制和介入农村集体土地的处置权，农民受到土地使用用途管制、土地交易管制、土地抵押管制，对于土地交易和征收的价格往往不具备议价权，由此，农民对土地的经营权、交易权、抵押权等都是不完整的。

3. 收益权缺乏制度保障

农民获取土地收益的途径有三：第一，自己耕种，获取务农收入，此

---

① 齐蘅，吴玲．中国农村土地制度变迁的历史溯源与现实观照．吉首大学学报：社会科学版，2017（3）．

时农民获取与自己的务农投入对等的收益，具有完全的收益权。第二，进行土地流转，获取租金收入，这里主要针对转出户，根据流转对象的不同，可以分为农民间的土地流转和“农民、政府、企业”间的土地流转。农民之间的土地流转前提是平等自愿的合作，具有交易自由、收益完全的特点，“农民、政府、企业”之间的土地流转损害农民收益权的事件频发，主要表现为：地方政府强制农民参与交易、借土地流转之名随意改变土地用途等，农民既没有定价权，也没有选择权，其交易收益权受到损害。第三，获取一次性的征地补偿款。征地实际上是农民与国家之间的土地产权交易，农地所有权和使用权向国家转移。农村集体土地征收过程中，地方政府及部门、村委会等成为实质上的土地产权所有人，单方面决定土地征收范围、补偿标准、征收流程等，而与土地关系最为密切的农民却几乎不能真正地参与这些关键环节。《土地管理法》中“国家为了公共利益的需要，可以依法对土地实行征收或者征用并给予补偿”的规定，也明确了征地是一种自上而下的决策行为，农民只能选择接受。《中华人民共和国农业法》（2009 年修正）第九章对农民权益的保护进行了相关规定，其中，第七十一条和七十二条规定了在土地流转过程中不得侵犯农民的土地承包经营权，不得干涉农民自主安排生产经营项目等，在征地过程中不得截留、挪用征地补偿费用，但在实施过程中的侵权行为比比皆是，大多数农民往往诉求无门。

二、土地制度安排对农民贫困的影响路径

（一）土地流转制度与农民贫困

土地流转实际上是农民土地经营权在一定时期内的转让交易。一般来说，农民可以根据自身要求进行富余土地的转出或者在土地缺乏的情况下转入土地，转出农民获取租金收入，转入农民获取经营土地的净利润，这里的分析主要针对将土地转出的农民，具体如图 4 - 2 所示。

产权制度安排影响农民对产权权益被侵害的概率预期，农民据此做出土地流转交易决策，直接影响农民的土地收益。根据上面的推论，我们对农民的土地流转提出对策。

1. 土地不流转

土地的承包经营权完全由农民自己控制是相对安全的一种选择，不存在任何形式的交易便不会有他人在交易中侵占自己产权的情况发生。土地

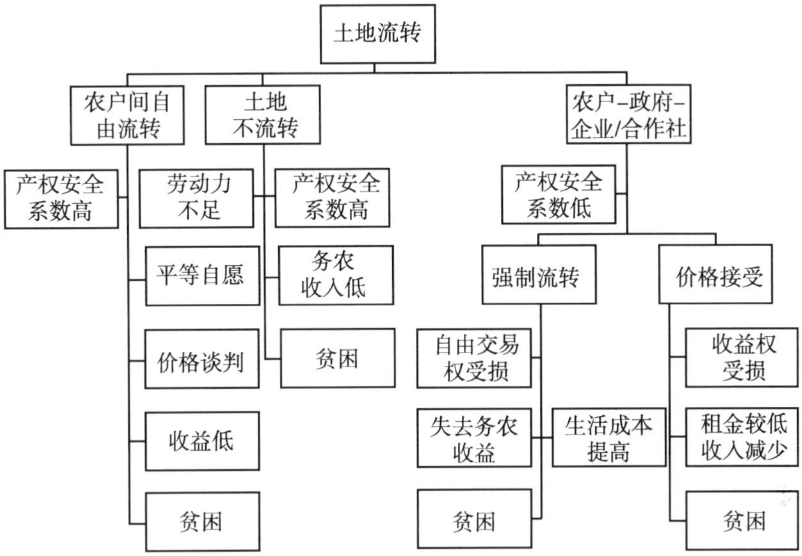

图 4－2　土地流转与农民贫困关系

不流转有三种情况：第一是农民自己拥有足够的劳动力，可以自己耕种土地获取务农收入；第二是农民外出打工，土地闲置却不流转；第三是农民因为劳动力缺乏，务农收入不高，但也无法外出打工获取其他收入。第一种情况符合常理，对于第二种情况来说，进行土地流转可以获得更多的一笔收益，而第三种情况的农民在土地流转租金高于务农收益的情况下，选择进行土地流转是不错的选择。为什么现实生活中很多人做出了看似不合常理的选择呢？从土地产权安全的角度来解释，交易会带来产权被侵害的可能性，这与交易对象和产权环境高度相关，当产权环境不安全时，为了保证土地财产的安全，农民选择不流转。第三类农民在劳动力低下，务农收入又难以满足生活需求，在没有其他收入来源的情况下，很容易陷入贫困。

2. 农民间的自由流转

农民之间的土地流转一般建立在平等自愿、商议定价的基础上，履约率较高，几乎不会出现权益侵害的情况。这样的流转对于农民来说，由于熟人间的交易降低了产权被侵害的概率，由此他们乐于交易，这种情况在西部贫困山区很常见。但不得不指出，农民之间的土地流转租金不高。根据课题组在贵州省的调研，农民之间的土地流转租金分为货币租金、实物租金两种类型。2010 年贵州省湄潭县的收益分配方式根据当地习惯各不相同，首先是货币租金占比较大，每亩 100 元～300 元/年居多，其次是实物租金，每亩每年 75～150 公斤粮食不等，采取分成租金的较少，分成比例一般有五五分成、四六分成等，有的不要租金将土地“送”给他人耕种。倾向于选择更安全但收益较低的土地流转形式也可能成为农民贫困的原因之一。

3. “农民—政府—企业”或者“农民/企业”之间的土地流转

与以上两种类型的土地流转不同，农民可能会因为土地流转权利的“被代理”遭受权益损害，造成土地交换权利失效，最后陷入贫困，主要表现为自由交易权受损和收益权受损两个方面。政府主导的集体土地流转大多数具有强制性，直接规划流转范围，制定流转价格，农民失去了选择是否交易，自由选择交易对象、交易面积、交易时间以及交易价格的权利，这样的交易给农民带来了强烈的产权不安全感。2017 年 2 月，课题组在贵州 20 个极贫乡镇之一的德江县桶井乡调研中发现，当地农民因为大面积的统一流转风险过大，没有人愿意参与交流。在我们调研期间，当地政府正在实施将农民的土地统一流转过来，再将经营权承包给种植大户或企业进行桃子和橙子的大规模种植，租金为每亩 100 元/年。当地农民普遍觉得租金过低，如果他们自己耕种土地，完全可以自给自足，每亩地可以收获红薯 20 挑，大约 100 公斤，既可以自己吃，也可以卖出获取收入或者喂猪，而 100 元的租金不仅不足以满足他们的生活要求，在粮食不够的情况下，还要购买粮食和其他生活物品。正是因为自由交易权和土地收益权被侵害，农民并不愿意参与流转。此时，政府不但没有继续和农民进行协商，反而在农民不知情的情况下强占土地，自行栽种果树苗，有农民采取毁坏果树苗的方式进行反抗，反而引起了政民冲突，最后反抗的农民被抓进了公安局拘留。贵定县云雾镇营上村有一户人家，六口人，户主在外打工，家中母亲多病。虽然外出务工的工资较高，但家里刚修建了新房，仍有负债。家中土地被村委会强制流转给企业种植蔬菜，低于流转前自己种植水稻能够得到的收入，虽有不满但也无可奈何。金沙县金塔村的土地流转基本上都是强制性的，乡镇府直接从县里借调特警，强迫不愿意进行流转的农民妥协，甚至有一名女性农民被镇党委书记打伤住院一年，直到课题组调研期间还在医院进行治疗。有农民偷偷拍了照片录了音，想要进行上访，却被秘密监视，投诉无门！强制流转的问题在云雾镇的东坪村、云台村，湄潭县桂花村等地也十分严重。在这样的产权环境下，农民被迫进行交易，甚至有农民认为这就是被征地，他们认为这是一种对农民土地权利肆无忌惮的侵占，而自己却无法保护自己的权益，再加上这样的问题层出不穷，农民的产权被侵占预期很高，他们自然不愿意转出土地，然而在强压下，不得不参与流转的农民收入减少、生活成本提高，最后陷入贫困。[①]

（二）土地征用制度与贫困

我国土地征收是“自上而下”的，土地权利是由村集体、农民向国家转移的“交易”，征收方案由政府规划、审批，并没有听取与土地高度相关的农民或者村集体意见的规定，农民只能够接受这种“合法的强制交易”，出让自己所有的土地权利禀赋。正是由于这样的制度安排，近年来各地因为土地征收引起的农村群体性事件和集体上访事件日益增多。根据刘守英（2012）的调查，自2003年以来，征地冲突呈现出上升趋势，在127个被报道的相关事件中，2010年达到45件，2010～2011年被报道事件占2003～2011年总数的62%[②]。一方面是由于“低补偿、高强制性和无征地范围限制”为特点的征地制度本身给农民带来了极大的产权不安全感；另一方面是随着价格和征地相关信息的传递日益便捷，被征地农民开始质疑政府征地行为的合法性和征地补偿的公正性，官强民弱的制度特征与农民的权益诉求不断发生冲突[③]。冲突源于权利的侵害，源于分配的不公，源于要为以后的生活争取多一点保障。土地征用虽然给予了农民补偿，但是这个补偿普遍偏低，失去收入来源、生活成本提高的农民在维持一段时间的生活后，可能在当代或者下一代陷入贫困，如图4－3所示。

1. 征地制度明确了政府的垄断地位，决定了农民土地处分权受限的格局

2008年《中共中央关于推进农村改革发展若干重大问题的决定》中提出，除了延长农民的承包期，允许农民出租、转包、转让严格限制农用的承包地，这样的大前提决定了国家对非农用地的垄断地位，排斥了农民在土地市场上平等的交易权利，形成了“土地财政”的发展模式，是由财政规则而不是经济规则来运行土地市场。其一，土地市场上的双重垄断。如果政府不能确保市场是有竞争的，那么就可能产生大量的垄断利润。对于农村土地来说，政府既是“唯一”的买家，又是“唯一”的卖家，对土地

① 本案例由本书调研组现场获得。

② 刘守英. 以地谋发展模式的风险与改革. 国际经济评论，2012（2）.

③ 汪晖，陈箫. 土地征收中的农民抗争、谈判和补偿——基于大样本调查的实证分析. 农业经济问题，2015（8）.

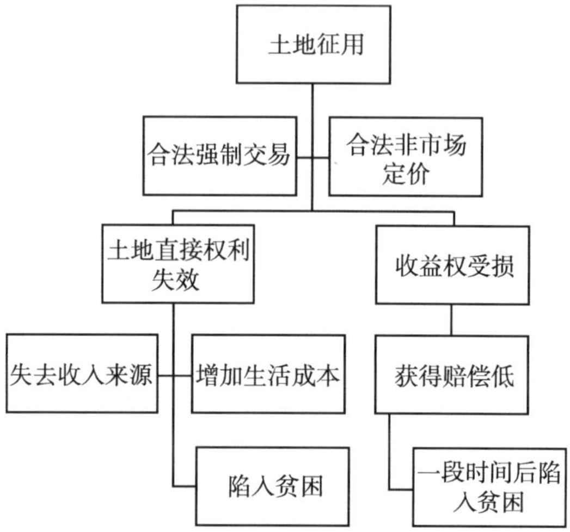

图 4-3　土地征用与农民贫困关系

价格具有决定性。在土地征收的过程中，对土地进行买入价格并不是按照土地的价值制定，而是按照土地原用途补偿原则，根据农业产值基础上的倍数进行补偿，而卖出价格则是按照土地的价值进行制订，垄断地位决定了买入和卖出价格的双重制订标准，压低买入价，抬高卖出价，导致土地市场价格扭曲，进一步导致贫困失地农民的增多，抬高城镇化成本等问题的发生。例如，贵州省黄果树景区的农地征收，补偿农民的价格是 3 万元/亩，征收政府的出让价格却是 60 万元/亩。其二，“集体所有”的土地为何不能入市？《宪法》明确规定了农村土地的集体所有权，《物权法》和《民法通则》第七十一条均对所有权有如下规定：财产所有权是指所有人依法对自己的财产享有占有、使用、收益和处分的权利。既然土地归集体所有，则集体便对其所有的土地有处分权，政府作为行政机构具有管理权，但并不具有处分权，由此，政府又有什么理由来干预集体土地进入市场？实际上，农民集体被剥夺了土地入市的权利，也被剥夺了获取土地在市场上增值的机会，称之为不平等一点都不为过。

2. 土地收益分配格局扭曲，农民土地收益权受损

农地转非必须依靠政府征收的手段来实现，政府在土地增值收益分配格局问题上拥有绝对的主导权，现有增值收益的分配不平等。《2005 年农村经济发展绿皮书》（由中国社会科学院农村发展研究所和国家统计局农村经济调查总队编制）指出：被征用土地的收益分配格局是：地方政府占 20%～30%，企业占 40%～50%，村级组织占 25%～30%，农民占 5%～

10%，再看2010~2015年数据，土地出让收益中补偿给失地农民的金额占比不到5%，现有收益分配不仅不平等，这种不平等程度还在增加，具体见表4-1。《土地管理法》第四十八条规定：征地补偿安置方案确定后，有关地方人民政府应当公告，并听取被征地的农村集体经济组织和农民的意见。现实中农民在征地价格上的谈判能力是有限的，但只要存在谈判，被征地农民实际获得征地补偿就主要取决于农民的谈判能力。

表4-1　　近年征地收益分配概况

年份	出让国有（万元）	征地补偿（万元）	征地补偿占比（%）
2010	27100.00	1321.22	4.88
2011	31500.00	1371.50	4.35
2012	26900.00	2049.52	7.62
2013	42000.00	1399.99	3.33
2014	33400.00	1620.36	4.85
2015	29800.00	1465.85	4.92
合计	190700.00	9228.44	4.84

数据来源：作者通过各大网站收集整理所得。

3. 收入来源阻断，后续生活无保障

发生农地征用以后，农民的土地使用权、处置权、收益权等直接权利失效。对于无法通过其他途径获取收入的农民来说，其收入来源已被阻断，再加上需要自己购买粮食、蔬菜等以前可以自给自足的物品，生活成本大大提高，只能依赖征收补偿“坐吃山空”，极易在一段时间后陷入贫困。根据课题组2014~2015年在关岭县调研收集的66份土地征用样本分析，农民被征地前土地务农收入平均达到1059.84元/亩，征地补偿款平均为48510.75元/亩，相当于被征收前每亩收益的48倍，按照平均被征收土地4.19亩来计算，农民可获得补偿款20.33万元。这笔赔偿看似能够满足农民在相当长时间的正常生活，但在若干年以后这笔钱消耗光了，谁来保障这部分农民的生活，他们自己，或者是他们的孩子，都可能因为土地征收，失去保障生活的来源而陷入贫困之中。

（三）小结

由于土地制度的不完善，产权主体模糊、土地权利被强制“代理”、土地收益权被侵害而导致的农民在一段时间内土地交换权利失效，或者永久性失去所有土地权利，表现为土地权利的直接失效，农民得到的赔偿标准过低、收入来源受阻、生活成本提高，在土地流转和土地征收过后的一段时间内陷入贫困，表现为产权贫困。

三、农民土地产权改革与反贫困的案例分析

农村土地制度最大的问题是农民的土地产权不明晰、不完整，在土地流转和土地征收过程中，他们的经营权被“代理”、交易权“不自由”、收益权“不完整”，农民或是不愿进行生产和交易，或是“被交易”，权益受损，收入低，生活困难，最终陷入贫困，这样的事例多不胜数。既然是由产权制度引起的问题，能不能从产权制度改革出发，解决贫困问题？贵州省的关岭县和塘约村分别在1978年和2014年走上了“确权脱贫”的反贫困道路并取得了成功，是反贫困的“产权”经验。

（一）关岭县“顶云经验”反贫困的“成”与“败”

顶云乡位于贵州省关岭布依族苗族自治县县城西南的320国道上，距离县城约6公里，总面积80.2平方公里，平均海拔1177米，主产水稻、小麦、洋芋、生姜等作物。全乡交通便利，320国道、G60沪昆高速、镇胜高速以及沪昆高速铁路穿境而过。顶云乡现辖16个行政村，219个村民小组，88个自然村寨，全乡总户数6795户，28957人。

1. 土地收益权模糊——人民公社时期的食不果腹

在人民公社农地产权制度安排时期，关岭县的经济社会发展十分缓慢，人均一亩耕地却不能解决20多万人的吃饭问题，1978年全县农业总产值2262.93万元，粮食总产量5.26万吨，农民人均纯收入仅为119元。人民公社化运动提倡公共食堂“吃饭不要钱”“敞开肚皮吃饭”，浪费了大量本来就增产不多的粮食，贵州农村流传着“大食堂”的顺口溜：“一进食堂门，稀饭几大盆；中间起波浪，边边淹死人。”大食堂的稀饭薄得可以看到底，人们根本就吃不饱，就连牲畜也因为没有饲料而被活活饿死。1961年，关岭临近的郎岱公社生猪死亡率为25%，社员家庭养猪死亡率高达36%，平坝县乐平公社天龙生产队入冬后有72头耕牛死亡，死亡率为42.3%。1959年，普定县马官公社秋粮产量只有495万公斤，除去种子、饲料后，人均贸易粮只有28公斤，该公社有7.2%的人因饥饿而死亡，

5.3%的人因营养不良而致病①。和这些公社一样，顶云公社土地丢荒、粮食减产、牲畜死亡、农具损失、病情发展、群众逃荒的现象比比皆是，当时流传的顺口溜是这样说的："好个顶云坡，肥田沃土多；生产搞不好，家里不开锅。"顶云公社严重缺粮，出现闹粮、逃荒、劳动力外流的现象，集体生产停顿，甚至出现卖儿女、杀牛羊、偷盗等严重情况。

农民一方面希望能够吃饱饭，另一方面又不愿投入生产，这到底是为什么？归根结底，人民公社时期的"大食堂"运动是典型的农民耕种收益权不明晰的制度表现，粮食属于"集体"的，进行统一收用、统一分配，"平均主义"导致产出多的农民只能获得一部分收益，懒耍滑的农民即使不投入生产仍然可以拥有"平均收益"。根据上面产权模型的推论1，积极投入生产的农民多劳不能多得，他们的土地收益权被侵害概率非常高，并且这个被侵害概率是制度性的，无法避免的，农民必将选择减少生产投入，更进一步，在土地收益权极度模糊的前提下，不投入生产的农民也可以通过"搭便车"获取粮食，这极大地磨灭了农民投入生产的积极性，而"搭便车"也成为他们的最优策略。人人都不愿意干活，成为产权受侵害者，人人都倾向于"搭便车"，可以"免费"获取别人的劳动成果，造成无人生产，没有粮食，陷入饥饿与贫困的局面也就不足为奇了。

2. 逐渐明晰的土地收益权——中国农村改革第一乡"顶云经验"

为了走出困境，关岭县顶云乡石板井村陶家寨组在1977年悄悄搞起了"包产到组"，将生产队三十来户人家的土地分为三个小组，均匀搭配牛、马，具体的做法是：一是定组定组长，二是定土地定产量，三是定人口定劳动力，四是定耕牛和分农具，五是定副业人员，六是定各组送粮人员……陶家寨的这个秋天出现了大丰收，一年下来，粮食翻了两倍多，人均口粮翻了一番，增加到200多斤，人均收入也从原来的几十元增加到两百多元。尝到了甜头的常家寨建立了蹲窝坨"盟约"，全生产队30户人家在实行"包产到户"的牛皮纸合同上盖上了"手模印"，比全国有名的18户农户"凤阳大包干"还早两年②。常家寨有了余粮，但顶云公社其他搞"大集体"的生产队粮食不够吃，每年有几个月全靠国家救济过日子，纷

① 苏丹，陈俊．"肚皮哲学"——顶云公社首次"包产到户"的风风雨雨．贵州日报，2008年9月1日．http：//gzrb. gog. cn/system/2008/09/01/010340470. shtml.

② 苏丹，陈俊．逆水行舟——顶云公社"包干"的再次兴起．贵州日报，2008年9月1日．http：//gzrb. gog. cn/system/2008/09/01/010340516. shtml.

纷效仿常家寨搞起了“包产到组”，虽然与国家政策不符，但粮食增产后解决了吃粮难的问题。八角岩生产队的副队长伍正才写了一封信，分别发给贵州省委书记、安顺地委书记和关岭县委书记，表明：为了保证生产，应该有效利用过去行之有效的经营管理办法，把农民的积极性调动起来，所以，八角岩要搞“包产到组”，给作业组定产，涨产奖励，蚀产就惩，激励多数埋头苦干的人，也管住少数闲人懒汉。县委书记李清泉收到信以后，带着问题到生产队挨家挨户地进行实地调查，经过深思熟虑，最终支持了农民“包产到组”试行一年，并说：“包字不好听，就叫定。”从此，顶云公社将16个队划分为53个作业组，开始试行“定产到组、超产奖励”的管理办法，是一种联系产量的作业组生产责任制。生产队要坚持“五统一”，即：主要生产资料归生产队所有，由队统一调配；生产计划、经营范围和增产措施由队统一制定；种子、肥料等生产费用由队统一计划开支；劳动定额由队统一制定；粮食农副产品和现金由队统收统分。同时，将生产队划分为若干个作业组，并实行“五定一奖惩”制度，即一定劳动力，二定生产资料（包括土地、耕牛、农机具），三定当年生产投资，四定各种作物产量指标，五定工分报酬；超产奖励工分等，减产照样扣减。产量指标和奖惩制度将生产队集体的收益和社员个人所得结合起来，责任和收益的分配更加具体，各尽所能，按劳分配，社员必须保质保量完成指标，否则便会受到惩罚，减少收入。实施这个政策以后，农民集体生产积极性高涨，增产效果非常明显。1978年，尽管夏收作物遭遇了冰雹，秋季作物又同时经历了涝旱灾害，顶云公社的平均产量仍比上一年增长了三成，有一个生产队的粮食产量增幅达五成，不仅保质保量地完成了公余粮任务，还多卖了五万多斤粮食给国家，在大灾之年创造了历史最高水平。根据《贵州日报》报道，1957～1977年，顶云公社人均产量和人均总收入一直低于1957年的水平，农民收入低，生活艰苦，1978年改革后，粮食产量就比1977年增长30%。1980年初，顶云公社的“顶云经验”受到了邓小平同志的肯定，并在当年中央72号文件中指出：可以“包产到组”，也可以“包干到户”；中央75号文件承认了“包产到户”“包干到户”的合法性。1980年顶云公社全社所有生产队实行了“包干到户”的联产承包责任制，关岭县全县实行“包干到户”的生产队占全县生产队总数的96%，“顶云经验”在贵州省乃至全国逐步推广展开，对推动农村的第一步改革起到了示范和带动作用，真正提高了农民的生活和收入水平。

“包干到组”“包干到户”能够最大限度地调动农民生产积极性的根本原因是进一步明晰了土地生产收益权，真正体现了按劳分配，克服“吃大锅饭”的平均主义。第一，明晰生产资料所有权。在土地公有的基础上，农户和集体保持承包关系，由集体统一管理土地、农机、肥料等生产资料，农民取得使用权。第二，明晰产出收益权。农民的生产投入决策以劳动产出为参考，以他们自己最终能够获得的净收益为根本依据，而农民的最终所得受到产权被侵害概率的分配。对于农民来说，“包干到组（户）”的经营方式是分户经营，自负盈亏，相比“大锅饭”，明确产出收益按劳分配，降低了农民的土地产出被侵害概率，他们能够更多地得到产出收益，例如能够根据劳动分配到更多的粮食，极大地激发了农民的产出热情。关岭县大坡村村民说，“包产到户”前，生产队 120 亩田打田插秧至少要45 天，8 亩坡地玉米平均产量在75 公斤左右，“包产到户”后仅仅用19天就实现满栽满插，坡地平均亩产比过去翻了三番，达到300 公斤。第三，明确奖惩机制。“超产奖励工分等，减产照样扣减”的奖惩机制有效控制了“搭便车”现象，减少“无为农民”对积极投入生产农民的收益权侵害，减小他们收益权被侵害概率，激励了农民的生产积极性。改革前土地产出收益权模糊，降低了农民的生产投入，生产“搭便车”现象，农民食不果腹，生活困难；改革后土地产出收益权逐渐明晰，农民的收益权被侵害概率降低，他们的生产投入热情高涨，增产增收，走出贫困困境，这是生产关系的改革，更是产权制度的改革，是反贫困的产权改革道路。

3. 土地流转与“打包经营”——新“顶云经验”

社会在不断发展，土地制度也在不断改变。1988 年，国家进行第一轮土地承包经营，以村委会或村民小组为发承方与家庭户签订农村土地承包合同，完善了以家庭联产承包责任制为主，统分结合的双层经营体制。根据顶云乡秧井组村民叙述，土地下户以后，仅靠种植承包的土地过活，填饱肚子是没有什么问题，就是手边钱不活络。土地刨不出来黄金，很多农民到省外寻找致富的赚钱门道。2008 年，顶云乡 6300 多户农民中就有6400 多人外出务工。顶云乡党委书记刘卫融说：“家庭联产承包责任制解决了群众吃饭的问题，但土地分散的经营模式已经不能适应现代农业的规模化生产。”为了充分利用土地资源，云顶村从 2004 年开始进行“三年三尝试”，第一年集中农户土地 100 亩，第二年 200 亩，第三年 300 亩，分别选择种植大户或科技能手进行“打包经营”种植西红柿。为了确保土地转出者的利益，顶云乡明确规定了土地经营权流转的年租金为 500 元/亩，而有能力经营自己承包地的农户同样享受 500 元/亩的物资或种子补助政策，租地种植规模在 20 亩以上的农民，除了支付租金以外，必须按照每 20 亩带动本乡1~2户农民参与种植和管理，同时向农户支付工钱和传授技术。2007年，顶云乡西红柿种植规模达到2000亩，平寨村种植经营33亩西红柿的农民黄兴林介绍，产量最高可以达到5000多公斤，最低3000多公斤，均价在2元/公斤左右。每亩土地的成本包括租金500元，工资1200元，农药、种子和肥料1800元左右，承包方的纯收入可以达到4200元左右。同样的，土地转出农民也取得了不菲的收入，石板村的土地出租农户朱定美出租了3亩多地，不仅有1800元的租金收入，在自己家地里为土地承包方打工，还取得了将近5000元的工资收入。

在新的形势下，顶云乡与时俱进，又有了新的“顶云经验”，带动农民进行土地流转，发展适度经营，保障农民产权交易的同时，将农民劳动力、土地等资源进行最优配置，以提高农民收入。

4. 缘何依然贫困——顶云乡现状

“顶云经验”与凤阳小岗“大包干”一样，是悬挂在我国农村改革最前沿的两面旗帜，但与其他改革名村相比差距依然很大，顶云乡和贵州的其他富裕乡相比也还具有一定差距，2007年，顶云乡的农民人均纯收入仅为1731元，（加入洪老师调研收入数据），所在地关岭县仍然是国家级贫困县。明晰土地收益权让农民填饱了肚子，保障流转权提高了农民收入，但是要让农民走上致富的道路，这还远远不够，在肯定“顶云经验”的同时，必须要看到，社会经济在不断变化，产权改革也需要与时俱进。正如凤阳县委书记马占文所说：“小岗‘大包干’不能包治百病，顶云‘包产到户’是治穷的灵丹妙药，但不是致富的法宝。要解决‘三农’问题，必须要不断地创造。”土地是保障农民生存的根本，进行产权制度改革，保障农民的土地产权安全，防止农民产权受到侵害，激励农民加大生产投入以提高产出收益，进行产权交易以优化土地和农民劳动力资源配置，提高农民收入，才是反贫困的有效途径。

（二）塘约村土地产权改革的反贫困案例

塘约村位于贵州省安顺市平坝城区往西12公里，乐平镇政府所在地往北4.5公里，总面积3.9平方公里，属山区丘陵地形，辖10个自然村寨，11个村民组，921户，3392人，劳动力占比55%，辖区内有汉族、苗族、布依族等5个民族共同居住。

2014年之前，塘约村有耕地面积1867.5亩，大部分农民以小家庭传统农业自然经济为主，由于种地不赚钱，收入低，村里有30%的土地撂荒，生活不富裕。在外出打工潮的影响下，多数有劳动力成员的家庭外出务工，全村劳动力有1400多个，外出打工最多时达到1100多人，青壮年几乎全走了，极少数留下来从事分散零星的养殖业、运输业，个别从事建材加工，村中大都是妇女和老幼病残，是典型的“空壳村”①。2013年，塘约村农民纯收入为2850元，有贫困户57户，240人，是榜上有名的贫困村。2014年6月3日，塘约村遭遇了百年未见的大洪水，洪水将这个小山村洗劫了，田和路都毁了，给这个本来就十分贫困的村庄重拳一击。

再看现在的塘约村，仍然是那片地方，仍然是那些农民，耕地面积变为4860亩，村集体经济从2013年的3.83万元增加为2015年的75.6万元，再增长为2016年的202万元，净增长197.17万元。2013年，村子里农民纯收入为2850元，到2015年翻了一番，增长为7859元，2014年全村农民人均可支配收入7219元，几乎来源于务工，2016年村子的年轻人都回来了，外出务工人员减少到50余人，人均可支配收入不降反增，达到10030元，是2013年的3.52倍，其中，80%的农民年收入3万元以上。贫困人口从2013年的138户600人，减少到2014年的57户240人，再进一步减至2016年的27户94人，在短短时间内从“困难村”摇身一变成为2016年整村脱贫验收村之一。

当代文化家王宏甲就塘约村的转变撰写了《塘约道路》一书，很多媒体也对塘约村的脱贫之路争相报道，全国各地的学者、干部到塘约村进行调研和学习，引用贵州省政协副主席周建琨的一段话将大家感兴趣的问题引出来：“我们搞了这么多年扶贫，产业扶贫（支持贫困村搞某项产业）、基础设施扶贫（支持水、电、路建设，危房改造等）、大户领头扶贫、公司扶贫（外来公司+农民的合作模式）等，可是，还有很多贫困户。塘约一年的时间就脱贫了，究竟是靠什么？”不得不说，以土地为核心的农村产权制度改革起到了非常重要的作用。

1. 土地确权，权责明晰

深化农村集体产权制度改革，落实农村土地集体所有权、农民承包权、土地经营权三权分置办法，加快推进农村承包地确权登记颁证是近年来中央“一号文件”每年都强调的重点问题。以此为契机，塘约村拉开了改革的序幕，建立农村产权确权信息管理平台，对农村土地经营承包权、林权、集体土地所有权、集体建设用地使用权、房屋所有权、小型水利工

---

① 王宏甲. 塘约道路. 人民出版社，2017：1-4.

程产权、农地集体财产权“七权”叠加，一并进行精准确权登记，让农民把产权“揣”在兜里，初步形成了土地所有权、承包权、经营权三权分置，为农村产权交易打下基础。为什么要进行“七权同确”？左支书认为，农业要素不光是土地问题，最重要是赋予农业的财产权，真正的财产是房产、林地、宅基地、集体水权等。如果只是土地确权，没有真正意义上赋予老百姓财产权，只是在农地流转领域合法化。因为土地无论在什么时候，都是农民生活的基础，是固定生存要素，所以土地不能抵押，但是其他财产权是可以抵押的。好比万物生长靠太阳，确权要通过政府牵头，取得政府同意以后，塘约村村支书左文学便牵头开始确权工作，分为八个阶段。

第一，确权。现场路演，把相关政策资料收齐，以这些资料为基础，明确为什么要确权，确权带来的好处以及怎么确权。以《关于七权同确致广大村民的一封信》的形式向村民解释，新的内容包括宣传动员和政策资料两个部分，信上写上村民的名字发放到每一户，并监督他们看信。

第二，人员培训。包括几个部分的人员：组员会（年轻人居多）、村民小组的村民代表、参加土地改革的原来的小组长或会计出纳干部、村民组的党员或在当地有威信的人（寨老）。

第三，摸底调查。由以上人员深入到各个村民组，调查的目的是确定村民组存在的问题以及存在问题的类别和程度，土地承包30多年了，存在的问题五花八门，大概可以分为四个大类：（1）个人占集体资产的情况。一是侵占集体土地，共263起，其中建房52起，种植121起，种树82起，其他8起。例如在集体土地旁边建房，宅基地只有100平方米，农民却扩建为120平方米住房，便侵占了集体土地；另一户邓姓人家，于1998年土地下放后买了集体土地使用，期限为10年，小队会计写小纸条为证明，但现在反口说是永久性的购买集体土地；也有人私自扩充当时购买的集体土地，或者未支付（未完全支付）买地款项。二是个人占用集体沟渠，大集体时修建的沟渠，在生产队散伙后年久失修，废弃以后被临近沟渠的人家填平后作为田地使用。三是占用集体山地，村民在开垦无人管理的荒山，时间久了以后，便顺理成章地将开垦部分占为已有，杨家院组有一户徐姓人家，使用了20亩集体山地30多年，占用小组荒山（50亩）的40%；另一户杨姓人家，承包了荒山15年，由于承包之时没有留下文字资料，现在却说是无限期的承包。（2）村民之间互相占地的情况，特别是亲人之间相互占地的情况，共有170多例。（3）村民已经去世的情况，例如死亡户的土地被邻家瓜分了。（4）村民之间有土地交易的，包括本组村民之间、本村与其他村民组甚至外村人之间土地交换的情况。塘约村地处偏僻，尚无房产商涉足，目前还不存在非法占卖地和暴力征地的情况。

第四，矛盾调处。针对摸底调查出的问题进行调处，包括土地指界以及调节，这是难度最大也是最为艰巨的工作。（1）土地指界，如图4－4与图4－5所示。由于分地成员当好人，怕得罪人，工作开始的一周几乎没有干成事，左支书说：不站在公平公正的角度，实事求是，把界限指清楚，就犯了良心上的大罪，造成矛盾，村民组与村民组之间的不团结，危害社会。有村民反映，如果指出界限后，无法调解矛盾，岂不是白做了？左支书承诺：界限只要指出来，无法排查矛盾后个人全权负责。村中的16名老人组成“老人志愿者”，到实地指界做裁判，指界工作才得以顺利进行。(2) 矛盾调解。首先，形成三级调解制度。一级村委会调解：村委会的调解人员便是参加土地确权的人员，包括现在的组委会、原来的小队干部以及党员，让当事人说出案例，组民代表投票决定，最后形成文字资料。一级调解解决了80%的矛盾。二级调解委员会调解：如村委会无法调解，则到调解委员会（相关部门领导编入），通过法律顾问进行调解。二级调解解决了15%的矛盾。终极村民代表大会调解：当事人把案例说出来，赞成是他家的打勾，不赞成的打叉。占村民组的就让村民组成员投票，把当时涉及的人员全部集中来开会，不记名投票。终极调解解决了5%的矛盾，如图4－6至图4－9所示。

图4－4　塘约村指界工作1

图 4－5　塘约村指界工作 2

塘约村土地确权各组议事会组织人员统计表

类别／组名	会长	副会长	统计员	成员人数	各组议事会人员合计	备注
李家院	焦子能	郑书明	毛志宁	3	6	
彭家院	吴从刚	彭远才	石文文	5	8	
杨家院	章增权	陈忠华	徐发发	7	10	
小坉上	邱仕广	邱继发	邱继平	3	6	
石头寨	张贵芳	梅发贵	王庆光	12	15	
把丫关	刘连槐	曹清武	刘照斌	2	5	
偏坡寨	马良伍	彭礼学		4	6	
高坞坝	杨天友	杨佑维	代明忠	6	9	
高寨坡	陈德明	孟性学	孟性勇	5	8	
谷塥寨	魏贵林	肖红	罗保华	3	6	
硐门前	李从贵	张清松	高安全	5	8	
合计：	11	11	10	55	87	

图 4－6　矛盾调解资料 1

此外，解决好撂荒土地问题。塘约村存在违约用地的情况，即承包人没有按照责任制承担起应尽的责任，使土地撂荒、农田毁坏、土地用途改变等。塘约村土地撂荒率达到了 30%，按照国家规定，村集体是有权收回撂荒土地的，但变成了“重土轻人”的做法，极易引起社会冲突。村集体

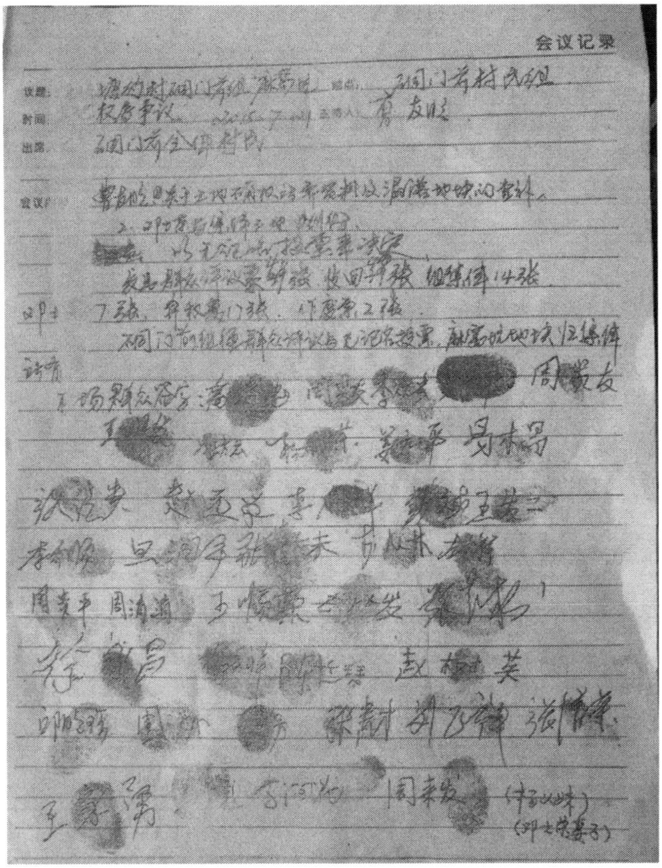

图 4－7　矛盾调解资料 2

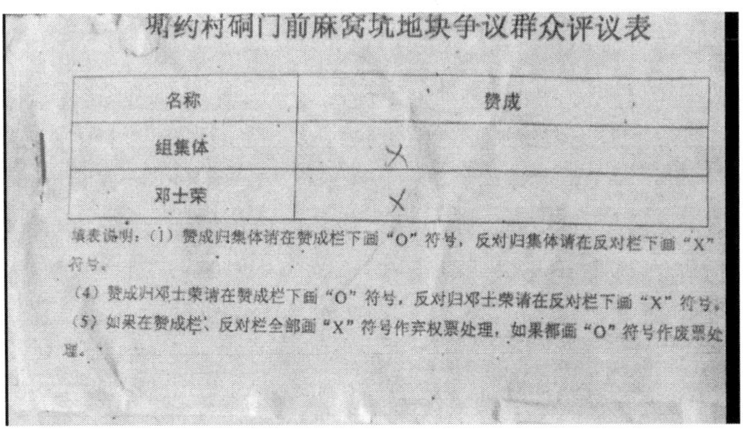

塘约村硐门前麻窝坑地块争议群众评议表

名称	赞成
组集体	X
邓士荣	X

填表说明：(1) 赞成归集体请在赞成栏下画"O"符号，反对归集体请在反对栏下画"X"符号。

(4) 赞成归邓士荣请在赞成栏下画"O"符号，反对归邓士荣请在反对栏下画"X"符号。

(5) 如果在赞成栏、反对栏全部画"X"符号作弃权票处理，如果都画"O"符号作废票处理。

图 4－8　矛盾调解资料 3

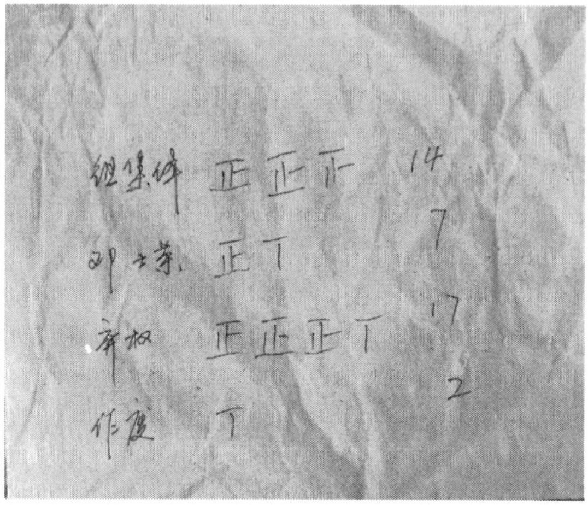

图 4-9　矛盾调解资料 4

选择在土地确权中，依然将丈量过后的撂荒土地确权给之前的承包人，他依然有权选择如何使用土地。村委会的决定深得人心，促进了确权工作开展，而 30% 的撂荒土地最终都流入了村合作社。

第五，收回集体资产。分清集体资产与个人资产。同样地，想要收回农民已经占用许久，并且自己认定是自己家的土地、山林等集体资产十分困难，工作开展的第一个星期除了吵架依然无法开展工作。经过多方商议和讨论，左支书发现，解决问题要先从村委、党员、村民组组长和村民代表这四种人做起。左支书说，这四种人中有问题的只是个别，比起一般群众，这些有问题的干部毕竟是少数，先解决了“个别”问题，群众问题也就好办多了。前任党支部书记的问题是首先解决的，前任党支部书记私占集体的荒坡进行耕种和建房，两块坡地共计 1.2 亩，他支持确权工作的开展，并把集体坡地完全归还土地，但房屋怎么处理呢？经村民代表大会讨论，一致决定按照 50 元/平方米的价格计算，让当事人把 120 平方米宅基地共计 6000 元钱交给坡地所属的村民组，宅基地使用权确权给当事人。

为了解决同样的问题，村支两委开会讨论形成了一个统一的处理规定：(1) 田坝、地坝之间开荒的，小于 10 个平方米的不收回，超出 10 个平方米的收回村民组。收回大概不低于 300 亩。(2) 在河道、交通要道、公共场所的边缘，每一个平方米都要坚决收回。(3) 已被占为建筑物的：厕所、猪圈牛圈等坚决拆掉；建住宅无法拆掉的，按照 100 元/平方米折价购买，但是考虑到无法购买的情况，左支书在村民大会上提议改为 50 元/平方米。(4) 荒山种树的：7 成归集体（村民组）所有，3 成归个人所有，个人部分折价支付给当事人。

私占集体资产的问题中，村干部占60%，小组长占30%，党员涉及问题不多，他们的问题解决以后，其他的老百姓将自己私占的部分自觉上交了，这个大难题迎刃而解。通过这次改革，之前村民组没有集体资金，现在，回收大量集体资金资产，集体资金收回 20 万元以上的有四个村民组，15 万 ~20 万元的有 4 个，15 万元以下的有三个。集体资金放置于村财务结算中心，由村进行统一管理，按照小组权属分别使用。

第六，勘测，丈量土地。解决纠纷，确定界限以后，进行集体和个人的土地、林地丈量，为了保证公平公正，丈量土地时，土办法测量和仪器测量同上阵，两种方法测量的结果基本一致才算数。

第七，公示及颁证。包括三个步骤：(1) 查缺补漏：农民的地漏了没有，范围是否清晰；(2) 公示一周，无异议则农民签字、按手印；(3) 进入数据库，按照数据库的内容颁证。塘约村利用 GPS、航拍定位等技术，在大数据的基础上建立了全村“七权”的数据库，更加清晰地明确了每家每户的土地边界、类型等，解决了农村各类资产关系归属不明、面积不准、四至不清、登记不全、交易不畅等问题。

第八，回头看，审视产权改革的薄弱环节。确权工作计划八个月完成，实际花费了一年多时间。塘约村的土地确权有着意外的收获。确权之前，全村的耕地面积为 1572.5 亩，经过勘测和丈量，全村土地多了 3289.5 亩，是 4862 亩，每一户人的承包地都比以前多了一倍以上。

2. 流转经营，收益保障

确权是农村产业壮大的基础，确权后权利边界清晰，便于规划和抱团发展，入股的资产价值化，为农村改革提供了保障。在确权的基础上，要实现小康，一是要把农民从土地中解放出来，二是要把土地集中起来，实现效益最大化。说到土地流转，与之有关的不光是农民本身，种植大户、农业公司、外来资本都盯着农村土地的“经营权”，期望获取种种收益，很多事例是农民的土地流转出去以后，自己丧失了经营权，只能出去打工，而劳动力低下的农民失去了收入来源，守着零星的租金、承受着高涨的生活成本，最终陷入贫困。2014 年，塘约村成了土地流转中心和全民所有的合作社，同样是土地流转，塘约村却做出了不一样的效果。

(1) 以保障农民权益为基础。第一，保障农民收益权。本着合作社赚钱要分红给老百姓的目的，合作社以全体村民的名义注册，形成全民所有制的合作社。第二，保障农民知情权。最初动员村民将土地流转到流转中心，也是通过给全体村民写信的方式：其一，是尊重农民的知情权，保证农民知道村里发生了什么事情；其二，把信发到每户，与每一户人家好好沟通，保证农民能够获取准确的消息，有疑虑也能及时解决。第三，保障农民选择权。农民自由选择是否将土地流转入土地流转中心，是否入股合作社。

（2）班子成员出力，主动承担风险。班子成员出力贷款注入合作社，承担初始运营风险。最初农民怕亏钱，也没有资金入股合作社，虽然是全民所有的合作社，为了把合作社做起来，11 名班子成员经过商议，由他们承担风险，私人贷款共计 126 万元投入合作社，形成初始资金，转入土地。

（3）积极寻求合作，保证经营顺畅。班子成员出力寻找合作伙伴，承担责任。一方面，通过寻求当地统战部的帮助，合作社与台湾企业合作，利用他们提供的种子和技术，在土地上种植莲藕和精品蔬菜，最后卖到台湾超市；另一方面，左支书主动联系，为做学生营养餐的公司提供蔬菜。根据市场竞争规律，合作社提供的蔬菜品质好，价格低，卖蔬菜一年可以收入 2000 元左右，最好的时候 8000 多元，合作社用 6 个月的时间把最初的贷款还清。现在，合作社种植水果 1750 亩、蔬菜 1643 亩、莲藕 450 亩，还有些土地根据种植情况休耕，以错开耕种季节。

（4）利润分配明确，股东收益占大头。以农民占利润大头，村集体只能占小头为准则，利润采取“334”的分配标准，40% 分配给股东分红，30% 分配给村委会（10% 为办公经费，20% 为风险防控基金），剩下的 30% 分配给合作社，用于机械购买、固定资产投入。20% 的风险防控基金只是为了预防风险，如果出现破产的情况，则每个股东按股分配。

（5）从部分土地流转到整村土地入股。按照耕地 500 元/亩、坡耕地 300 元/亩、田 700 元/亩的价格，2014 年 4 月，合作社建立之初，租入土地 400 多亩，10 月份又租入 1200 多亩地。2015 年，合作社又入股 1200 亩土地。农民看到了土地流转的好处，主动把田坎界挖掉，最后全村农民的承包地全部通过入股的方式流转到了合作社。合作社按照初始租金，以 500 元/股的价格折算为股份。

3. 拥有其他工资收入，解决生活后顾之忧

农民以务农为主，土地流转后，农民还能做些什么呢？为了保证农民不失业，村里进行了“产业结构调整”。合作社下面成立了建筑公司、劳务公司、水务公司、旅游开发责任管理公司、妇联和运输公司，以村集体资金投入，注册为 921 户农民所有的全民所有公司。根据农民自身的特点，

热爱土地的人到农业团队进行土地耕种，会开车的去运输队，懂建筑的到建筑公司，都不会的去劳务公司，妇女到妇联承包餐桌宴席等，按照公司的规定获取工资收入。

如此一来，当地农民不仅可以作为股东分享土地收益，还能够获取其他收入来源，保障了他们的生活，例如，一个妇女在水田劳作一天有100元工资，旱地则是80元，一个月有四个休息日，最低工资2400元，出勤26天算一个月，不满26天，按天扣工资，超过则按天支付加班工资，按月支付薪水。土地流转之前，主要种水稻和玉米，一亩田的净收益最多500元，相比之前，农民的工资提高了不少。

与此同时，很多外出务工的年轻人都回来了，根据自身人力资本状况进入不同的公司工作，虽然赚取的钱可能没有在外打工多，但可以照顾家庭老小，“空心村”变为“实心村”，全村人口团结在一起，谋发展、共致富。

4. 塘约村的启示

土地产权贫困发生的主要原因是农民的土地收益权被侵害，塘约村用2~3年的时间，从贫困村变为小康村，发生了翻天覆地的变化。一是排除万难，明确农民和集体的产权边界，切实保障农民的产权安全，使农民可以安心将土地入股合作社，从土地上解放出来；二是便于产业调整规划，实现规模经营效益，特别是鼓励大户或合作社对土地集中经营模式的实施；三是解决农民后顾之忧，运输、建筑等公司的组建在保证农民正常土地股金分红的前提下，又增加了农民的收入来源，解决了农民的生活之忧。

必须明确的是，这一切变化的根本，是围绕“土地”的“确权”工作真正保护了农民的产权安全。首先，村干部真正成为农民权利的保障者，不瓜分农民土地权益这块蛋糕，解决产权矛盾，通过“确权”为农民的土地颁发身份证；其次，土地流转对象为全民所有的合作社，村民不会自己侵害自己的产权权益；最后，农民拥有知情权，也能够实施选择权。在安全的产权环境下，农民愿意流转土地，集体能够集中整合资源，实现资源配置优化，获取规模经营收益，在提高农民收入的同时，将农民团结在一起，发展壮大集体经济，才能走好脱贫致富的道路。

第三节　水资源产权与农民贫困

水资源是农业生产中必不可少的生产资料，也是农民赖以生存的重要资源，其产权的界定与实施不仅直接影响水资源的分配与利用效率，还影响着农民的生产性活动，决定其生活状态。

一、水资源产权与水资源开发

（一）我国水资源产权制度的变迁

一般来说，水资源产权包含水资源的所有权、使用权、开发权等与水资源相关的权利，在不同的历史阶段和特定的条件下，我国的水资源产权制度通过不断地创新和完善，开始了其特定的变迁过程。

1. 公共水权初步确立阶段（1949~1997年）

1949年11月，水利部提出："所有合理湖泊均为国家资源，为人民公有，应由水利部及各级水利行政机关统一管理。不论人民团体或政府机构举办任何水利事业，均须先行向水利机关申请取得水权——水之使用权和受益权。"中华人民共和国成立以后，我国确立了国家对水资源的所有权，奠定国家拥有对于水资源进行开发、规划和管理的权利，政府对水资源进行供给和调配，属于公共水权实施阶段。在改革开放之前，我国水资源产权制度建设缓慢，水资源管理也相对混乱。在此阶段，我国水资源相对丰富，水资源的使用权被置于公共领域（public domain），几乎不具备排他性，人们在水权的使用上没有过多的限制，自然资源产权交易以自由取水和用水为主，水的取用和污染几乎毫无成本，造成人们对资源无节制的取用。

2. 政府管制力度增强阶段（1978~1987年）

改革开放以来，随着社会生产力的发展，工农业用水需求逐渐增多，水资源供需矛盾开始显现，同时，由于水权界定不完全，水资源使用过程中出现的负外部性效应越来越大，由此产生的社会成本无人承担①，为解决矛盾，政府对水资源的管制力度加强，主要运用水资源供给管理的行政手段进行治理，水费、水资源费征收、供水分配制度、地方性取水许可制度等正式规章制度开始出现。1982年，山西省首次在水利法规中确定了取水许可制度，1983年，国家确立了"加强经营管理，讲究经济效益"的水利方针，水资源的经营管理和成本收益核算逐步受到重视。1985年，《水利工程水费核定、计收和管理办法》中进行了水费的调整，对农业、工业

① 马晓强，韩锦绵．我国水权制度60年：变迁、启示与展望．生态经济，2009（12）．

用水实施差异化收费，是我国水费征收制度的重大改革。1987 年，国务院批准了《黄河可供水量分配方案》，将黄河可供水量分配给河北、天津等 11 个省市地区，标志着水资源使用量权的出现。政府控制力度的加强，对水资源的使用权利进行限制，有效节约交易费用，提高水资源利用效率。

3. 政府管制与市场调节相结合阶段（1988 ~2010 年）

1988 年，我国第一部规范用水行为的水管理办法《水法》正式出台，与 1993 年国务院发布的《取水许可制度实施办法》共同构成我国的水权管理法律体系。2006 年，国务院颁发《取水许可和水资源费征收管理条例（国务院令第 460 号）》，同时废止 1993 年颁布的《取水许可制度实施办法》条例规定，县级以上人民政府水行政主管部门按照分级管理权限，负责取水许可制度的组织实施和监督管理，需要用水者必须按照规定进行申请，审核通过后获得取水许可证，并根据用水情况缴纳水费，从权属和程序上都对水资源使用进行严格管控。2005 年，水利部发布了《水利部关于水权转让的若干意见》，将水资源划分为可转让和不可转让两种类型，指出水资源转让应该以水资源的可持续利用为基础，秉持有偿转让、合理补偿的原则，在产权明晰的前提下，政府调控与市场机制相结合，推动我国水权转让的实施。2008 年水利部又颁布《水量分配暂行办法》，对水资源可利用总量或者可分配的水量向行政区域进行逐级分配，实行用水总量控制和定额管理相结合的管理模式，完善了水权初始分配的法律制度，促进水资源优化配置，合理开发、利用和节约、保护水资源。

4. 严格管控水资源阶段（2011 ~2017 年）

随着水资源短缺、水污染严重、水生态问题频发，水资源供需矛盾日益突出，为实现水资源的高效利用和有效保护，需要对水资源进行严格管控。2011 年，中共中央“1 号文件”和中央水利工作会议强调“实行最严格的水资源管理制度”，确立水资源开发利用控制、用水效率控制和水功能区域限制纳污“三条红线”，从制度上推动经济社会发展与水资源水环境承载能力相适应。2012 年颁布了《国务院关于实行最严格水资源管理制度的意见》的 3 号文件，对实行最严格水资源管理制度工作进行全面部署和具体安排，进一步明确了水资源管理“三条红线”的主要目标，严格控制用水总量，严格控制入河湖排污总量，通过强化用水定额管理、推进节水技术改造等手段提高用水效率。2013 年颁布《实行最严格水资源管理制度考核办法》，对落实最严格水资源管理制度情况进行考核。2016 年《中共中央关于制定国民经济和社会发展第十三个五年规划的建议》中明确提出“实行最严格的水资源管理制度”，以水定产、以水定城，合理制定水价，编制节水规划。严格的水资源管控主要体现在水资源的开发使用、用水效率和水污染控制三个方面。

从水资源制度变迁过程中可以看出，我国水资源管理制度是在逐步收紧的，逐步明确水资源的所有权、取水权、开发权、使用权，通过控制初始配置、调节水资源价格、实现水权转让市场等方式进行水资源的有效配置，并且实施严格的水资源管控政策，保证实现水资源的高效利用和有效保护。

（二）我国水资源产权的法律（法规）界定

对于我国水资源产权的基本概念，从不同的角度出发可以有不同的理解，从产权组分（entitlements）来说，我国水资源产权主要包括水资源的所有权、使用权和转让权，其产权主体分别为国家、企业或供水机构、消费者。

1. 所有权

《中华人民共和国水法》（2016 年 7 月修订）（以下简称《水法》）第三条规定：水资源属于国家所有，水资源的所有权由国务院代表国家行使。第十二条规定：国家对水资源实行流域管理与行政区域管理相结合的管理体制。国务院水行政主管部门负责全国水资源的统一管理和监督工作。国务院水行政主管部门在国家确定的重要江河、湖泊设立的流域管理机构（以下简称流域管理机构），在所管辖的范围内行使法律、行政法规规定的和国务院水行政主管部门授予的水资源管理和监督职责。县级以上地方人民政府水行政主管部门按照规定的权限，负责本行政区域内水资源的统一管理和监督工作。第十三规定：国务院有关部门按照职责分工，负责水资源开发、利用、节约和保护的有关工作。县级以上地方人民政府有关部门按照职责分工，负责本行政区域内水资源开发、利用、节约和保护的有关工作。

法律明确规定水资源归国家所有，国家对境内所有水资源拥有绝对排他性的所有权，能够行使占有权、使用权和收益处分权。所谓国家所有，即是全民所有，全民是一个抽象但不可分割的概念①，决定了一切单位和个人行使水资源相关权利时都要服从国家的安排。水资源的所有权由国务

① 邵益生．试论水的“三权分离”与“三权分立”．中国水利，2002（10）．

院代表国家行使，实行流域管理与行政区域管理相结合的管理体制，由国务院水行政主管部门、流域管理机构和县级以上地方人民政府水行政主管部门在各自的管理范围内负责水资源的统一管理和监督工作，包括水资源开发、利用、节约和保护。

2. 使用权

《水法》第三条规定：农村集体经济组织的水塘和由农村集体经济组织修建管理的水库中的水，归各该农村集体经济组织使用。第七条规定：国家对水资源已实行取水许可制度和有偿使用制度。但是，农村集体经济组织及其成员使用本集体经济组织的水塘、水库中的水除外。第四十八条规定：直接从江河、湖泊或者地下取用水资源的单位和个人，应当按照国家取水许可制度和水资源有偿使用制度的规定，向水行政主管部门或者流域管理机构申请领取取水许可证，并缴纳水资源费，取得取水权。但是，家庭生活和零星散养、圈养畜禽饮用等少量取水的除外。第五十五规定：使用水工程供应的水，应当按照国家规定向供水单位缴纳水费。供水价格应当按照补偿成本、合理收益、优质优价、公平负担的原则确定。具体办法由省级以上人民政府价格主管部门会同同级水行政主管部门或者其他供水行政主管部门依据职权制定。第六十九条规定：有下列行为之一的，由县级以上人民政府水行政主管部门或者流域管理机构依据职权，责令停止违法行为，限期采取补救措施，处二万元以上十万元以下的罚款；情节严重的，吊销其取水许可证：未经批准擅自取水的，未依照批准的取水许可规定条件取水的。第七十条规定：拒不缴纳、拖延缴纳或者拖欠水资源费的，由县级以上人民政府水行政主管部门或者流域管理机构依据职权，责令限期缴纳；逾期不缴纳的，从滞纳之日起按日加收滞纳部分千分之二的滞纳金，并处应缴或者补缴水资源费一倍以上五倍以下的罚款。《取水许可和水资源费征收管理条例（国务院令第460号)》（2006年）第二条规定：本条例所称取水，是指利用取水工程或者设施直接从江河、湖泊或者地下取用水资源。取用水资源的单位和个人，除本条例第四条规定的情形外，都应当申请领取取水许可证，并缴纳水资源费。本条例所称取水工程或者设施，是指闸、坝、渠道、人工河道、虹吸管、水泵、水井以及水电站等。第四条规定下列情形不需要申请领取取水许可证：一是农村集体经济组织及其成员使用本集体经济组织的水塘、水库中的水的；二是家庭生活和零星散养、圈养畜禽饮用等少量取水的；三是为保障矿井等地下工程施工安全和生产安全必须进行临时应急取（排）水的；四是为消除对公共安全或者公共利益的危害临时应急取水的；五是为农业抗旱和维护生态与环境必须临时应急取水的。第三十三条规定：取用供水工程的水从事农业生产的，由用水单位或者个人按照实际用水量向供水工程单位缴纳水费，由供水工程单位统一缴纳水资源费；水资源费计入供水成本。

水资源的使用权受到取水许可制度和有偿使用制度的管控，按照使用者性质的不同，我国水资源使用权主体可以分为三个大类，城市水资源消费群体、农村水资源消费群体以及专业供水机构或企业，所谓消费群体包括一般用水单位或个人。对城市水资源消费群体的法律规定具有一般性，但对农村水资源消费群体，法律做出了一些特殊的设定：农村集体经济组织的水塘和由农村集体经济组织修建管理的水库中的水，归该农村集体经济组织使用，这样的使用不用申领取水许可证，也不用支付水资源费，成为一种对外产权清晰，排他性强，对内产权模糊，不可分割的“共有产权”，具有明显的俱乐部产权属性①，是一种对内非排他的水资源使用权。专业供水机构或企业一般从事水资源开发、输送、加工等经营性活动，例如水电站、供水机构等，对水资源的使用权包括水资源的开发使用权、对水资源开发设施的使用权以及出售商品获取利润的收益权。由于企业或供水机构是在其用水计划经过政府主管部门审批，符合用水规划的前提下取得的，在规定范围内是一种绝对排他的水资源使用权。所有水资源消费群体使用供水机构或企业的产权均需要向他们缴纳费用。

3. 转让权

《水权交易管理暂行办法》（2016 年）第二条规定：水权包括水资源的所有权和使用权。本办法所称水权交易，是指在合理界定和分配水资源使用权基础上，通过市场机制实现水资源使用权在地区间、流域间、流域上下游、行业间、用水户间流转的行为。第三条规定：按照确权类型、交易主体和范围划分，水权交易主要包括以下形式：一是区域水权交易。以县级以上地方人民政府或者其授权的部门、单位为主体，以用水总量控制指标和江河水量分配指标范围内结余水量为标的，在位于同一流域或者位于不同流域但具备调水条件的行政区域之间开展的水权交易。二是取水权交易。获得取水权的单位或者个人（包括除城镇公共供水企业外的工业、农业、服务业取水权人），通过调整产品和产业结构、改革工艺、节水等措施节约水资源的，在取水许可有效期和取水限额内向符合条件的其他单

① 胡继连．农用水权的界定、实施效率及改进策略．农业经济问题，2010（11）．

位或者个人有偿转让相应取水权的水权交易。三是灌溉用水户水权交易。已明确用水权益的灌溉用水户或者用水组织之间的水权交易。通过交易转让水权的一方称转让方，取得水权的一方称受让方。

水权转让特指水资源的使用权，包括政府或其他授权部门、单位之间对水量的交易、用水单位或个人之间对取水权的交易以及对灌溉用水的交易，是政府调控和市场调节相结合的水资源配置机制，充分发挥了市场在水资源配置中的作用。

（三）水资源开发权

水资源的开发权是从水资源使用权中分离出来的一项权利，开发项目及水电站改造、扩建、技改均须先获得水能资源开发使用权。《水法》第六条规定：国家鼓励单位和个人依法开发、利用水资源，并保护其合法权益。开发、利用水资源的单位和个人有依法保护水资源的义务。第二十三条规定：地方各级人民政府应当结合本地区水资源的实际情况，按照地表水与地下水统一调度开发、开源与节流相结合、节流优先和污水处理再利用的原则，合理组织开发、综合利用水资源。《水法》规定，地方各级人民政府是组织开发、综合利用水资源的主体，单位和个人都可以依法开发和利用水资源。

1. 开发权的取得

虽然《水法》中没有明确开发权的权利范围、获取形式等内容，但各省在《水法实施办法》给出了相关规定。《新疆维吾尔自治区实施〈中华人民共和国水法〉办法》（2004 年）第十三条规定：自治区鼓励单位和个人投资兴建水工程。水工程建设和管理实行谁投资、谁受益的原则，并依法保护投资人的合法权益。水能、水域等水资源的开发利用，在服从水资源规划和防洪规划的前提下，可以由有管辖权的县级以上人民政府水行政主管部门通过招标拍卖、挂牌交易等方式确定开发权人，所得收入上缴财政。《湖北省实施〈水法〉办法》（2006 年）中明确提出，水能资源属于国家所有，在服从水资源规划的前提下，实行有偿开发使用。水能资源开发利用，采用招标、拍卖、挂牌交易等公平竞争的方式确定开发权人，由有管辖权的县级以上人民政府组织水行政等相关部门实施①；《重庆市水电开发权出让管理办法》（2006 年）规定：市、区县（自治县、市）人民政府是水电开发权出让人，市、区县（自治县、市）人民政府授权发展改革

① http://zfs.mwr.gov.cn/zhxw/201401/t20140123_667636.html.

行政主管部门和水行政主管部门具体承担水电开发权出让工作。水电开发权的出让应当遵循公开、公平、公正的原则，采取招标等竞争方式。出让金纳入同级财政预算，主要用作水电项目开发利用和规划等前期工作经费。另外，浙江省（2002 年）、贵州省（2007 年）等省份都相继出台了水能资源使用权有偿出让办法。

水能资源的开发权，大多特指的是水电开发权，由各级人民政府采取挂牌、招标、拍卖等方式将此权利出让给开发权人，政府部门是出让方，开发权人为受让方，是一种水资源开发权从政府转移到企业的行为。

事例 4－1　　江西首例河流水力资源开发权成功拍卖

江西省首例水力资源开发使用权拍卖近日在上饶市铅山县举行。经过拍卖，最终以 130 万元的成交价，将该县石塘水江东源支流 50 年的水力资源开发使用权成功拍出。

此次江东源支流水力资源拍卖活动，由铅山县政府主办，县水利局自始至终负责具体操作，委托上饶市拍卖中心主持拍卖。拍卖采用有保留价的增价拍卖方式，起拍价为 20 万元。浙江省、福建省和江西省的三家私营企业参加了竞拍。最终由江西铅山私营企业祥龙煤矿以 130 万元的价格竞拍成功。首开江西省水力资源开发使用权拍卖的先河。

据介绍，铅山县这一拍卖活动与江西省及全国正在推行的小型水利工程管理制度改革有所区别。这是在国家对水力资源所有权不变的前提下，进行的资源开发、使用权的有偿转让。据了解，铅山县中拍企业祥龙煤矿将投入 4931.4 万元，在江东源支流上进行鹅眉坂水库、外江东、陈家坂和周源等四级水电建设开发。

2002－11－22 中国水利报（记者 谢元鉴 通讯员 王振华）

资料来源：http：//zfs. mwr. gov. cn/dfsz/201401/t20140123_676242. html。

事例 4－2　　重庆市南岸区水能资源开发使用权出让审批

项目名称	水能资源开发使用权出让审批
审批主体	区农委
审批权限	初审、决定审批权
审批依据	《中华人民共和国水法》《重庆市水资源管理条例》，重庆市发改委、重庆市水利局关于《重庆市水资源管理条例》中涉及水电开发有关问题的实施意见（渝计委〔2004〕号）
申请条件	1. 在本市行政区域河流开发使用水能资源，兴建水电开发项目。 2. 该项行政许可受理机关级别： ①总装机 5 万 kW 及以上大中型水电开发项目，由市发展改革委员会受理。 ②总装机在 1 万 kW 及以上、5 万 kW 及以下的水电开发项目，由市水行政主管部门受理。 ③总装机在 1 万 kW 以下的水电开发项目由区县（自治县、市）水行政主管部门受理。

续事例

<table>
<tr><td>项目名称</td><td colspan="3">水能资源开发使用权出让审批</td></tr>
<tr><td>申报材料</td><td colspan="3">1. 水能资源开发使用权申请文件或申请表（2 份）。
2. 申请单位或个人的基本情况资料（含业绩、信誉和经济实力等）（2 份）。
3. 招标、拍卖公告要求提交的其他资料。</td></tr>
<tr><td>审批程序</td><td colspan="3">1．申请；2. 受理；3. 征求意见和实地核查；4. 专家评审和听证；5. 许可决定；6. 许可决定送达。</td></tr>
<tr><td>审批时限</td><td colspan="3">15 个工作日（不含专家评审）</td></tr>
<tr><td>承诺时限</td><td colspan="3">15 个工作日</td></tr>
<tr><td>收费依据</td><td colspan="3">不收费</td></tr>
<tr><td>收费标准</td><td colspan="3"></td></tr>
<tr><td>颁发证件名称</td><td colspan="3">水能资源开发使用权审批同意书</td></tr>
<tr><td>审批方式</td><td colspan="3">本单位单独审批</td></tr>
<tr><td>审批类别</td><td colspan="3">行政许可类（√）非行政许可类（ ）</td></tr>
<tr><td>是否已进入行政审批大厅</td><td>是</td><td>是否已纳入电子监察系统</td><td>是</td></tr>
<tr><td>备　注</td><td colspan="3">授权</td></tr>
</table>

资料来源：http：//www. cqna. gov. cn/html/wsfw/bszn/16/01/30921. html。

2. 开发收益

不管农村集体经济组织或成员还是企业对水资源进行开发，通常以“谁开发，谁管理，谁收益”为开发收益的分配规则。《水法》第二十五条规定：农村集体经济组织或者其成员依法在本集体经济组织所有的集体土地或者承包土地上投资兴建水工程设施的，按照谁投资建设谁管理和谁受益的原则，对水工程设施及其蓄水进行管理和合理使用。农村集体经济组织修建水库应当经县级以上地方人民政府水行政主管部门批准。《国务院办公厅关于创新农村基础设施投融资体制机制的指导意见》（2017 年 2 月 17 日）中规定，加快农村供水设施产权制度改革。以政府投入为主兴建、规模较大的农村集中供水基础设施，由县级人民政府或其授权部门根据国家有关规定确定产权归属；以政府投入为主兴建、规模较小的农村供水基础设施，资产交由农村集体经济组织或农民用水合作组织所有；单户或联户农村供水基础设施，国家补助资金所形成的资产归受益农民所有；社会资本投资兴建的农村供水基础设施，所形成的资产归投资者所有，或依据投资者意愿确定产权归属。由产权所有者建立管护制度，落实管护责任。鼓励开展农村供水设施产权交易，通过拍卖、租赁、承包、股份合作、委托经营等方式将一定期限内的管护权、收益权划归社会投资者。推进国有供水企业股份制改造，引入第三方（水利部、住房城乡建设部、国家发展改革委、财政部等负责）参与运行管理。

各个地方出台的《水能资源使用权有偿出让办法》中规定了出让金的分配，一般按照比例上缴或并入同级财政，主要用做水电项目开发利用和规划等前期工作经费。《贵州省水能资源使用权有偿出让办法》第十五条详细规定了出让金的分配方式：水能资源使用权出让金，由县级以上人民政府水行政主管部门收取，并按照下列比例分别缴交各级国库：一是省人民政府水行政主管部门收取的，按照省40%、市（州、地）30%、县（市、区）30%的比例缴交；二是市（州、地）人民政府（行署）水行政主管部门收取的，按照省30%、市（州、地）40%、县（市、区）30%的比例缴交；三是县（市、区）人民政府水行政主管部门收取的，按照省30%、市（州、地）30%、县（市、区）40%的比例缴交。

根据“谁开发，谁管理，谁受益”以及水资源出让金归入财政的规定，水资源开发的收益权掌握在开发权人和政府手中，在水资源开发过程中可能会受到影响的第三方似乎没有能够参与到分配收益的过程之中。

3. 开发带来的外部性效应

《水法》第二十八条规定：任何单位和个人引水、截（蓄）水、排水，不得损害公共利益和他人的合法权益。第二十九条规定：国家对水工程建设移民实行开发性移民的方针，按照前期补偿、补助与后期扶持相结合的原则，妥善安排移民的生产和生活，保护移民的合法权益。第七十六条规定：引水、截（蓄）水、排水，损害公共利益或者他人合法权益的，依法承担民事责任。《取水许可和水资源费征收管理条例》第二十条规定：可能对第三者或者社会公共利益产生重大损害的，审批机关不予批准，并在做出不批准的决定时，书面告知申请人不批准的理由和依据。

任何水资源的开发，都必须以不危害公共利益和第三方利益为前提，如果有损害他人利益的事件发生，有三种后果：一是不予批准获取取水许可；二是实行异地移民政策；三是承担民事责任。虽然法律明文规定要保护公共利益和第三方利益，但在水资源开发过程中，仍然很容易出现第三方利益受损，特别是自我产权保护能力较弱农民利益受损的情况。

二、水能资源开发区的特点

西部地区是中国主要的水能资源蕴藏区和开发区，并且水能资源蕴藏和开发区大都与西部贫困地区形成叠加，形成西部地区“富饶的贫困”现象。

（一）我国水资源开发地区分布现状

西部地区水系发达，江河众多，水资源十分丰富，是水能资源重点开发地区，大部分西部省级行政区都是水电资源福利地区，是我国水力发电的主要供应区域。2015 年，西部 12 省区市水资源总量为 14552.9 亿立方米，占全国总量的 52.04%；水力发电量为 7748.26 亿千瓦小时，占全国总量的 77.79%，其中，四川省和云南省的水电供应量最大，分别占全国总量的 26.78% 和 21.86%，其次是贵州省和广西壮族自治区，分别占全国总量的 7.92% 和 7.52%，具体数据见表 4－2。

表 4－2　　2015 年我国西部地区水能资源分布情况

省（区）	水资源		水力发电	
	水资源总量（亿立方米）	占比（%）	水力发电量（亿千瓦小时）	占比（%）
全国	27962.6	100.00	9959.9	100.00
内蒙古自治区	537	1.92	36.42	0.37
广西壮族自治区	2433.6	8.70	749.31	7.52
重庆市	456.2	1.63	229.44	2.30
四川省	2220.5	7.94	2667.64	26.78
贵州省	1153.7	4.13	789.22	7.92
云南省	1871.9	6.69	2177.57	21.86
西藏自治区	3853	13.78	39.51	0.40
陕西省	333.4	1.19	134.26	1.35
甘肃省	164.8	0.59	335.98	3.37
青海省	589.3	2.11	364.33	3.66
宁夏回族自治区	9.2	0.03	15.53	0.16
新疆维吾尔自治区	930.3	3.33	209.05	2.10

数据来源：1. 国家统计局；

2. 2015 年全国水力发电量：http：//www.chyxx.com/data/201604/402337.html。

（二）水资源开发的巨大收益

水资源开发，主要指水电资源开发过程中涉及的利益主体较为复杂，包括企业利益（包括国家电力公司利益、外资入股利益、电力职工股份利益）、行业利益、地方政府利益①，虽然利益主体复杂，但是电力资源开发的高效益为他们带来了可观的利益。

对于政府部门来说，其获取的收益主要体现为水资源开发权出让金。

对于企业和行业来说，其收益主要体现为经营绩效，具有以下特点。

1. 投资回报率高

20 世纪 80 年代前建成的大中型水电站，平均单位千瓦投资为 855 元，发电设备平均利用小时数为 4000 小时，每千瓦每年利税 160 元，则投资回报率为 18.7%，5.35 年可收回投资本金，相比其他行业 8% ~10% 的平均投资回报率，水电项目的投资回报率非常高。表 4 –3 显示了西部地区 6 个大型水电站的投资回报率。

表 4 –3　　水电站投资回报率统计表

地区	水电站	年均投资回报率（%）	收回投资期（年）
甘肃	刘家峡水电站	33	建设期内
	盐锅峡水电站		
陕西	石泉水电站		
广西	岩滩水电站	25	4
	大化水电站	30	3.3
贵州	乌江渡水电站	23	4.34

数据来源：根据胡晓登（2007）数据整理、计算。

2. 资金利润率高

贵州、云南、广西三个省（区）6 座水电站的平均资金利润率为 10.3%，其中，广西合面狮发电厂的资金利润率高达 30%，是同期广西独立核算国有重工业企业资金利润率（1.23%）的 24 倍；云南以礼河发电厂的利润率在六大水电站中相对最小，为 7.32%，也是同期云南独立核算国有重工业企业资金利润率（2.53%）的 3 倍，具体数据见表 4 –4。

① 胡晓登．利益．和谐．稳定．经济日报出版社，2007：12 –31.

表 4-4　贵州、云南、广西三省区六座大中型水电站经济效益情况

地区	水电站	资金合计（亿元）	利润总额（亿元）	资金利润率（%）	淹没耕地（万亩）
云南	以礼河发电厂	3.55	0.26	7.32	—
贵州	乌江渡发电厂	8.02	0.88	10.97	2.09
广西	西津发电厂	1.27	0.3	23.62	11.28
	恶滩发电产	0.48	0.05	10.42	0.01
	合面狮发电厂	0.5	0.15	30	0.43
	大化发电厂	11.32	0.95	8.39	1.78
小　计		25.14	2.59	10.3	15.09

数据来源：根据胡晓登（2007）年数据整理，水电站经济效应情况为 2000 年数据。

3. 经济效益期长

水能资源开发权出让期限一般为 50 年，由此，水电站根据这个期限设计运行期，只要水电站大坝不出现重大问题，其经济效益期最少为 50 年，如果能够顺利延续其开发权利，效益期甚至可能达到 70 年～80 年，甚至更长。而水电站的初始投入比较高，一旦建成，固定成本和可变成本都不会有太大的变动，几乎不存在原材料价格上涨等问题，后续运行成本较低，运行时期越长，获取效益越高。

（三）水资源开发区的农民贫困

根据对水资源法律法规以及水能资源开发过程中的利润分配情况进行梳理，发现水能资源开发虽然具有巨大的收益，但是相关地区的农民并没有在直接的收益分配过程中占有一席之地。水资源开发具有一定公共性质，开发过程中可能会出现淹没农民土地、污染水资源、造成失地农民移民的情况，涉及土地征用补偿、移民农民安置等问题。根据表 4-4，贵州和广西的五座大中型水电站开发，淹没耕地共计 15.09 万亩，如果按照 2006 年年底西部地区农村居民家庭经营耕地人均 2.64 亩的数据进行计算，会产生失地农民 5.72 万人，失地农民的生活该何去何从？会不会造成难以为继的情况？由此，针对西部地区水资源开发区农民的宏观情况进行分析。

1. 众多的贫困人口与富饶的水资源相叠加

我们的分析已经说明，我国西部地区贫困县占全国贫困县的 63.3%，是农村贫困高发地区，聚集了大量的农村贫困人口。一般来说，丰富的资

源能够作为生产资料为人们带来财富，但具有丰富水资源的西部地区恰恰与此相悖，从图4-10中可以看到，西部地区水资源分布与贫困的发生具有较高的一致性，是一种典型的水资源富饶型贫困。

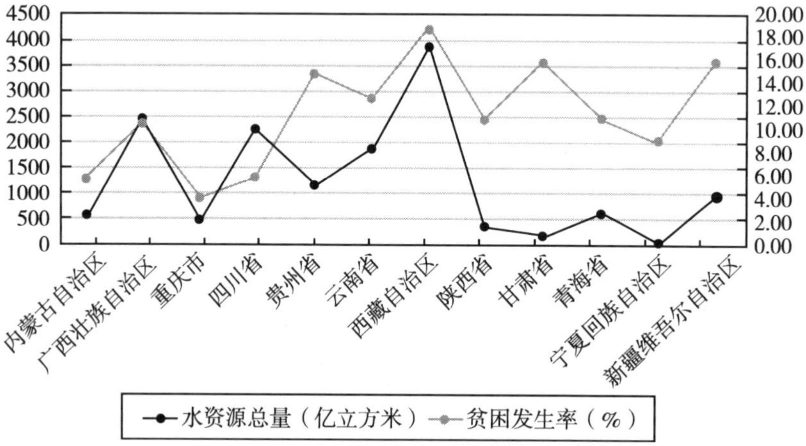

图4-10　2015年西部地区各省水资源总量与贫困发生率的关系

2. 中西部地区农村人口收入差异巨大

西部地区真正落后和贫困的人口是农村人口，特别是农民。由图4-11可以看出，2015年，我国东部地区农村居民的人均可支配收入明显高于其他两个地区，有五个省（区）优势明显，西部地区农村居民人均可支配收入最低，均低于全国平均水平，其中，贵州省最低，为7386.87万元，仅占全国农村居民人均可支配收入最高的上海市（23205.2万元）的

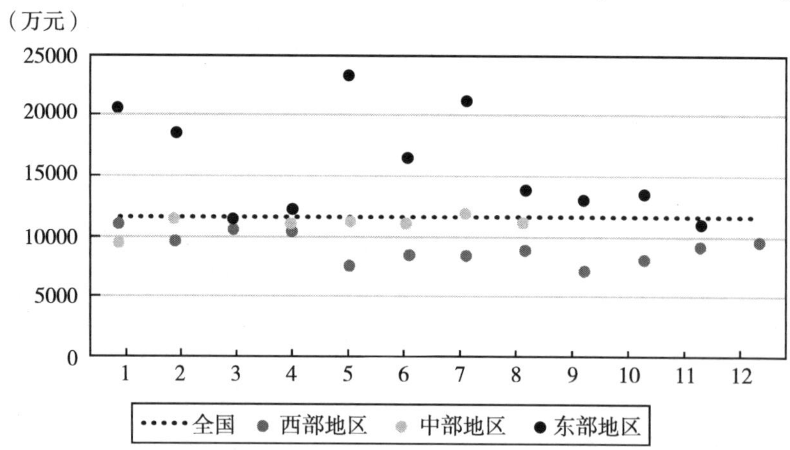

图4-11　2015年西部地区农村人均可支配收入

31.83%，两者相差 15818.33 万元，占全国平均水平的 64.67%，两者相差 4035.84 万元。

3. 失地人口多

在西部地区水资源丰富，农村人口贫困的条件下，大规模水电资源开发过程中，淹没农田，征用土地，毁坏房屋、林木、农村基础设施等生产生活资料，产生了大量失去生活、生产资料的农民，特别是失地农民，阻断了他们生活收入的主要来源。相比矿产、油气开发、修建道路等经济活动，水能开发过程中对当地农村人口的影响较大。如表 4－5 所示，水电站工程占用耕地的数量是公路修建的 150 倍，是铁路修建的 64 倍。

表 4－5　　工程项目占地统计表

项目	单位	占用耕地
公路修建	亩/公里	15
铁路修建	亩/公里	35
水电站	亩/万千瓦	2262

数据来源：根据胡晓登（2007）数据整理。

从 2000 年西部大开发实施“西电东送”以来，西部地区水电开发淹没土地、形成搬迁人口很多。根据不完全统计（具体见表 4－6），贵州省“西电东送”重点工程范围内的六座水电站共计淹没土地 12.63 万亩（不包

表 4－6　　水电站修建对农村人口影响统计表

地区	水电站名称	淹没土地（亩）	搬迁人口（人）
贵州	洪家渡水电站	62943	46025
	引子渡水电站	8589	4993
	索风营水电站	893	799
	构皮滩水电站	34368	18026
	思林水电站	19462	15123
	三板溪水电站		45242
	小计	126255	130208
广西	龙滩水电一期工程水库	565300	80500
四川	向家坝水电站		90000
甘肃	大侠水电站	4766	0
合计		696321	300708

数据来源：根据胡晓登（2010 年）数据整理。

括三板溪水电站），涉及移民搬迁人口13.02万人，其中，洪家渡水电站、引子渡水电站、思林水电站、三板溪水电站所在的织金县、思南县、锦屏县都属于国家扶贫开发工作重点县。再加上龙滩水电一期工程水库（广西）、向家坝水电站（四川）和大侠水电站（甘肃）的数据，9座水电站供给淹没土地69.63万亩（不包括三板溪水电站和向家坝水电站），涉及移民搬迁人口30.07万人，其中，大侠水电站无直接淹没人口。这虽然只是少数水电站的统计数据，但也可以看出水电开发对当地农村人口，特别是贫困人口的影响之大。

三、水资源开发对农民贫困的影响路径

拥有水资源使用权的主体，都能够在规定范围内对水资源进行开发和利用，包括居民、农民灌溉作物、生活用水、小型水电站等日常开发利用，以及修建大型水电站等水能资源的开发利用。根据水资源开发的性质不同，我们将水资源开发权影响农民收入的路径分为直接影响路径和间接影响路径。

（一）直接影响路径——农民的水资源开发能力

国家赋予了用户“免费”使用本集体经济组织的水塘、水库中的水的权利。农民的水资源开发可以通过以下几种方式实现：第一，人工取水，灌溉农田。这种方式是小农耕种中水资源的主要开发方式，通过人工取水，灌溉农田，获取种植作物，以保障生活和获取收入。第二，兴建小型水工程设施。除了零星的生活用水外，农村集体经济组织及成员经过县级以上地方人民政府水行政主管部门批准后，可以依法在本集体经济组织所有的集体土地或者承包土地上投资兴建水工程设施的，按照谁投资建设，谁管理和谁受益的原则，对水工程设施及其蓄水进行管理和合理使用；以政府投入为主兴建、规模较小的农村供水基础设施，资产交由农村集体经济组织或农民用水合作组织所有；单户或联户农村供水基础设施，国家补助资金所形成的资产归受益农民所有。小型水工程设施包括农村供水施舍、灌溉设施等，是人工取水的一种现代化替代方式，不仅可以节约农民的取水成本，方便生产生活，还能够通过适当的管理运营，获取收益。在我国西部贫困山区，很多地方刚刚实现户户通水，甚至有很多地方还保持着人工取水用水的原始状态，由于开发能力、资金投入等限制，农民对于水资源的开发仅仅停留在日常生活和零星生产的层面，无法通过合理运营

小型水利工程设施以充分利用水资源提高开发收益，实现增收。第三，获取水权转让收益。在经济效益的驱动下，部分农民将节约出的水资源产权转让给工厂企业或城镇生活用水，这一方面增加了他们的收入，然而在另一方面，也是农村农民面临权益被吞噬的问题所在。在水资源产权从收益较低的经济活动向收益相对高的经济活动转移的过程中，工业或城镇为获取水权提出的价格往往很“慷慨”，这是让农民无法抗拒的原因，他们甚至可能将用于灌溉的农业用水转而交易给工业企业或城镇，农村的耕地因无水灌溉而荒废，强占、挤占农用水的水事屡见不鲜。此外，市政部门在水权的“农转非”问题中处于强势地位，他们获得的信息更全面，代表的利益群体更为庞大，由此形成了“城市扩张——水权交易——土地抛荒——城市扩张”的恶性循环。在这个恶性循环圈里，水资源产权交易的客体被过度地、错误地配置给付得起费用的那部分主体，而缺乏交换能力的贫困农民依旧是权益受损的那一部分人群。

总的来说，源于农民自身对水资源开发能力的限制，农民虽然拥有开发利用水资源的权利，但缺乏开发能力，开发出来的农产品价格低廉，数量较少，无法通过交换获取更多的收入。根据前面产权对农民行为影响的解释模型，从产权的角度对农民在开发水资源过程中能力低下原因进行解释。在村集体内部，农民的水资源使用权具有“俱乐部”性质，对外具有排他性，对内却产权模糊，是不可分割的“共有产权”，虽然“习俗元制度”对农村人口有着较强的约束，农民的水资源产权权益也依然存在被内部其他人员侵害的可能性。例如，农民A自己投资修建了水渠，他在法律上对水渠的使用有着排他性，但在社会关系中，对于同村的亲戚朋友，却不具备排他性，修建的水渠虽然有益于自己，也产生了“免费乘车者”，是对农民A权益侵害的一种表现，根据上面的理论模型，农民A将倾向于减少对水资源开发的投入。这种投入包括劳动力、资金、技能学习等，低投入是导致农民水资源开发能力低下的原因之一，使水资源使用权转化为收益权的路径受阻，导致水资源开发、生产能力较弱，低产出导致能够通过交换获取收入的路径减少，是一种交换权利失效的贫困，贫困路径为：低投入—低产出—低收入—低投入。

（二）间接影响路径——企业的水能资源开发对农民的影响

水能资源开发，主要是指水电资源的开发，能够产生巨大的收益，政府和开发企业是水资源开发直接受益的两大主体，对于政府来说，巨额开发权出让金归入财政，对于企业来说，投资效益期长，运行成本较低，投资回报率和资金利润率双高。由于农民并没有参与水能资源的投资与开发，虽然农民也受到开发带来的影响，但水资源开发所带来的收益分配主体中，并不包括当地的农民。水资源是一个公共资源，是农民在生活、生产过程中不可或缺的生活资料之一，农民拥有非排他的使用权，水资源开发一般伴随着大量淹没和征用农民土地、房屋、林木、基础设施等生产生活资源的情况，农民本身存在双重脆弱性，赔偿标准过低，生活资源被占，导致生产、生活更加困难。四川省地质勘查开发局总工程师范晓说过①："大型水电工程创造了巨额财富，但库区移民生活依旧贫困。这不是个别现象，而是很多地方，特别是西南水电大开发中的普遍现象。"云南社科院专家于晓刚在评论云南漫湾电站建设时这样说："云南漫湾电站建设前，是当地政府'替'农民跟水电公司签订的协议，很好的生存条件就这样低价卖掉了……库区移民日益贫困、生计无着、就业无门，很多人靠捡垃圾维持生活……这是最不公平的事。"水能资源在开发过程中，剥夺了农民土地、林木等生产性资产的使用权，还可能侵占农民房屋等非生产性资产的使用权，农民直接失去原有的资产产权，由此导致的贫困是直接权利失效致贫。《水法》规定，在水资源开发过程中导致第三方受损，开发方应给予补偿，失去资产的农民也不例外，这样的补偿通过征地赔款和失地移民的方式实现，但对补偿的标准却没有进行规定。胡晓登（2007）提出，水电开发征地制度有"五大少补""八大不补"的特点，对农民利益造成侵害。五大少补是指土地价值少补、土地面积少补、房屋少补、林木少补以及迁坟和物价上涨少补；八大不补是指发展损失不补、淹没线以上不补、荒山荒坡不补、隐性损失不补、垄断地租不补、功能性损失不补、后期损失不补以及人口正常移动不补。这些少补和不补是在农民"被动"交易过程中对农民现有资产产权的侵害，造成他们直接权利失效，以至于后期陷入贫困。

四、洪家渡水电站库区农民贫困案例分析

洪家渡水电站属于贵州省毕节地区，位于贵州省黔西南布依族苗族自治州黔西县与毕节地区织金县交界处的乌江的干流上，是"乌江水电基地

① 张可佳．我国大型水电工程1600万移民中1千万人身陷贫困．中国青年报，2004年7月29日．

11 个梯级电站中唯一对水量具有多年调节能力的‘龙头’电站”①。按照每人每年 3146 元（2013 年不变价）的农村贫困标准计算，毕节市 2015 年有农村贫困人口 115.05 万人②，占贵州省贫困人口总数的 22.77%。洪家渡水电站涉及大方、黔西、织金和纳雍四个县，其中，大方、织金、纳雍三个县是国家级贫困县，2015 年农村常住居民人均可支配收入分别为 6924 元、6583 元、6566 元，均低于贵州省农村常住居民人均可支配收入（7386.87 元），洪家渡水电站涉及三个贫困县中的农民属于贵州省较为贫困的人群。

（一）洪家渡水电站库区移民特征

根据胡晓登 2001 年《入户调查问卷》针对洪家渡水电站移民以及课题组 2015 年针对库区农民的调研资料，对移民迁移前的生产生活情况进行统计分析，洪家渡水电站库区移民拥有人均耕地 2.3 亩，其中水田 0.5 亩，旱地 1.8 亩，耕地 80% 为中低产的坡土，农民人文素质差，产业结构单一，对土地的依赖性大。水能资源的开发以淹没农民土地、房屋等为代价，与农民的生存发展形成尖锐的矛盾。

1. 粮食种植为收入主要来源

2001 年，洪家渡水电站移民人均收入中，第一产业收入占总收入的 93.34%，2015 年对库区 297 位农民的调查中，依靠种植业或者农产品初加工获得收入的农民有 187 位，占比 62.96%。

2. 人均主要农产品产量和收入都比较少

2001 年，库区移民人均经营性主要农产品产量较少，分别为粮食 251.08 公斤，烤烟 115.09 公斤，油菜籽和肉类分别为 18.99 公斤和 18.95 公斤，人均经济收入仅为 711.98 元。2015 年调研农民中，人均收入在 1000 元以下的占 34.01%。

3. 生活条件差

移民人均耕地 0.86 亩，人均住房面积 18.21 平方米，人均纯收入在 625 元以下的人数为 278 人，在 625 元～865 元之间的人数为 649 人，危房面积 758.3 平方米，不通机耕道村民组 11 个 965 人，不通电村民组 2 个 83

① 水利部建设与管理司，水利部大坝安全管理中心编．中国高坝大库 TOP100. 北京：中国水利水电出版社，2012（5）：46.

② 根据毕节市 2015 年国民经济和社会发展统计公报 http：//www.bijie.gov.cn//doc/2017/05/02/67213.shtml.

人，饮水困难的村民组2个122人呢，没有卫生所的行政村5个[①]。

（二）洪家渡区建设移民的贫困诱因

洪家渡水电站建设淹没耕地62943万亩，其中，征用正常水位线以下淹没水田合计18118.02亩，淹没旱地44406.46亩[②]，淹没房屋97.85平方米，淹没公路95.44千米[③]。2000年，造成搬迁移民46496人，搬迁前，农民在库区合河谷地带人均耕地面积不低于1.5亩，地质肥沃，搬迁后，每人分到不足1亩的贫瘠土地。

1. 土地使用权、自由交易权失效

洪家渡水电资源开发过程中淹没农民土地等资产，再以征收的形式对农民进行补偿，或者迁出库区移民，安排新的住址与新的土地。库区移民处于土地产权“被交易”的状态，如果不是土地被淹没，他们不会拿土地去交换征用金或者其他土地，他们在失去库区土地使用权的同时，在不能自由选择交易对象、公平洽谈交易价格的情况下，农民资产被侵占概率显然为100%，但只能选择被强制接受出让土地的交易（直接权利失效）以及交易对象和价格（交换权利失效），是土地产权直接权利和交换权利的失效，由此而陷入贫困是权利的贫困。同样的逻辑适用于农民被淹没的房屋、山林等。

2. 淹没土地价值少补

洪家渡水电站关于《征用安置土地及支付土地补偿费标准》规定，洪家渡库区4县征用正常水位线以下淹没水田补偿费为7798.4元/亩，旱地为6387.7元/亩，征用土地总投资4.25亿元，是电站总投资的7.2%。根据国土资源部下发的（［2001］355号）文件，水电站于2003年对补偿补助进行调整，水田补助为每亩年产值的12倍，即10398元/亩，旱地补偿取每亩年产值的10倍，即7097元/亩[④]。水库涉及的4个县，人均被淹没土地为1.314亩，移民人均土地补偿费和安置补助费共计10498.8元/亩，仅为2003年贵州省在岗职工年平均工资11037元的95%，另外，农民还需要缴纳20%的宏观调控费，相当于库区移民的土地使用权以几千元钱的

---

① 贵州省毕节地区水库移民局．大中型水电工程征地补偿问题研究——以乌江洪家渡水电站征地补偿为例，2005（11）．

② 胡晓登．利益．和谐．稳定．经济日报出版社，2007：12－83．

③ 彭程．21世纪中国水电工程．中国水利水电出版社，2006：313．

④ 贵州省乌江洪家渡水电站水库移民工作宣传提纲及相关移民政策规定答疑，2000．

价格被“贱卖”给了水电厂。根据国家法定征地补偿费标准，是按照耕地被征用前三年平均年产量倍数的方法测算，最高不能超过30倍。根据测算，农民的土地补偿费用最多能够维持他们20～30年的生活，但土地不被淹没征收的话，却能够长期维持他们的生计，这样看来，洪家渡水电站的补偿标准不仅低于国家标准，还远远低于土地本身的价值。

3. 淹没土地面积少算

在测量淹没土地面积的时候，洪家渡水电站按照投影测面积得出的应补助土地面积与农民实际被征用的土地面积存在差异。库区黔西、织金、大方、纳雍四个县的人均土地补偿面积分别为1.316亩，1.246亩，1.454亩，总计平均1.314亩，但胡晓登2001年的抽样调查显示，淹没前的人均土地面积为2.26亩，与库区测算的面积人均少了0.946亩，按照搬迁人口为46496人测算，少补土地面积为43985.22亩，“节约”土地补偿费用约为4.6亿元。

4. 淹没线以上土地不补

洪家渡水电站的补偿原则是“淹什么补什么”，淹没线以上的部分不予补偿。水电站建于深山峡谷之中，周围坡耕地占比很大。在库区移民搬迁后，即使未被淹没的土地还能够耕种，农民也会由于路途遥远或政策原因不能够进行耕种，由此，农民不仅是被淹没部分的土地被低价卖出，未被淹没的土地的使用权也在无形之中失效了。

5. 宏观调控费的收取

水电站库区淹没农民房屋和土地，被淹土地按照人口计算，人均1.454亩，补偿11126元，政府居然还要从中收取两个20%的宏观调控费。第一个20%是补偿总额的20%，即11126×20%＝2225.2元，第二个20%按照（11126－2225.2）×20%进行计算，为1780.16元，如此一来，实际农民得到的补偿费用只有7120.64元，政府收取的调控费用占农民总补偿的36%之多！不合理的宏观调控费用引起了库区移民大规模群体性事件的爆发，迫于压力，事件过后，贵州省政府发文，将宏观调控费调整为一个10%。农民的土地赔偿金本来就低于价值，政府还要在其中分一杯羹，是对农民本来就遭受侵害的土地收益权上的再次剥夺，大大增加农民的产权被侵占概率，以至于农民不得不采取高成本的暴力手段来维护自己的产权利益。

（三）洪家渡区建设移民贫困的产权解释

洪家渡水电站库区大方县的搬迁移民中，已经落实了耕地的农民有885户4146人，人均耕地只有1.3亩，并且大多为瘦、薄、偏远的中、下等旱地。有1299户5640人建、购了住房，户均面积88.7平方米。大方县鸡场乡北街组移民集中安置点移民183人，人均耕地为搬迁前的70%，人均粮食为搬迁前的78.54%，人均纯收入为搬迁前的90.73%（主要为打工收入）。由于缺乏放牛坡，安置点48户农民只有3~4头牛，由于缺乏地基，农民无法修建猪圈也无法养猪，由于没有种菜园地，农民只能租借当地居民的土地种菜，几乎家家都有负债。库区农民移民后，人均土地面积、土地质量、生产产出、住房面积、林地荒山面积、经济收入、生活水平等都大大低于从前，生活成本却是节节攀升，大部分移民在搬迁2~3年后生活仍然十分困苦。

洪家渡水电厂在水能开发的过程中，淹没农地农田，农民房屋，导致农民失去生产生活必须依赖的土地和房屋，对于以种植业为主要收入来源的农民来说，其生产资料使用权直接权利的永久性失效加大了陷入贫困的风险。水能资源开发过程中产生的土地征收行为实际上是“农民—政府—企业”之间的土地使用权转让行为，但这样的转让并不是公平自由的交易，其一，农民对于是否交易没有选择权；其二，农民对于交易对象没有选择权；其三，农民对于交易价格没有选择权；其四，农民的交易收益没有保障，被政府通过宏观调控管理费强制瓜分一部分。如此的交易是对农民产权交换权利的侵害，交易对象和政府对交易权和交易收益的强侵占与农民本身对相关产权的弱保护，将农民产权被侵占概率无限扩大，永久失去土地使用权只能换取的几千元远远低于土地价值的补偿费用，收入来源被阻断，生活难以为继。洪家渡水电站移民是在水能开发过程中，土地及其他资产产权直接权利和间接权利失效致贫的典型案例。

第四节　矿产产权与农民贫困

一、矿产资源产权、矿产资源开发

矿产资源是一种消耗性的自然资源，也是经济社会发展的物质基础，资源的有限性供给和经济发展的无限性需求决定了资源的稀缺性，一般来说，产权制度可以通过资源配置来影响社会净财富量的积累[①]，进而影响人们的生活水平。

学者对于矿产资源产权的界定问题进行了广泛而深入的研究，比较受到认可的一种定义为：矿产资源的产权是一组权利束，包括所有权和矿业权，其中，矿业权是矿产资源所有权的派生权利，是对矿产资源进行勘探和开发的权利组合[②③④]，再进一步细分，还包括转让权、收益权等[⑤⑥]。

（一）矿产资源的所有权

《中华人民共和国宪法》（2004 年修正）第九条规定：矿藏、水流、森林、山岭、草原、荒地、滩涂等自然资源，都属于国家所有，即全民所有；由法律规定属于集体所有的森林和山岭、草原、荒地、滩涂除外。《中华人民共和国矿产资源法》（1996 年修订）第三条规定：矿产资源属于国家所有，由国务院行使国家对矿产资源的所有权。地表或者地下的矿产资源的国家所有权，不因其所依附的土地的所有权或者使用权的不同而改变。第十一条规定：国务院地质矿产主管部门主管全国矿产资源勘查、开采的监督管理工作。国务院有关主管部门协助国务院地质矿产主管部门进行矿产资源勘查、开采的监督管理工作。省、自治区、直辖市人民政府地质矿产主管部门主管本行政区域内矿产资源勘查、开采的监督管理工作。省、自治区、直辖市人民政府有关主管部门协助同级地质矿产主管部门进行矿产资源勘查、开采的监督管理工作。《中华人民共和国矿产资源法实施细则》（1994 年 3 月 26 日国务院令第 152 号发布）第三条规定：矿产资源属于国家所有，地表或者地下的矿产资源的国家所有权，不因其所依附的土地的所有权或者使用权的不同而改变。国务院代表国家行使矿产资源的所有权。国务院授权国务院地质矿产主管部门对全国矿产资源分配实施统一管理。第八条规定：国务院地质矿产主管部门主管全国矿产资源勘查、开采的监督管理工作。国务院有关主管部门按照国务院规定的职责

---

① 思拉恩·艾格特森．经济行为与制度．商务印书馆，2004：217．

② 吴垠．矿产资源产权制度的性质、结构与改革取向．中国发展观察，2009（5）．

③ 汪小英，成金华．基于产权约束的中国矿产资源管理体制分析．中国人口．资源与环境，2011（2）．

④ 李裕伟．关于矿产资源资产和产权问题的若干思考．中国国土资源经济，2004（6）．

⑤ 张复明，曹海霞．我国矿产资源产权残缺与租值耗散问题研究．经济学动态，2013（6）．

⑥ 刘尚希，樊轶侠．公共资源产权收益形成与分配机制研究．中央财经大学学报，2015（3）．

分工，协助国务院地质矿产主管部门进行矿产资源勘查、开采的监督管理工作。省、自治区、直辖市人民政府地质矿产主管部门主管本行政区域内矿产资源勘查、开采的监督管理工作。省、自治区、直辖市人民政府有关主管部门，协助同级地质矿产主管部门进行矿产资源勘查、开采的监督管理工作。市人民政府、自治州人民政府和县级人民政府及其负责管理矿产资源的部门，依法对本级人民政府批准开办的国有矿山企业和本行政区域内的集体所有制矿山企业、私营矿山企业、个体采矿者以及在本行政区域内从事勘查施工的单位和个人进行监督管理，依法保护探矿权人、采矿权人的合法权益。上级地质矿产主管部门有权对下级地质矿产主管部门违法的或者不适当的矿产资源勘查、开采管理行政行为予以改变或者撤销。《中华人民共和国物权法》（2007 年修订）第四十六条规定：矿藏、水流、海域属于国家所有。

我国法律从根本上奠定了我国矿产资源的所有权属于国家所有，是全民的公共财产。国务院作为矿产资源的所有者和管理者，独立全面进行直接管理的成本过高，将矿产资源勘查、开采的监督管理工作进行下放，是一种公有制基础上的委托—代理关系，产生矿产资源所有权“中央与地方分权”的问题（吴垠，2009）。

（二）矿产资源的矿业权

矿业权包括探矿权和开采权，需向相关政府机构申请以获得，法律法规对矿业权的取得、使用、转让进行了详细的规定。

1. 矿业权的行使主体

《中华人民共和国矿产资源法》（以下简称《矿产资源法》）（1996 年修订）第四条规定：国家保障依法设立的矿山企业开采矿产资源的合法权益。国有矿山企业是开采矿产资源的主体。国家保障国有矿业经济的巩固和发展。第十五条规定：设立矿山企业，必须符合国家规定的资质条件，并依照法律和国家有关规定，由审批机关对其矿区范围、矿山设计或者开采方案、生产技术条件、安全措施和环境保护措施等进行审查；审查合格的，方予批准。第三十五条规定：国家对集体矿山企业和个体采矿实行积极扶持、合理规划、正确引导、加强管理的方针，鼓励集体矿山企业开采国家指定范围内的矿产资源，允许个人采挖零星分散资源和只能用作普通建筑材料的砂、石、黏土以及为生活自用采挖少量矿产。矿产储量规模适宜由矿山企业开采的矿产资源、国家规定实行保护性开采的特定矿种和国家规定禁止个人开采的其他矿产资源，个人不得开采。《中华人民共和国矿产资源法实施细则》（以下简称《实施细则》）（1994 年 3 月 26 日国务院令第 152 号发布）第七条规定：国家允许外国的公司、企业和其他经济组织以及个人依照中华人民共和国有关法律、行政法规的规定，在中华人民共和国领域及管辖的其他海域投资勘查、开采矿产资源。第三十八条规定：集体所有制矿山企业可以开采下列矿产资源：一是不适于国家建设大、中型矿山的矿床及矿点；二是经国有矿山企业同意，并经其上级主管部门批准，在其矿区范围内划出的边缘零星矿产；三是矿山闭坑后，经原矿山企业主管部门确认可以安全开采并不会引起严重环境后果的残留矿体；四是国家规划可以由集体所有制矿山企业开采的其他矿产资源。第三十九条规定：私营矿山企业开采矿产资源的范围参照本细则第三十八条的规定执行。第四十条规定：个体采矿者可以采挖下列矿产资源：一是零星分散的小矿体或者矿点；二是只能用作普通建筑材料的砂、石、黏土。

矿业权的主体可以是国有矿山企业、集体矿山企业和个体，也可以是外国的公司、企业、其他经济组织以及个人，法律对各种主体对应的矿产种类和规模进行了严格的限制，总体来说，国有矿山企业是探测和开采国家建设的大、中型矿床和矿点，其他集体、私营矿山企业和个人只能够在法律规定范围内，从事边缘零星的小矿体或矿点的开采。

2. 矿业权的取得

《矿产资源法》（1996 年修订）第三条规定：勘查、开采矿产资源，必须依法分别申请、经批准取得探矿权、采矿权，并办理登记；但是，已经依法申请取得采矿权的矿山企业在划定的矿区范围内为本企业的生产而进行的勘查除外。国家保护探矿权和采矿权不受侵犯，保障矿区和勘查作业区的生产秩序、工作秩序不受影响和破坏。从事矿产资源勘查和开采的，必须符合规定的资质条件。第五条规定：国家实行探矿权、采矿权有偿取得的制度；但是，国家对探矿权、采矿权有偿取得的费用，可以根据不同情况规定予以减缴、免缴。具体办法和实施步骤由国务院规定。第四条规定：开采矿产资源，必须按照国家有关规定缴纳资源税和资源补偿费。第十六条规定：开采下列矿产资源的，由国务院地质矿产主管部门审批，并颁发采矿许可证：一是国家规划矿区和对国民经济具有重要价值的矿区内的矿产资源；二是前项规定区域以外可供开采的矿产储量规模在大型以上的矿产资源；三是国家规定实行保护性开采的特定矿种；四是领海及中国管辖的其他海域的矿产资源；五是国务院规定的其他矿产资源。开采石油、天然气、放射性矿产等特定矿种的，可以由国务院授权的有关主管部门审批，并颁发采矿许可证。第十九条规定：地方各级人民政府应当采取措施，维护本行政区域内的国有矿山企业和其他矿山企业矿区范围内的正常秩序。禁止任何单位和个人进入他人依法设立的国有矿山企业和其他矿山企业矿区范围内采矿。《实施细则》第五条规定：国家对矿产资源的勘查、开采实行许可证制度。勘查矿产资源，必须依法申请登记，领取勘查许可证，取得探矿权；开采矿产资源，必须依法申请登记，领取采矿许可证，取得采矿权。矿产资源勘查工作区范围和开采矿区范围，以经纬度划分的区块为基本单位。具体办法由国务院地质矿产主管部门制定。第六条规定：探矿权，是指在依法取得的勘查许可证规定的范围内，勘查矿产资源的权利。取得勘查许可证的单位或者个人称为探矿权人。采矿权，是指在依法取得的采矿许可证规定的范围内，开采矿产资源和获得所开采的矿产品的权利。取得采矿许可证的单位或者个人称为采矿权人。

我国探矿权、采矿权有偿取得，并实行勘察、开采许可证制度，矿山企业必须按照国家规定缴纳资源税和资源补偿费。各级政府和地质矿产主管部门具有矿业权的绝对审批权、定价权、监督权，是政府部门获取矿产开发利益的主要途径。有学者提出，这种缺乏弹性的制度设计为相关管理部门提供了权利“寻租”的条件，加大了矿山企业的经营成本。“十二五”期间，国土资源部进行了油气资源勘测开采体制的改革，将以往“申请在先”的出让方式改为通过竞争取得油气探矿权的方式，2015 年，在新疆开展的试点改革中，通过竞争方式出让了 4 个油气区块的探矿权①。

3. *矿业权的转让*

《矿产资源法》第六条规定：除按下列规定可以转让外，探矿权、采矿权不得转让：一是探矿权人有权在划定的勘查作业区内进行规定的勘查作业，有权优先取得勘查作业区内矿产资源的采矿权。探矿权人在完成规定的最低勘查投入后，经依法批准，可以将探矿权转让他人。二是已取得采矿权的矿山企业，因企业合并、分立，与他人合资、合作经营，或者因企业资产出售以及有其他变更企业资产产权的情形而需要变更采矿权主体的，经依法批准可以将采矿权转让他人采矿。前款规定的

---

① 国土资源部. 中国矿产资源报告（2016）. http：//data. mlr. gov. cn/zybg/2016/201611/t20161115_1421827. htm.

具体办法和实施步骤由国务院规定。禁止将探矿权、采矿权倒卖牟利。

4. 矿业权的外部性

《矿产资源法》第三十二条规定：开采矿产资源，必须遵守有关环境保护的法律规定，防止污染环境。开采矿产资源，应当节约用地。耕地、草原、林地因采矿受到破坏的，矿山企业应当因地制宜地采取复垦利用、植树种草或者其他利用措施。开采矿产资源给他人生产、生活造成损失的，应当负责赔偿，并采取必要的补救措施。《实施细则》第二十一条规定：探矿权人取得临时使用土地权后，在勘查过程中给他人造成财产损害的，按照下列规定给以补偿：一是对耕地造成损害的，根据受损害的耕地面积前三年平均年产量，以补偿时当地市场平均价格计算，逐年给以补偿，并负责恢复耕地的生产条件，及时归还；二是对牧区草场造成损害的，按照前项规定逐年给以补偿，并负责恢复草场植被，及时归还；三是对耕地上的农作物、经济作物造成损害的，根据受损害的耕地面积前三年平均年产量，以补偿时当地市场平均价格计算，给以补偿；四是对竹木造成损害的，根据实际损害株数，以补偿时当地市场平均价格逐株计算，给以补偿。五是对土地上的附着物造成损害的，根据实际损害的程度，以补偿时当地市场价格，给以适当补偿。第二十二条规定：探矿权人在没有农作物和其他附着物的荒岭、荒坡、荒地、荒漠、沙滩、河滩、湖滩、海滩上进行勘查的，不予补偿；但是，勘查作业不得阻碍或者损害航运、灌溉、防洪等活动或者设施，勘查作业结束后应当采取措施，防止水土流失，保护生态环境。《十三五规划》提出：对在贫困地区开发水电、矿产资源占用集体土地的，试行给原住居民集体股权方式进行补偿，探索对贫困人口实行资产收益扶持制度。2005 年 8 月，《国务院关于全面整顿和规范矿产资源开发秩序的通知》中提出探索建立矿山生态环境恢复机制，要求地方各级人民政府应对本地矿区生态环境进行监督管理，明确治理责任，保证治理资金和治理措施落实到位。2017 年国务院印发的《矿产资源权益金制度改革方案》中，也明确提出，由矿山企业单设会计科目，按照销售收入的一定比例计提矿山环境治理恢复基金，计入企业成本，由企业统筹用于开展矿山环境保护和综合治理。有关部门根据各自职责，加强事中事后监管，建立动态监管机制，督促企业落实矿山环境治理恢复责任。

法律明确规定，矿山企业需要承担实施矿业权所产生的外部性成本。由于矿产一般与其附着的土地有着难以割舍的关系，矿产勘测和开采过程中不可避免地会对附着的土地产生负外部性，《实施细则》对此进行了详细的补偿规定。对于补偿的方式也从单一的资金补偿模式向股权模式转换，将原住民纳入到分享矿产资源开采收益主体的范围之中。同时，为了调整利益相关者因资源开采引发的环境利益和经济利益分配不均问题，并对矿产资源开发造成的外部成本内部化，形成了矿产资源开发区生态补偿政策，以保障矿区农民的权益。

（三）矿产资源的收益权

矿山企业的收益主要从企业的经营收入、矿业权的转让中获取。《矿产资源权益金制度改革方案》（2017 年）中规定了国家和各级政府作为矿产资源所有权和管理权的代理人，其在矿产资源开发过程中的产权收益主要包括：矿业权出让收益、矿业权占用费和资源税，其中，矿业权出让收益、矿业权占用费纳入一般公共预算管理，由中央和地方政府按照规定比例分别计提。我国的矿产资源开发收益分配以中央政府为主体，收益的绝大部分归国家所有，资源开发企业在资源开发中获得了丰厚的利润，资源所在地在利益分配上处于弱势地位，其中资源地农民利益受到严重的损害。

二、西部地区矿产资源情况

（一）西部地区矿产资源丰富

西部地区矿产资源丰富，贫困发生率高，具有矿产富集与贫困叠加的特点。前面已经对西部地区的贫困现状进行了分析，在此部分不再赘述。西部为我国矿产资源的主要分布地区，矿产资源丰富，种类繁多。

（二）地质勘查投入大

地质勘查经费一般与矿产资源蕴含量成正比。2013 年，我国地质勘查共投入经费 1210.96 亿元，其中，西部地区投入勘查经费 635.66 亿元，全国总投入经费的 52.50%，说明西部地区是矿产资源开发的重点地区。

（三）矿产资源开发潜力大

2013 年我国新发现矿产 247 个，其中，西部地区占 112 个，占比

45.3%。根据《中国矿产资源报告2016》数据，“十二五”期间，我国金属与非金属矿产勘测取得重大进展，新勘测到的矿产地很多在西部地区。铁矿：四川西昌市太和钒钛磁铁矿区、攀西地区攀钢兰尖——朱家包包钒钛磁铁矿区、米易县白马钒钛磁铁矿区。锰矿：锰矿新发现矿产地18处，其中大中型16处，新增查明资源储量6.19亿吨，主要集中在贵州铜仁松桃整装勘查区、广西德保县扶晚矿区外围、天等县东平矿区带等。铜矿：铜矿新发现矿产地52处，其中大中型11处，新增查明资源储量2341万吨，在西藏、江西、云南等地新探获一批世界级铜矿区。铅锌矿：新发现矿产地81处，其中大中型41处，铅矿、锌矿新增查明资源储量分别为2330.2万吨、3783.2万吨，主要分布在新疆、湖南、福建等地。镍矿：新发现矿产地6处，新增查明资源储量279.2万吨，主要集中在新疆、内蒙古和青海等地，其中，新疆若羌县罗布泊坡北和青海夏日哈木发现超大型镍矿床。钨矿：新发现矿产地25处，其中大中型23处，新增查明资源储量459.9万吨，主要分布在江西、湖南、甘肃、河南、新疆等地。钼矿：新发现矿产地29处，新增查明资源储量1559.5万吨，主要集中在安徽、新疆、内蒙古、河南、黑龙江等地。金矿：新发现矿产地131处，其中大中型51处，新增查明资源储量4949.4吨，主要分布在山东、内蒙古等地。

三、矿产资源开发对农民贫困的影响路径

通常来说，具有资源优势的地区大多数能够利用资源禀赋效应促进地区经济发展，提高当地居民和农民的生活水平，但西部地区矿产资源丰富，农民却依然深陷贫困，而上海、浙江、江苏等沿海地区却在资源相对匮乏的前提下经济快速发展，与西部地区“富饶的贫困”形成鲜明的对比。现在，利用案例对矿产开发对当地农民贫困的影响路径进行分析。

（一）矿产产权权益受损

西部资源富集地区农民贫困的原因之一是现有矿产资源产权制度安排与分配关系不合理，表现为当地农民并未充分分享矿产资源开发的经济成果，却为开发所带来的外部性支付了高昂的成本。

1. 开发权受损

作为住在矿产资源上的农民，村集体可以通过建立集体所有制矿山企

业进行矿产的开采，但由于矿产资源开发需要特殊的技术支持，而农民往往缺少这样的技术，为避免资源流失、环境污染等问题，国家对集体所有制矿山企业可开采的矿产资源限制为以下几种：一是不适于国家建设大、中型矿山的矿床及矿点；二是经国有矿山企业同意，并经其上级主管部门批准，在其矿区范围内划出的边缘零星矿产；三是矿山闭坑后，经原矿山企业主管部门确认可以安全开采并不会引起严重环境后果的残留矿体；四是国家规划可以由集体所有制矿山企业开采的其他矿产资源。集体所有制矿山企业开采第二种情形的矿产资源时，必须与国有矿山企业签订合理开发利用矿产资源和矿山安全协议，不得浪费和破坏矿产资源，并不得影响国有矿山企业的生产安全。可见，集体矿山企业只拥有开采零星矿产、小矿产的权利，或者对已经闭坑的矿产进行二次开采，开采规模小，可开采资源相对较少。反向思考，正是由于开采权利受到限制，无法激励农民对矿产勘测和开采技术进行学习，而技术掌握需要较好的学习能力作为基础，受到以上两点的共同约束，决定了农民很难通过小规模的矿产开采分享资源收益。

2. 收益权受损

法律法规在矿产资源开发收益权的规定中，明确了对矿山企业或个人的开发权益进行保护，也明确了在开发过程中政府应该收取矿业权出让收益、矿业权占用费、资源税以及矿山环境治理恢复基金等资源租金，并明确了中央政府和地方政府的分配比例，但是，对于当地农民的收益权并没有做出详细规定。法律规定矿产资源属于国家所有，国家即为全民，矿区农民是“全民”的组成部分，作为矿区的人，农民理应分享部分矿业租金①，根据实践经验，农民只有在土地被破坏、房屋被损毁的情况下才能获取少量的赔偿金。以西部资源丰富的陕西地区长庆油田为例，根据长庆油田在延安市征地费用表②所示（见表4－7），长庆油田使用村集体土地分为临时使用和永久征用两类，临时使用粮食和蔬菜用地涉及土地补偿费、土地复耕费、青苗补偿费等，永久征地涉及土地补偿费以及安置补偿费。由于没有具体数据，且按照陕西省2012年人均耕地面积1.52亩进行估算，临时使用土地农民获得的补偿金额为11715.4元，如果永久征地，

① 施训鹏. 国外如何促进矿区的可持续发展——最大化矿产资源开发对矿区的贡献. 中国矿业，2005（5）.

② 胡健，焦兵. 油气资源开发对中国西部区域经济的拉动效应分析——以陕西省为例. 资源科学，2007（1）.

农民最高可获得赔偿54963.2元，最低可获得36253.52元。虽然长庆油田实际支付的补偿费用均高于费用标准，但是对于靠土地生存的农民来讲，补偿金额仍然大大低于他们的生活所需，也低于土地的应有价值，相比矿产开发收益来说，更是冰山一角。

表4-7 长庆油田在延安市征地费用

征用类型	费用名称	费用标准（元/亩）	实际费用（元/亩）
临时使用粮食用地	土地补偿费	1696.50	5089.50
	土地复耕费	2600.00	2600.00
	青苗补偿费	300.00	900.00
临时使用蔬菜用地	土地补偿费	1696.50	5089.50
	土地复耕费	2600.00	2600.00
	青苗补偿费	300.00	900.00
永久征用粮食用地	土地补偿费	1686.50	13672.00
	安置补偿费	1696.50	10179.00
永久征用蔬菜用地	土地补偿费	2260.00	22600.00
	安置补偿费	2260.00	13560.00

资料来源：根据胡健，焦兵（2007）数据整理。

（二）环境污染严重，其他资源使用权利失效

矿产资源在开发利用过程中，通过开采、冶炼、制造等工艺生产矿产品对自然环境产生负面影响，不可避免地出现环境污染问题，给生态环境带来了巨大的破坏，这是世界各国所有矿产资源开发区所面临的共性问题，我国西部矿区也面临同样的问题：矿区大气和水污染、土壤与岩体松散、土地退化、森林植被破坏、辐射危害、区域沙漠化、水土流失、地面沉降、空气污染、森林植被破坏等问题①②③。很多学者还通过定量评价工具分析了矿产资源开发利用与环境污染之间的内在

① Kesler S. E. Mineral Resources, Economics and the Environment. Water Science & Technology, 1994, 31 (10): 1-19.

② R. N. Singh. Environmental Catastrophes in the Mining Industry in Australia and the Development of Current Management Practices. Journal of Mines, Metals and Fuels, 1999 (47).

③ Pagiola S., Arcenas A., Platais G. Can Payments for Environmental Services Help Reduce Poverty? An Exploration of the Issues and the Evidence to Date from Latin America. World Development, 2005, 33 (2): 237-253.

关系①②③④⑤⑥，对于不同种类的矿产资源，能源矿产开发利用的环境影响最大，金属矿产次之，非金属矿产的影响相对较低⑦。西部地区资源丰富，农民的生产活动对当地资源环境的依赖性较强，而矿产资源开发带来的水污染、空气污染、辐射超标不仅阻断了农民的生产过程，甚至直接威胁到农民的生存。矿产资源开发的收益农民无法分享，却以资源使用权、新鲜空气使用权、安全的地质环境使用权等权利的丧失，为开发带来的“负外部性”买单，陷入极度贫困之中，具体体现为矿业权与土地使用权、矿业开采外部性与水资源污染之间的冲突。

第一，矿业权权能残缺。矿业权包括探矿权和采矿权，由于矿产资源的所有权属于国家，矿业权人只获取了对矿产资源在一段时间内的使用权，企业对矿产资源的中长期投资激励不足，也直接导致了矿山企业的掠夺性开采行为，更容易造成环境破坏问题。

第二，矿业权与土地使用权之间的冲突。矿产资源存在于地面土地和地下结构之间，对土地具有一定的依附性，正是由于这难以割舍的依附性，矿业权与土地使用权之间存在矛盾。一是产权主体的冲突。我国矿产资源所有权与土地所有权，矿产资源的使用权与土地资源的使用权分属不同的主体，处于分离状态，即矿产资源所有权人为国家，农村土地的所有权人是集体，矿产资源的使用权人是矿山企业，土地使用权人是农民，将直接导致中央政府与地方政府、企业与农民之间的矛盾。二是使用权利取得的冲突。由于产权主体的不一致性，矿山企业在获得矿产资源产权后，不一定能够同时获得相关土地的使用权，在此前提下，依然无法进行开采。在管理模式上，矿业权一般由国务院委托各级机构管理，如煤炭管理局、矿产局等，而农村土地使用权受到土地管理部门的管理，脱节的管理

---

① Aigbedion I. Environmental Effect of Mineral Exploitation in Nigeria. International Journal of Physical Sciences, 2007, 2 (2): 33 -38.

② 闫军印，丁超. 我国矿产资源开发利用的环境影响分析及对策研究. 石家庄经济学院学报，2008 (5).

③ 郑娟尔，余振国，冯春涛. 澳大利亚矿产资源开发的环境代价及矿山环境管理制度研究. 中国矿业，2010 (11).

④ Kang M, Stam A. PAHAP: A Pairwise Aggregated Hierarchical Analysis of Ratio-Scale Preferences. Decision Sciences, 1994, 25 (4): 607 -624.

⑤ David P. Lawrence. Cumulative Effects Assessment at the Project Level. Impact Assessment, 1994, 12 (3): 253 -273.

⑥ Linlin G. E., Chang H. C., Rizos C. Monitoring Land Surface Subsidence Using Radar Interferometry: The Challenges// Australian Society for Music Education, 2006: 287 -290.

⑦ 陈军，成金华. 中国矿产资源开发利用的环境影响. 中国人口·资源与环境，2015 (3).

模式也是导致矿山企业与农民的纠纷的原因。三是使用时间的冲突。根据《矿产资源开采登记管理办法》（2014 年修订）第七条规定：采矿许可证有效期，按照矿山建设规模确定：大型以上的，采矿许可证有效期最长为 30 年；中型的，采矿许可证有效期最长为 20 年；小型的，采矿许可证有效期最长为 10 年。采矿许可证有效期满，需要继续采矿的，采矿权人应当在采矿许可证有效期届满的 30 日前，到登记管理机关办理延续登记手续。而《土地管理法》第五十七条规定：临时使用土地期限一般不超过 2 年。可见，采矿许可证有效年限与农村土地临时使用期限不匹配，意味着矿山企业每隔两年就需要重新申请一次农村土地使用权，加大了企业与村集体农民之间利益协调的成本。虽然临时使用土地保证了农民对土地的使用权利不被剥夺，但相比直接征收土地来说，政府与矿山企业的协调成本更小，但也彻底侵占了农民赖以生存的土地产权。

矿产资源开发过程中造成的土地破坏，地质凹陷等外部效应对矿区农民的土地使用权侵害往往是引起矿区农民致贫的重要原因。按照权利侵害类型分类，可以分为土地直接权利失效和交换权利失效两种类型。土地直接权利失效致贫是指由于矿产资源开发导致农民丧失土地使用权的情况，包括土地征收、土地淹没、土地凹陷等。20 世纪 90 年代初，广西平果铝厂第一期工程征地 1.2 万多亩，涉及 4 个乡镇 9 个村 3600 户 1.2 万人，其中，劳动力 7600 人，征地后需要安置的剩余劳动力 4000 多人，然而大部分被征地农民没有安排非农就业，失去土地以后生活水平明显下降，陷入贫困之中。土地交换权利的失效是指矿产资源开发导致土地污染，土地功能受损，农民虽依然持有土地使用权，能够获取的收益却大不如前。2014 年 11 月，广西某废弃镉矿污染的耕地因所产大米可能导致人的关节变形而一直被荒废。虽然农民并没有失去土地，却因为污染失去了土地能够给他们带来的收益，由此致贫。同年，贵州省织金县以那镇松林村跑马坝、朱家湾组 52 户村民因织金县板桥乡玉龙村大水洞煤矿开采造成住房开裂，土地无法耕种、饮水源干枯，村民因生存遭到侵害，不断向各级政府和相关部门反映情况，始终得不到解决，现该情况仍在延续中。

第三，矿产开采外部性与水资源使用权受损。矿产开采过程中，不可避免地对水资源破坏，而水资源不仅是矿区农民进行农业生产不可或缺的资源要素之一，更是人的生存之本，由于水污染、水位下降、河道枯竭直接造成农民水资源使用权利失效。陕西省榆林市陈江鹏在榆阳区小纪汗乡昌汗界村创办了名为“大漠之星”的苗木基地。其中的 5 块苗圃（106

亩）种植侧柏、樟子松、红花槐、沙地柏、金丝柳、漳河柳等树苗，种植收入为主要收入来源。从 2008 年以来，由于陕西中能煤田有限公司的开采，地下水下降，多管井无法抽水，致使苗圃的苗木大量死亡，收入来源被阻断。

（三）矿产资源开发与农民贫困——以广西大新锰矿为例

矿产资源开发对矿区农民的影响是多元化的，既有土地使用权侵害，也有水资源使用权阻断，还包括其他环境污染对农民带来的损害。大新锰矿位于广西壮族自治区大新县下雷镇，是我国西部地区最大的锰矿床，由于该矿占用和开矿排土淹没耕地，污染水源，严重影响了包括逐梗村、布康村、布及村、下雷村以及仁惠村等矿区农民的生产生活，导致他们生活贫苦。

1. 失地致贫

大新锰矿开发排土共占用、淹没下雷镇逐梗村、仁慧村和下雷村的土地 688.68 亩，占这三个行政村现有耕地总面积 5321 亩的 12.94%，其中，179.22 亩只按照当年平均亩产值给予补偿，有 264.85 亩土地被非法强占，并且没有给予任何补偿，失地农民没有其他收入来源，余下土地的耕种所得也无法满足农民生计，具体见表 4－8。

表 4－8　　大新锰矿开发淹没土地情况

村社	时段	耕地（亩）			人均口粮（公斤）
		水田	旱地	小计	
布及村	开发前	142.15	58.69	200.84	693.00
	开发后	43.49	5.77	49.26	128.50
	变化	－69.41%	－90.17%	－75.47%	－81.46%
布康村	开发前	—	—	396.00	666.00
	开发后	—	—	159.00	155.50
	变化	—	—	－59.85%	－76.65%

数据来源：根据胡晓登（2010 年）数据整理。

位于大新锰矿矿区山脚的布及村，在矿山开发前是一个土地肥沃，水利便捷的富裕村落。1958 年，布及村共有 17 户 79 人，耕地面积 200.84 亩，其中，水田 142.15 亩，旱地 58.69 亩，得益于资源优势，粮食生产率高，人均口粮为 693 公斤。大新锰矿开采之后，或直接占用土地，或因开矿排土造成泥石淹没，布及村的土地逐渐减少，与之前相比，水田减少69.41%，仅剩43.49亩，旱地减少90.17%，仅剩5.77亩。建矿6年后，该村人均口粮只有128.5公斤，比之前减少76.65%。位于矿区西北部的布康村，土地征用时有35户壮族人家，150人，耕地396亩，人均口粮666公斤，大型锰矿开采后，耕地被占用，耕地减少59.85%，仅余159亩，人均口粮减少76.65%，只有155.5公斤，每人每月人均口粮仅为12.5公斤。布康村村长一家有七口人，每年收获的粮食只够3～4个月生活，不足的部分需要购买。按照大米单价0.5元/斤计算，他家每月需要购买200斤大米，8个月买米成本为800元，由于没有其他收入来源，很难找到买粮的钱，一家人生活困难，陷入贫困。

布及村和布康村在锰矿开发前，农民可以利用肥沃的土地和优厚的自然条件自给自足，取得收入，锰矿开发导致农民的土地直接权利被动失效，土地被占或被毁，人均粮食也大幅度减少，仅够维持3～4个月的生存所需，不仅收入来源被阻断，连基本的生存都成问题。

2. 污染致贫

锰矿开采污染下雷镇的河溪和农田，导致农民的水资源使用权和土地使用权失效。矿区通过三条途径污染河水：第一，雨水将矿山采矿场排出的碎石泥土冲进溪河，临近的河流变成“黄水河”，含沙量达到20%～40%；第二，河水流经矿区生活区，受到生活污水、禽畜排泄物的二次污染后，已变得浑浊不堪，不能再作为饮用的生活用水使用；第三，锰粉加工厂将工业污水排入下雷河，严重污染河水。几次污染过后，河流下游村社饮水困难，由于无其他水源，农民不得不继续使用污水，截至2001年，已有4人因为饮用污水致死。污染后的水流进农田，导致水田土壤板结，耕地受污染严重，粮食产量严重下降，其中，下雷河六队28.16亩耕地中，水田绝收，旱地减收五六层。锰矿开采污染不仅威胁到沿岸农民的饮水安全，还污染农田，导致他们的水资源使用权和土地使用权同时失效，矿区农民失去了收入来源，连基本的生存都无法得到保障，何以不陷入贫困？

第五章　西部农民贫困中的代际公平问题研究

一直以来，缓解和消除贫困都是我国工作的重点之一。随着社会经济的快速发展，我国虽然已经实现了大规模的减贫，但是，仍然存在农村贫困家庭好几代人陷入贫困的情况[①]，特别是在相对贫困层面的代际传递更为突出[②]，习近平总书记也多次强调了阻止贫困代际传递在我国扶贫工作中的重要性。贫困家庭受到自然、社会、人力资源等生计资本的约束，一方面，这样的约束是一种资源在当代社会阶层之间分配的不公平；另一方面，生计约束和生存发展需求极易导致当代人过度利用已有的生计资本，侵占后代人的资本使用权利，这是当代人与后代人之间资源分配的不公平，两种形式的不公平通常具有传递性，导致下一代人也容易陷入贫困，形成贫困的代际传递。

第一节　代际公平与贫困人口生计资本结构

一、什么是代际公平?

（一）公平的意义

何谓公平？一个正义的社会应该满足以下两个原则：第一正义原则（平等自由原则），即每个人对与所有人所拥有的最广泛平等的基本自由体系相容的，类似自由体系都应有一种平等权利；第二正义原则，社会和经济的不平等应该这样安排：一是在与正义的储存原则一致的情况下，适合于最少受惠者的最大利益（差别原则）；二是在机会公平的条件下，职务和地位向所有人开放（机会的公正平等原则）[③]。这个社会的核心特征表现为公平、平等地分配各种基本权利和义务，同时尽量平等地分配社会合作所产生的利益和负担，即使有不平等存在，也是向弱势群体倾斜的不平等。公平是一种价值评价体系，是人们对社会事务进行价值评价时表现出来的观念，体现为经济、政治、道德、法律等多个领域的公平，具有历史的连续性，随着社会经济关系的发展而变化，由此，没有永恒的公平原则[④]。由于现实世界中很难有绝对的“平等”和“公平”，根据罗尔斯的

---

① 袁文平等．农村贫困代际传递研究进展．农业展望，2015（7）．

② 张立冬．中国农村贫困代际传递实证研究．中国人口·资源与环境，2013（6）．

③ 约翰·罗尔斯．正义论．中国社会科学出版社，2009：7－8．

④ 马克思．马克思恩格斯全集（第27卷）．人民出版社，1971：209．

正义论，我们用“差别原则”来进行“公平”的判定：如有存在不公平，也是向弱势群体倾斜的不平等，能够向好的方向改变弱势群体，例如改善贫困人口的生活。当用这种价值体系评价发生在当代人与下一代或几代人之间权利义务的分配时，便产生了“代际公平”问题。

（二）代际公平理论

代际公平是可持续发展理论中的一个概念。Rachel Carson 在《寂静的春天》[①] 和非正式国际学术组织“罗马俱乐部”在《增长的极限》中强调了自然环境的重要性[②]，提出为避免“增长的极限”危机，人与自然资源之间应该和谐共处，共同分享地球的可持续发展观点。T. R. Page 在社会选择和分配公平理论的基础上[③]，最早用代际公平的概念来描述代际之间的可持续发展关系，即当代人与后代人之间自然资源分配是否公正的问题，他提出，上代人给下代人提供一定数量和质量的财富遗产，下代人所获得的财富遗产应等于上一代人所继承的，而后，Page 进一步提出了“代际多数原则”作为每代人决策的依据。Edith Brown Weiss 提出的“行星托管理论”系统地描述了代际公平[④]，成为代际公平理论发展的基石。Rawls 用“正义的储蓄原则”来描述代际之间的公平问题[⑤]。马克思和恩格斯在著作中虽然没有明确提出代际公平的概念，却蕴含着代际公平的思想，在资本主义处于上升时期的背景下，运用历史唯物主义和辩证唯物主义的科学方法论来考察和研究了代际公平问题，并构建了一个完整的代际公平思想体系[⑥]。

1. 行星托管理论

Weiss 认为每代人在开发、利用自然资源方面都具有平等的权利，每一代人都应该为后代人保存自然和文化资源的多样性，避免不适当地限制后代人在解决他们的问题和满足他们的价值时可进行的各种选择，又享有拥有可与他们的前代人相对应的多样性的权利。总而言之，人类的每一代

① 莱切尔·卡逊. 寂静的春天. 科学出版社，1979.

② Meadows, D. H. , et al. The Limits to Growth. Universe Books, 1972.

③ Page, T. Conservation and Economic Efficiency: An Approach to Material Policy. Baltimore, Maryland: The Johns Hepkin University Press, 1977.

④ Edith Brown Weiss. The Planetary Trust: Conservation and Inter – generational Equity. Ecology Law Quarterly, 1984, 11 (4): 495.

⑤ Meadows, D. H. , et al. The Limits to Growth. Universe Books, 1972.

⑥ 邹佰峰，刘经纬. 马克思恩格斯的代际公平思想及其当代价值. 学习与探索，2016 (2).

都是后代人地球权益的托管人，受到后代人的委托保护地球环境，保证后代人享有与当代人同等的各项地球的权利。世界环境与发展委员会提出的可持续发展定义便涵盖了行星托管理论中的代际公平思想：可持续发展是既要能满足当代人的需要，又不对后代人满足其需要的能力构成威胁。Weiss 总结了代际公平的三项基本原则：一是“保存选择”原则，即各代人应该为后代人保存自然和文化资源的多样性，使后代人有和前代人相当的对资源的选择权；二是“保存质量”原则，即各代人都应该维持地球的质量，保证后代人所面临地球的质量不比前一代人有所下降，地球的生态环境没有遭到损害；三是“保护获取”原则，即各代人都有权利公平获取从前代人继承而来的遗产，并应该保护后代人的这种获取权利①。

2. 代际多数原则

T. R. Page 在 1988 年发表的《代际公平和社会贴现率》一文中，将代际公平问题阐述为：假定某项决策所产生的后果将对好几代人的利益产生影响，那么，有关的各代人之间如何才能公平地承担上述后果②？这就应该按照“代际多数原则”在有关的各代人之间进行公平分配，让若干代人的多数来做出选择。一般来说，相对于当代人，后代人永远是多数，在利用资源上，便必须按照后代人“保证资源基础完好无损”的选择去办，体现为“后代人优先原则”。

3. 代际储蓄原则

Rawls 的代际公平理论建立在每一代为下一代保持合理的储蓄率的原则上，每一代都把公平地相等于正义储蓄原则所规定的实际资金转留给下一代，是代际之间的一种相互理解③，是不计时间的、在一个社会历史过程中公正对待世代的方式。Rawls 所说的实际资金的储蓄率，不仅包括工厂、机械等，而且包括知识、文化、技术和工艺，例如对耕地的投资、对技能的学习、对教育水平的提高等方面的投资所需的储存和积累率。一个合适的储蓄率应该同时考虑到当代人和下一代人的利益，要求当代人平等地对待下一代，并给下一代，特别是受惠最少的下一代补偿。当代人克服纯粹的时间偏爱，做到不会利用他们在时间上的位置而只顾谋取自己的和眼前的利益，充分考虑后代的和长远的利益，便是符合代际公平的储蓄

① 爱蒂丝·布朗·魏伊丝. 公平地对待未来人类：国际法、共同遗产、世代公平. 法律出版社，2000：17、42、251.

② 张卓元. 经济政治学大辞典. 经济科学出版社，1988：289.

③ 张卓元. 经济政治学大辞典. 经济科学出版社，1988：289.

率。储蓄率随着社会状况变化而变化：当人们贫困而储存比较困难的时候，正义的储蓄率要求就较低，而在一个富裕的社会里，较高的储蓄期望是合理的。

4. 马克思和恩格斯的代际公平思想

马克思和恩格斯从批判资本主义出发对代际公平思想进行深刻阐述和论证，其生产关系在资产阶级代与代之间进行传递，例如对工人阶级的不公平的代际传递，并以此发展为工人阶级的贫困代际传递问题：在资本主义私有制条件下，工人阶级及其子女与后代无法摆脱受压迫、受剥削、受奴役、受贫穷困扰的命运，贫困将在工人阶级及其家庭中代代相传[①]，打破资本主义生产关系的羁绊，建立一个崭新的社会制度，是实现无产阶级代际公平的有效路径。马克思和恩格斯的代际公平思想着眼于人类长期的发展，其实质是人的社会关系的集中体现，在内容上不仅限制人与自然的关系，还将代际公平领域拓展至了人与人之间的关系，包括与人类发展相关的经济、政治、文化、社会等领域，具有全局性。

（三）代际公平的内涵

行星托管理论主要论及人与自然的关系，其蕴含的可持续发展观念值得我们借鉴，但理论中所涉及的一些原则只能说是一个美好的愿望，既不全面，也不客观，逻辑上也不能成立[②]。地球所蕴含的自然资源有限，特别是不可再生资源在人类永远传承的假设条件下在人类各代之间进行公平分配在数学上和逻辑上都是行不通的。在工业迅速发展的今天，通过对自然资源进行规模性开采和使用的生产模式决定了资源的大量消耗和可能的环境污染，而能够采取的措施也仅仅是从技术上将资源开发的外部性降到最低，由此，后代人可能无法享受到与前代人相对应的或同等的权利，而“保证资源基础完好无损”的状态也就无法达到。随着发展，人类的价值观也是不断变化的，后代人在各种经济和社会福利方面可能有了更为丰富的多样性选择，就像工业化以来，人类的财富、福利、享受的产品比农耕社会有着很大的提升。如同马克思指出的：“尽管社会形态不同，但公平定义都有相同的地方，公平始终都是一定社会经济关系或者意识形态的体现”，代际公平不必被限制在自然资源领域，而应该随着发展扩展到更多的、更多元化的领域之中，当代人为下一代人所储蓄的，除了生存必要的

---

① 李晓明．贫困代际传递理论述评．广西青年干部学院学报，2006（2）．

② 方行明，魏静，郭丽丽．可持续发展理论的反思与重构．经济学家，2017（3）．

自然资源和环境（生存权），还有能够获取更好生活的财富、发展能力、社会福利等（发展权）。

根据以上分析，明确了代际公平的定义：代际公平指代与代之间生存权和发展权的公平分配，生存权对应利用生态环境和自然资源保障生存的权利，发展权对应社会、经济、发展能力获取、健康心理等能够促进人类发展的权利。代际公平包含两层含义：第一，群体内部的代际公平，指在同一个阶层中，如贫困群体、富裕人口内部，前一代与后一代之间权利分配的公平，体现为既满足了上一代的需求，又不损害下一代的生存权和发展权；第二，群体之间的代际公平，如同马克思对工人阶级不公平的论述一样，不同阶层、不同地区的群体之间的不公平可以通过“代”进行持续性地传递，当这样的不公平是偏向于弱势群体的改善，便称之为“公平”，反之则是不公。

二、贫困人口生计资本的定义及描述性分析

生计是指一个家庭为获得维持家庭各人口生存和发展所需要的基本物质资料而采取的活动①，在此基础上，可以提出“可持续生计”的概念，即生计是一种谋生的方式，建立在能力、资产（包括储备物、资源、要求权和享有权）和活动的基础之上，当一种生计能力能够应对胁迫和冲击，并能够恢复、维持或者增加资产，为后代的生产和发展提供机会，同时又不损害自然资源基础，便可以称之为可持续性的生计②。英国国际发展署（DFID）在《可持续生计指南》中提出的 Sustainable Livelihood Approach 框架（SLA）是目前最具有影响力并且运用最为广泛的可持续生计分析框架，本书将以此为基础进行西部地区贫困人口生计资本结构的分析。图 5－1 显示了 SLA 框架，农户在具有一定脆弱性的环境中谋生，生计资本的五边形是可持续生计框架的核心内容；农户可以通过使用某种资产或其他减贫因素改善其生计生活；“结构和制度转变”影响着农户的生计资本组合与使用方式，即农户的生计策略，以追求积极的生计输出，实现其生计目标③。

---

① 蔡志海．汶川地震灾区贫困村农户生计资本分析．中国农村经济，2012（12）．

② Chambers R.，Conway G. Sustainable Rural Livelihoods：Practical Concepts for the 21[St] Century，IDS Discussion Brighton：Institute of Development Studies，1992．

③ DFID. Sustainable Livelihoods Guidance Sheets. London：DFID Working Paper，1999．

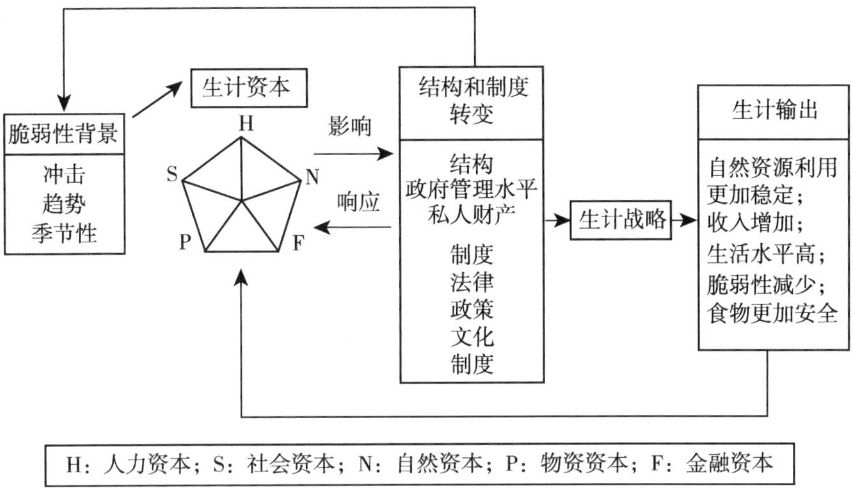

图5－1　英国发展署（DFID）可持续生计框架示意图

反贫困应该首先识别贫困人口拥有什么，而不只是关心他们没有什么[①]，SLA框架将穷人或者贫困家庭的生计资本看作是进行某种行为行动的根本，关注贫困人口资本质量和结构的改善，而不是去代替、组织或者破坏他们自己的解决方案[②]，对贫困人口的生计理解起到了提纲引领的作用。框架中，将生计资本分为自然资本、人力资本、物质资本、金融资本以及社会资本五种类型，农户生计建立在这五大生计资本基础之上，受到市场、政策和制度等因素影响，是影响农户代际公平的重要因素。

（一）自然资本

自然资本又称为生态资本，是存在于自然界之中的可用于满足人类经济社会活动需要的资产，不仅包含传统的自然资源（土地、水、空气），还包括环境的自净能力、自然资源的再生增殖能力、生命支持系统等重要的组成部分。农村的自然资本是指农户用来维持生计的各类自然资源，包括本地区人口所共同拥有的地理环境、气候条件等无形资源，以及个体农户所拥有的土地资源、林地资源、灌溉用水资源和野生动植物资源等有形资本，构成了贫困农民赖以生存和发展的重要的生计保障和后顾生计

① Moser. C. The Asset Vulnerability Framework: Reassessing Urban Poverty Reductin Strategies. World Development, 26 (1), 1998.

② 唐丽霞，李小云，左停．社会排斥、脆弱性和可持续生计：贫困的三种分析框架及比较．贵州社会科学，2010（12）．

资本。

我国约有50%的生态脆弱县和60%的贫困县分布在西部地区，贫困和生态问题共存的现象十分突出。西部农村贫困地区主要分布在高原山区、沙漠荒漠地带、喀斯特环境危急区、黄土高原水土流失区①，具有水资源短缺，水土流失严重，土壤侵蚀规模高，土地荒漠化、石漠化现象严重，自然地质灾害频发等突出生态问题。我国民族自治八省（区）全部为西部地区②，2015年以来，民族自治地区缺乏基本生产条件需异地搬迁的农牧民有51.4万户，205.5万人③。

1. 耕地匮乏，质量差

耕地作为贫困农民生产生活的主要生产资料，量少质差成为限制其生计发展的严酷制约。从耕地数量上看，截至2012年，我国农村居民家庭经营耕地面积为2.34亩/人，西部12省区市中，有8个省区低于全国平均水平，其中，四川省农村居民家庭经营耕地面积仅有1.14亩/人，只占全国水平的48.72%，其他7个省区占比也在50%～78%之间。国土资源部将全国耕地评定为15个等别，1等耕地质量最好，15等最差④，2014年，西部地区全区耕地评定总面积为5017.23万公顷（75258.45万亩），质量等别为3等～15等，平均质量等别为11.33等，以10等～14等为主，占西部地区评定总面积的69.10%，平均耕地质量等级较低，多为中等地和低等地。东部地区、中部地区和东北地区耕地平均质量等别分别为8.19等、7.98等和11.25等，与之相比，贫困发生率最高的西部地区的耕地质量却最差。

2. 土地被侵蚀问题严重

截至2011年年底，我国土地侵蚀总面积为294.91万平方公里，占普查区域面积的31.12%，其中西部地区土壤侵蚀面积244.31万平方公里，占全国总面积的82.84%⑤。截至2014年，我国荒漠化土地总面积261.16万平方公里，占国土总面积的27.20%，其中，新疆、内蒙古、西藏、甘肃、青海5个西部地区省（自治区）荒漠化土地面积为249.78万平方公

---

① 许营. 社会转型期西部地区农村贫困问题探析. 重庆与世界（学术版），2013（4）.

② 民族八省（区）包括：内蒙古、广西、贵州、云南、西藏、青海、宁夏、新疆.

③ 国家统计局. 2016中国农村贫困监测报告. 中国统计出版社，2017：56.

④ 全国耕地按照1～4等、5～8等、9～12等、13～15等划分为优等地、高等地、中等地和低等地.

⑤ 水利部. 第一次全国水利普查水土保持情况公报. 中华人民共和国水利部网站，2013－05－18.

里，占全国荒漠化总面积的95.64%；全国沙化土地总面积为172.12万平方公里，占国土总面积的17.93%，其中，新疆、内蒙古、西藏、青海、甘肃5省（自治区）沙化土地面为161.71万平方公里，占全国沙化土地总面积的93.95%①。

3. 水土流失比例大

如表5－1所示，我国16个国家级重点预防保护区中，有11个区涵盖西部8个省（区）②。2015年，11个西部防护区域内，水土流失总面积约为130760.82平方公里，水土流失率为53.86%，其中，水土流失率高于50%的有6个区，位于新疆的塔里木河绿洲预防保护区水土流失率高达88.97%，位于内蒙古的大兴安岭预防保护区水土流失率最低，为12.85%。

表5－1 2015年西部地区国家级重点预防保护区水土流失状况

预防保护区	省（区）	土地总面积（平方公里）	水土流失面积（平方公里）	水土流失比率（%）
大兴安岭	内蒙古	8070.93	1037.18	12.85
呼伦贝尔	内蒙古	18679.00	2739.37	14.67
黑河绿洲	甘肃	2169.62	1122.66	51.74
塔里木河绿洲	新疆	2020.23	1797.38	88.97
子午岭	陕西	787.64	404.22	51.32
六盘山	甘肃	1183.00	708.91	59.92
三江源	青海	175557.91	108708.26	61.92
金沙江上游	四川	14626.00	7559.77	51.69
岷江上游	四川	9946.00	4129.50	41.52
汉江上游	陕西	4531.00	863.57	19.06
湘资沅上游	贵州	5190.00	1690.00	32.56
	湖南			

数据来源：《2015年中国水土保持公报》。

（二）人力资本

人力资本包括健康、知识和技能、劳动能力、适应能力等，是农户生

① 国家林业局．第五次中国荒漠化和沙化状况公报．中国环境科学，2016（1）．

② 湘资沅上游预防保护区中湖南省不属于西部地区，由于没有对土地面积进行划分，无法区分贵州省与湖南省各自的土地面积占比，对此地区数据只做略估．

计的基础，决定了农户的生产效率。舒尔茨在《人力资本投资》中分别从“量”和“质”两个方面对人力资本进行了描述：数量是指人口数量、投身于有用工作的人口比例及实际劳动量，质量描述了技术、知识及影响人的生产能力的属性，增强人口质量所支付的费用将提高人力资本的生产率①。同时，舒尔茨将改进人力资本的主要活动分为五类，包括医疗保健、在职人员培训、学校教育、社会培训、个人和家庭适应于变换就业机会的迁移。根据理论，大多数学者在研究贫困人口人力资本时，使用有效劳动力数量、健康保障、教育保障、技能培训等指标（Sharp，2003；李小云等，2007；黎洁等，2009；何仁伟，2013；瞿彬和梁流涛，2015；师学萍等，2016；金莲等，2016）②③④⑤。从全国来看，西部贫困地区农民呈现出劳动力水平低、教育水平低、健康保障低的人力资本“三低”状态，其中有农民自身身体素质的因素，也有我国教育和医疗资源分布不公平的因素。

1. 劳动生产能力不高

劳均粮食产量代表了农民的劳动生产能力。从图 5 - 2 可以看到，西部 12 省（区、市）中有 8 个省（区、市）的劳均粮食产量低于全国平均水平，多数占全国平均水平的 45% 左右，其中，贵州的劳均粮食产量最低，仅占全国水平的 43. 31%。根据贵州省建档立卡数据，2016 年，全省贫困人口几乎为无劳动能力者和普通劳动力者，具备技能的劳动力不到 1%。宁夏、新疆和内蒙古三个自治区得益于地势优势，劳均粮食产量较高，均高于全国水平，但从总体来看，西部地区农民劳动生产能力不高。

2. 教育资源分配不公平

按照户主受教育程度来看，农村贫困发生率与户主受教育程度成反比，户主受教育程度较低的群体贫困发生率相对较高，其中，户主为文盲的贫困发生率为 11. 9%，拥有小学学历、初中学历和高中及以上学历的户

---

① 西奥多 · W. 舒尔茨. 论人力资本投资. 北京经济学院出版社，1990：8 - 9.

② 何仁伟，刘邵权，陈国阶. 中国农户可持续生计研究进展及趋向. 地理科学进展，2013（4）.

③ 梁流涛，翟彬. 基于 PRA 和 LCA 方法的农户土地利用行为环境效应评价——以河南省传统农区为例. 中国土地科学，2015（5）.

④ 师学萍，郝文渊，何竹. 基于 SLA 分析框架的西藏农户生计资本分析——以尼洋河流域为例. 西藏大学学报（社会科学版），2016（2）.

⑤ 金莲. 三都水族自治县的扶贫开发政策实施情况. 经济研究导刊，2016（30）.

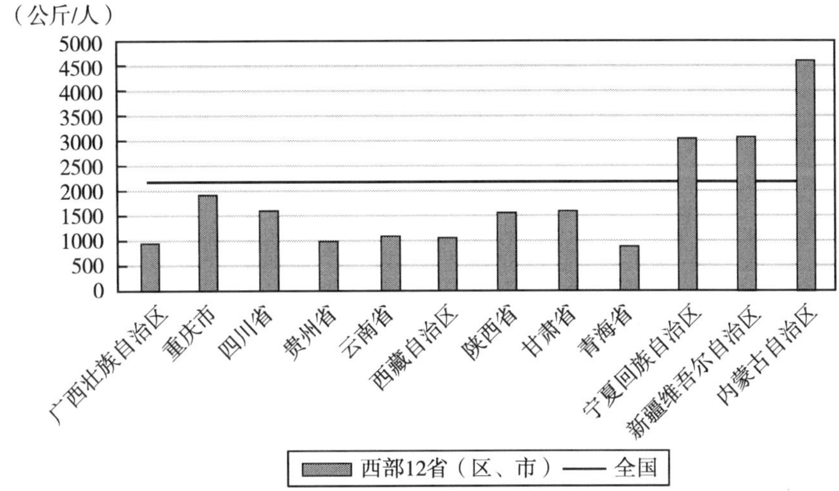

图 5－2　2012 年西部地区农村劳均粮食产量

数据来源：国家统计局。

主群体贫困发生率分别为 8.2%、4.7% 和 3.1%[①]。农民受教育程度与教育资源的分配密切相关，我国农村地区教育条件分配十分不均衡。小学及之前的教育是以后人力资本的基础，资源的分布不均和上学的便利受阻都将成为人力资本发展的阻碍，从上幼儿园及学前班、小学的便利户比重指标来看，西部地区远远落后于东部地区和中部地区，具体见表 5－2。进一步的，贵州省贫困人口中有 70% 左右的人只有小学或初中文化，文盲或半文盲的贫困人口占到 20% 左右，高中以上的人口不足 3%，其余为学前儿童。

表 5－2　　2015 年分地区农村地区教育条件　　单位:%

指　　标	东部地区	中部地区	西部地区
所在自然村上幼儿园或学前班便利的户比重	84.0	82.3	71.9
所在自然村上小学较便利的户比重	86.4	84.8	78.4

数据来源：《中国农村贫困监测报告 2016》。

3. 医疗资源分配不公平

农民身体健康程度与贫困发生率成反比，健康人群中贫困发生率为 5.5%，相比之下，不健康但生活能自理的人群贫困发生率几乎翻倍，达

① 国家统计局. 中国农村贫困监测报告 2016. 中国统计出版社，2017：14.

到9.7%之多，而生活不能自理的人均贫困概率更高，为10.8%，具体见表5-3。除了自己身体素质之外，医疗资源是农民健康的保障性基础设施，对于农村贫困地区来说，可以用所在自然村有卫生站（室）的户比重来考察农村医疗资源的分布情况。分区域看，我国东部地区、中部地区和西部地区所在自然村有卫生站（室）的户比重分别为86%、86.5%和85.2%[①]，西部地区最低，呈现出医疗资源分配不公的状态。2016年，贵州省贫困人口中，有15%左右的人存在严重的健康问题[②]，由于医保体系和医疗资源分布中存在的问题，存在健康问题的贫困人口更容易陷入“贫困恶性循环”之中。

表5-3　2015年农村人群身体情况与贫困发生率　单位：%

身体情况	贫困发生率
健康	5.5
基本健康	7.0
不健康但生活能自理	9.7
生活不能自理	10.8

数据来源：《中国农村贫困监测报告2016》。

（三）物质资本

物质资本包括农民在生产和生活过程中所需要的公共设施和物质设备，是从事各类生产活动的基础性条件。物质资本主要包括基础设施和生产资料两个方面，基础设施主要包括良好的道路运输条件、安全的住所和完善的水利、电力、卫生等设施，生产资料是指可购买的能源、原材料、可利用的信息以及机器设备等用以生产的工具和设备[③]。一般来说，在统一农场社区，基础设施对于大多数的农户差异性不会太大，而不同家庭之间消费性或生产性设备是有差别的[④]。对于贫困农户来说，基础设施通常包括家庭住房、交通、通讯等资源，生产资料则为生产性工具和耐用消费品，我们从分地区相关指标来描述区域间物质资本的分

① 国家统计局．中国农村贫困监测报告2016．中国统计出版社，2017：23．

② 贵州省贫困人口建档立卡数据．

③ 杨培涛．牧民生计资本与生计策略的关系研究．西北师范大学，2009．

④ 徐定德，张继飞，刘邵权等．西南典型山区农户生计资本与生计策略关系研究．西南大学学报（自然科学版），2015（9）．

布差异。

1. 交通通信条件区域间的不均衡

农村地区基础设施逐渐完备，道路与通信条件都有所提高，但区域间差异还是很大，图 5 - 3 列出的指标中无疑是东部地区最优，中部地区次之，西部地区最弱。从道路条件上看，所在自然村社区内主要道路路面为水泥或柏油路面的户比重西部地区与东部地区差异较大，相差 17.5 个百分点；从通讯条件上看，有线电视的地区差异不算很大，而百户家庭拥有连入互联网的移动电话和计算机指标，西部地区分别落后东部地区 17.8 部和 20.5 台，差异明显。2016 年，贵州省因交通条件落后致贫的人口占到全部贫困人口的 3% 左右。

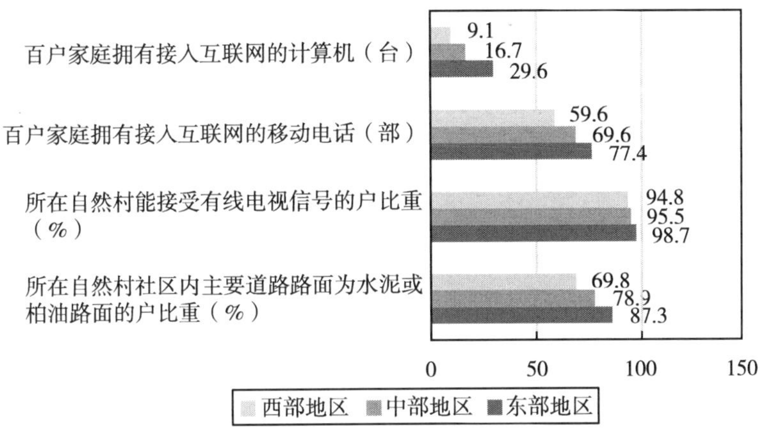

图 5 - 3　2015 年农村地区基础设施情况

数据来源：国家统计局住户收支与生活状态调查。

2. 居住条件较差

农村居民的居住条件一般包括住房结构、住宅外道路、卫生等内容。柴火炊事和无洗澡设施意味着居住条件较差，西部地区这两项指标都很高，分别为 51.4% 和 51.7%，分别比东部地区高 19.4 个百分点和 27 个百分点。有水冲式卫生厕所的农户比重、住宅外路面好的农户比重以及房屋结构为钢筋混凝土和砖混材料这三个指标表示居住条件较好，而西部地区是三个地区中指标最低的，分别比东部地区低 21.9 个百分点、18.5 个百分点、9.3 个百分点。由此可以看出，西部地区农村居民的居住条件较差，与其他地区的差异较大，具体见表 5 - 4。在贵州省，住危房和无卫生厕所的贫困农户在 110 万户以上。

表5-4　　2015年农村居民居住条件　　单位：%

指　　标	东部	中部	西部
炊事用主要能源为柴火的农户比重	32	48.8	51.4
无洗澡设施的农户比重	24.7	48.3	51.7
有水冲式卫生厕所的农户比重	41.3	17.8	19.4
住宅外的水泥或柏油路面的农户比重	67.3	56.9	48.8
居住钢筋混凝土和砖混材料结构住房的农户比重	61.8	64.8	52.5

数据来源：国家统计局住户收支与生活状况调查。

3. 耐用消费品地区间差异较大

如表5-5所示，彩色电视机、电冰箱等聚集度较高的传统家电区域差距较小，西部地区指标数值最低；空调、排油烟机、热水器、计算机等新型家电地区之间差距较大，西部地区普及率明显低于东部和中部地区，其中，西部地区的空调普及率只有每百户13.7台，分别只有东部地区和中部地区的22.06%和36.15%。再看代表交通工具的家用汽车指标，西部地区略高于中部地区，明显低于东部地区；受到地形和公共交通发展的限制，摩托车是西部地区农民的主要交通工具，每百户拥有量为69.1辆，略高于东部地区和中部地区。

表5-5　　2015年农村居民居住条件

指标	单位	东部	中部	西部
家用汽车	辆/百户	19.3	9.9	10.5
摩托车	辆/百户	67.4	66.3	69.1
电冰箱	台/百户	89.2	82.8	74.8
彩色电视机	台/百户	126.6	114.8	108.4
空调	台/百户	62.1	37.9	13.7
排油烟机	台/百户	46.3	26	18.8
热水器	台/百户	69.5	44.8	42.4
计算机	台/百户	37.3	24.2	14.5

数据来源：国家统计局住户收支与生活状况调查。

（四）金融资本

金融资本实际上就是从价值角度来看的资本，或者说是以货币形态存在的资本，是以取得收益和增值为目的而进入金融市场交易且最终进入实际产业部门的那部分资本，具体表现为银行资本、证券资本以及其他证券化的金融资产。在可持续生计分析框架中，金融资本是指人们用来实现其特定生计目标的现金、储蓄、信贷资金等金融资源的总和。在所有的生计资本中，金融资本的转换性最强，不仅可以转换为其他资本，还可以通过购买消费品和服务的方式直接转换为生计成果，提升个人和家庭生活水平。农民的金融资本是指农户用来维持或改善生计的金融资源，主要包括自身的现金收入、储蓄资金、获得贷款的可及性程度以及来自政府、社会组织和个人的无偿援助。

（五）社会资本

社会资本表现为对人类经济活动提供支持的社会关系网络，这个网络是由个体交往过程中所产生的社会信任、社会规范、互惠关系所共同组成，具有累积性特点。对于社会资本的研究起步较晚，1980 年法国社会学家布迪厄于最先提出了这一概念，认为社会资本是在某种制度化的社会网络中自然形成的资源。随着学者对社会资本研究的不断深入，其内涵不断扩大，我们把单独的个人的一般的“联系”或“关系”称作是狭义的社会资本，这种“联系”或“关系”通常发生在亲戚、朋友和同事之间，个体可以利用这些关系达到自然资本、金融资本、物质资本和人力资源的效用最大化；中观层次的社会资本着重强调的是社会资本所具有的公共产品性质；宏观层次的社会资本则与公共政策联系起来。无论是对个人还是对社会，社会资本都能发挥巨大的作用，于个人而言，社会资本帮助其建立互惠、信任关系，从而为人们取得成功铺就了良好的途径；于社会而言，社会资本是社会成员参与能力、合作能力、组织能力的集中体现，能够促进社会的和谐进步。社会资本包括在社会网络中所能动员的社会资源，不仅是由亲戚、邻居、朋友所组成的社会关系网，还有各种政府机构、事业单位、行业协会等各种正式或非正式团体组织及制度。

学者在进行可持续生计资本研究时，一般用人均年现金收入、从正规金融渠道获得贷款的机会、从非正规金融渠道获得资助的机会来表示农村地区的金融资本，用参加专业性合作经济组织的数量、寻找外出务工机会、可以求助的亲友数、需要大笔资金时可求助的亲友数以及家庭及近亲中乡镇、村干部数或其他公职人员数来表示农户的社会资本，得到西藏尼洋河流域、西南典型山区三峡库区①、宝兴县②、甘肃省天水贫困地区③等西部地区农民的金融资本、社会资本普遍偏低的结论。

三、生计资本结构的传递性与代际不公平

生计资本结构具有传递性，子代可以从父母那里得到继承（群体内部的代际传递），也可以从生活共同体或社会得到继承（群体间的代际传递）④⑤。代际公平可以通过同一群体内部的两代人进行的直接传递，也可以是不同群体之间的公平性通过代际传递方式的延续，具体如图5－4所示。

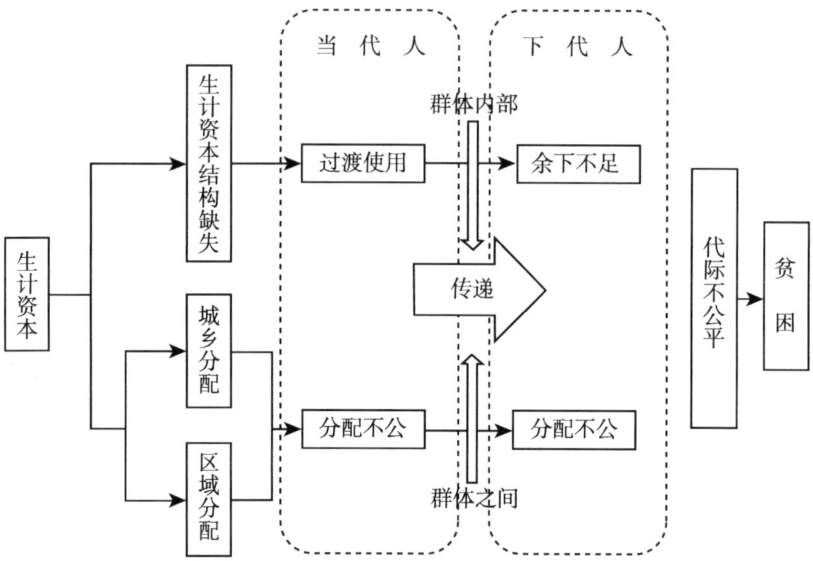

图5－4　生计资本与代际不公平的传递框架

① 徐定德，谢芳婷，刘邵权等．四川省山丘区不同生计策略类型农户生计资本结构特征及差异研究．西南大学学报（自然科学版），2016（10）．

② 刘菊，傅斌，王玉宽等．西部典型山区农户的生计状况分析——以四川省宝兴县为例．中国农业大学学报，2016（12）．

③ 翟彬，梁流涛．基于可持续生计的农村反贫困研究——以甘肃省天水贫困地区为例．农村经济，2015（5）．

④ Moore K. Frameworks for Understanding the Inter-generational Transmission of Poverty and Well-being in Developing Countries. Chronic Poverty Research Centre Working Paper, 2001（8）.

⑤ 李晓明．出生贫困就永远贫困吗？——国外学者关于“贫困代际传递”的理论分析．黑龙江史志，2008（6）．

(一) 贫困农民生计资本与群体内部的代际不公平

贫困农民群体内部的代际不公平主要通过自然资本进行传递。自然资本最直接的影响着农户的生产和生活方式，同时农户的生产和生活方式又会对自然资本造成影响。西部地区农民维持生计的传统方式主要有两种：种植和放牧。内蒙古、新疆、青海、宁夏、西藏等的部分牧区的牧民仍然以放牧为主，其他地区的农民则主要以种植业为主，这两种生计方式对土地资源、水资源等自然资源的依赖性较强。关于这一点，可以用一组数据来进一步观察和分析，如表5-6所示，是近十年来我国整体以及部分省份农民第一产业现金收入占人均现金总收入的比重。为了更为客观和准确地进行比较，在选取样本省份的时候不把传统的粮食主产区省份考虑在内。通过时间的纵向比较，可以发现近十年来全国各个省份农民第一产业现金收入占人均现金总收入的比重基本都是呈现出一种下降的趋势，这与近年来农民收入来源的多样化密不可分，例如工资性收入和财产性收入比重的不断上升。通过西部部分省份和全国以及中国东部省份的横向比较可以发现，除个别省份外，表中大部分西部省份农民第一产业现金收入占人均现金总收入的比重要远远高于中东部省份和全国平均水平。第一产业现金收入占总收入比重过大表明，目前广大西部省份农民的收入仍然以农林牧渔等产业为主，农民对土地、草场等自然资源的依赖性还很强。

表5-6 全国及部分省区市农民第一产业现金收入占人均现金总收入的比重 单位：%

年份	全国	中、东部部分省区市						西部部分省区市				
		山西	浙江	福建	湖南	广东	广西	贵州	云南	甘肃	青海	宁夏
2003	46.47	34.98	21.84	34.5	36.79	32.93	52.99	44.48	59.06	46.86	51.54	52.67
2004	47.9	36.72	23.13	35.29	39.41	33.59	55.39	48.07	62.19	50.63	52.39	58.23
2005	49.27	36.01	25.9	37.63	40.2	34.41	58.74	47.01	65.94	53.85	49.67	59.64
2006	46.74	34.21	24.27	36.57	36.28	31.05	58.25	39.42	65.4	51.62	46.67	58.82
2007	46.87	36.42	27.07	37.6	34.84	30.67	56.95	42.01	67.22	54.01	42.85	58.13
2008	46.39	36.74	29.18	37.51	34.8	29.16	55.88	43.71	64.5	50.37	38.73	57.21
2009	44.82	37.38	30.31	36.63	33.55	25.96	52.13	39.37	61.65	50.02	40.7	53.27
2010	43.23	38.93	30.56	35.92	30.12	25.78	51.4	33.9	59.04	50.15	38.53	49.72
2011	42.1	33.62	25.15	34.32	29.19	23.38	55.71	32.05	59.25	47.47	38.48	51.5
2012	40.77	31.59	22.45	33.72	26.91	22.42	52.02	31.39	58.17	47.58	37.67	51.54

数据来源：各省统计年鉴、调查年鉴，《中国农村区域统计年鉴》，《中国区域统计年鉴》。

另外，通过表中的数据还呈现出了一个有趣的现象，在全国贫穷人口最多，贫困程度最深的贵州省，农民第一产业现金收入占人均现金总收入的比重在西部省份中反而最小，不仅低于全国平均水平，甚至低于一些中东部省份。这并不能说明贵州省农民的收入来源更为多元化，对于自然资本的依赖程度较低。而是由贵州的实际情况决定的，贵州是全国唯一没有平原支撑的省份，人均耕地面积较低，土地破碎，土壤质量也很差。另外，贵州省是劳务输出大省，大量的农村剩余劳动力外出务工，这也是导致贵州省农民第一产业现金收入占人均现金总收入的比重较低的主要原因。

西部地区广大农民对于以土地资源为代表的自然资本比较依赖，但是，对于生计资本较为丰富的一部分农牧民而言，他们仍然可以利用各种资源从事其他利润更为丰厚的与农业有关或者无关的第二、第三产业，对自然资本的依赖性正在逐渐减弱。然而对于西部地区的农村贫困人口来说，由于生计资本结构的缺陷，他们没有条件去改善自己的生计方式，往往只能从事着传统的种植或者放牧业，对自然资本的依赖尤为严重，较之富裕农户而言，他们的生产方式也更为落后。在西部地区特殊的资源和生态环境背景之下，其生计方式很容易对本地区的环境造成破坏，而这种破坏往往是持续性和长期性的，从而使后代人可利用资源种类和数量减少，资源品质退化，以及减少后代人利用资源获益的机会，甚至可能威胁到他们的生存权，是一种群体内部的代际不公。

（二）贫困农民生计资本与群体间的代际不公平

西部地区贫困农户的生计资本结构呈现出区域不公平的特点。自然资源禀赋虽然是“天生”的，但贫困农户对自然资本的依赖性极高，是农民保障生存权的重要资本，西部地区耕地匮乏、质量低下，荒漠化和水土流失都十分严重，相比生活资源丰富的其他地区，自然资本成为西部地区农户天然的弱势资本。西部地区农民人力资本、物质资本、金融资本、社会资本四项资本也落后于中部和东部地区。整体上，西部地区农民的生计资本在区域群体间较为弱势，是一种群体之间的不公平，形成不公的原因可能是农户的内生因素，也可能是经济发展程度、政策制度制约等外生因素，这样的不公平通过代际传递的方式进行延续，下一代继承了上一代遭受的“不公”，形成群体之间的代际不公平。

第二节 西部地区贫困农民生计资本结构分析——以贵州省关岭、晴隆两县为例

一、样本区的选取和介绍

1. 样本区的宏观介绍

贵州省是全国贫困发生率最高，贫困程度最深，贫困人口最多的省份，贫困人口集中分布在乌蒙山区、武陵山区、滇黔桂石漠化区。截至2013年年底，贵州省农村贫困人口745万人（按人均收入2300元/年的国家扶贫标准），分布着50个国家级扶贫重点县。同时，贵州省也是全国唯一一个没有平原的省份，山高坡陡，全省平均海拔在1100m左右，高原、山地、丘陵和盆地是其四种基本的地貌，其中山地和丘陵占到总面积的92.5%，省内大部分地区群山起伏，山高坡陡，地形崎岖。贵州省第二次土地调查主要数据成果公报显示，截至2009年年底，贵州省耕地面积6844万亩，人均耕地1.67亩，略高于1.52的全国平均水平，但是耕地质量较差，其中坡度在2°以下的平地仅有346万亩，占耕地总面积的5.1%，25°以上陡坡耕地1228万亩，占耕地总面积的17.9%。另外，贵州省全喀斯特岩溶面积占全省国土面积的73.55%，属于生态环境相对脆弱的喀斯特地貌山区。贵州省特殊的地质条件使当地自然环境脆弱性特征十分明显，据2011年《贵州省水利建设生态建设石漠化治理综合规划》上的统计数据，贵州国土面积的42%遭受水土流失的影响，总面积达7.3万平方公里，土壤侵蚀总量2.5亿吨，相当于每年流失40多万亩耕地的表层土，石漠化土地占国土面积的19%，达3.3万平方公里，居全国之首，且近年来仍以每年1%左右的速度在继续扩大①。由此可见，贵州省贫困与生态问题都十分突出。

隶属于安顺市的关岭县和隶属黔西南州的晴隆县同处滇黔桂石漠化区，根据2012年贵州省发布的石漠化状况公报显示，截至2011年年底，全省石漠化土地面积共302.38万公顷，占全省国土面积的17.16%。其中

① 贵州省人民政府．贵州省水利建设生态建设石漠化治理综合规划．2011，5．http：//wenku. baidu. com/link？ url = gRoe8nHzZZze4JkHZEKX9QBlWHnuVk3 _ qNe-TMkeKqHDADZBBSe2S34X4SVKOXeRH9oeW8u9IEvqUZbWwRGexHc4BZUSNXYxksU_T16rZuW.

石漠化发生率最高的地市（州）是安顺市，达到47.35%；黔西南州为39.69%，居其次；六盘水市36.87%，排在第三位。晴隆县土地面积1331平方公里，石漠化土地面积825.55平方公里，占到本县国土面积的62.8%。关岭县石漠化土地面积1468平方公里，其中岩溶面积高达1230.7平方公里，占到国土面积的83.84%，石漠化面积633平方公里，占到全县国土面积的43.1%。两个县的石漠化率均高于全省和本地区平均水平，2008年两县被纳入全国100个石漠化综合治理试点县范围，2011年又被纳入国家石漠化综合治理实施范围。通过分析可以发现，关岭和晴隆两县土地石漠化问题十分突出，水土流失严重，“土地越重越薄，石头越长越高”成为当地农民一句无奈的感慨。这种情况会严重制约后代人生存发展过程中对于土地和环境的需求，对以可持续发展为核心的代际公平的实现形成了巨大的挑战。

另一方面关岭县和晴隆县同属于国家级贫困县，2013年晴隆县农村贫困人口11.35万人，农村贫困发生率37.41%，高于全省和扶贫开发重点县的平均水平，农村贫困发生率在黔西南州排名第一，如表5－7。同期关岭县农村贫困人口10.09万人，农村贫困发生率28.65%，在仅次于本地区的紫云县，在安顺市6个县区中排名第二。

表5－7　2013年全省及部分县区农村贫困人口、农村贫困发生率情况对比

地区	农村贫困人口（万人）	农村贫困发生率（%）
全省合计	745.00	21.30
扶贫开发重点县	580.47	27.05
黔西南州	69.50	22.33
兴义市	6.80	10.02
兴仁县	8.96	20.70
普安县	6.60	19.63
晴隆县	11.35	37.41
贞丰县	10.09	25.62
望谟县	10.01	33.02
册亨县	7.54	32.73
安龙县	8.15	18.77
安顺市	51.63	20.84
西秀区	6.06	9.25
平坝县	4.58	14.91

续表

地区	农村贫困人口（万人）	农村贫困发生率（%）
普定县	11.11	25.47
镇宁县	9.26	25.74
关岭县	10.09	28.65
紫云县	10.53	28.68

数据来源：《2014 年贵州省统计年鉴》。

贵州省水利建设生态建设石漠化治理综合规划中，关岭县和晴隆县被划为岩溶峡谷石漠化综合治理区。该区域内共同特点是地势起伏大、山高坡陡、土壤瘠薄、耕地质量差、水土流失严重，生态承受能力十分脆弱。同时该地区又是贫困人口的集中分布区，农民的生计方式落后、单一，土地利用效率较低，陡坡开垦、过度放牧、砍伐薪材现象严重，人地矛盾突出，这使得当地的生态资源很容易遭到破坏。虽然石漠化形成与自然环境有很大关系，但目前人多、地少、贫穷的社会因素已经成为导致该地区石漠化加剧的主要因素。据贵州省林业厅发布的《贵州省石漠化状况公报》显示，相较于 2005 年，截至 2011 年年底，全省共有 2.96 万公顷潜在石漠化土地因陡坡耕种的原因转化为石漠化土地，其中 25°以上坡耕地的石漠化面积增加了 0.77 万公顷。同时，根据贵州省林勘院发布的《贵州省第二次石漠化石漠化调查报告》显示，在晴隆县石漠化逆向演替（退化）的原因中人为因素占到 93.8%，其中毁林（草）开垦占到 7.12%，过牧 21.28%，不适当的经营方式 46.33%，过度樵采 18.65%。灾害和其他因素共占 6.62%。

根据以上分析，关岭县和晴隆县贫困问题和生态问题（石漠化）都十分突出，人为因素又是导致本地区水土流失加剧和石漠化逆向演替（退化）的重要原因，这无疑对本地区代际公平的实现形成了巨大的挑战。因此，选取这两个地区进行农民生计方式的代际公平问题研究具有典型性。本章节中我们将通过对调研样本中贫困农民生计资本特点的分析，来论述贫困农民生计方式对当地石漠化演进的影响，从而对本地区贫困农民生计方式的代际公平问题进行研究。

2. 调研样本的选取和概况

为了使所选样本有充分的代表性，便于对贫困农民生计方式的代际公平问题进行研究。本书采用典型抽样与随机抽样相结合的调查方式。首先通过相关资料的查阅选取出关岭县和晴隆县两个较为典型的研究区域，到达调研地点后再与当地政府主管部门和地方群众进行沟通交流，并实地探访，以便选取出比较典型的乡镇和村庄，最终经过对比，选取一些贫困农民较为集中，同时当地石漠化等生态环境比较严重的村庄进行调研。进入调研地点以后通过随机抽样的方式选择被调查的农户，通过调查问卷的形式采集样本数据（问卷样式见附录）。调研具体地点包括晴隆县境内马场乡马场村，莲城镇菜子村、江兴村、蔡家村，关岭县境内板贵乡坝山村，花江镇雅胜村，上关镇三合村。共计 2 个县，5 个乡镇，7 个行政村。本次调研共收回有效问卷 348 份，其中马场村 31 份，菜子村 44 份，江兴村 34 份，蔡家村 28 份，坝山村 54 份，雅胜村 86 份，三合村 71 份。

二、农民生计资本指标的设定及测量

本书参照英国发展署（DFID）建立的可持续生计分析框架，把农户生计行为看作是在市场、制度政策以及自然因素等造成的风险性环境中，利用自身所拥有的各种资源、权利和可能的策略去达成预期的成果，从而提升自身的生计水平。可持续生计框架的核心是五种生计资本，即自然资本、物质资本、金融资本、人力资本和社会资本，以上章节已经对这五种资本进行过论述。下面借鉴国内外相关研究成果构建衡量各项生计资本的指标体系，对研究区农民生计资本进行测量和分析。

1. 自然资本

耕地资源是调研区农户最重要的自然资本，同时，由于生计模式和生态治理模式的不同，晴隆县地区的草地资源，关岭县地区的林地资源分别是当地农户自然资本的补充，鉴于草地和林地资源对于本区农户生计的意义基本相同，为便于对农户自然资本的衡量，统一将农户的这两项资本确定为农户的林（草）地面积。因此，农户的自然资本就用耕地面积和林（草）地面积两个指标来衡量，并根据各自对农户生计的影响，分别赋予权重 0.7、0.3，如表 5 - 8。具体是先用极值法，如式（5 - 1），对面积经行标准化处理（以后对数据的标准化均用此公式），然后根据各自所占的权重，计算出农户自然资本的总水平。

$$Z_{ij} = \frac{X_{ij} - X_{jmin}}{X_{jmax} - X_{jmin}} \tag{5-1}$$

其中，Z_{ij}表示第 i 个农户第 j 项指标标准化后的值，X_{ij}表示第 i 个农户第 j 项指标实际的变量值，X_{jmin}表示第 j 项指标中的最小值，X_{jmax}表示第 j 项指标中的最大值，通过标准化处理，使得不同性质和类别的数据均处于 0 ~ 1 之间，具有可比性。

表 5 - 8　　　　农户自然资本指标测量

	测量指标	指标符号	求和
自然资本（N）	耕地面积	N_1	$N_1 \times 0.7 + N_2 \times 0.3$
	林（草）地面积	N_2	

2. 人力资本

结合相关研究成果，本书将用三个指标对农户的人力资本进行测量。指标一：家庭整体劳动能力；指标二：是否至少有一个男性成年劳动力；指标三：家庭成年劳动力受教育程度。第一个指标的测量，要对不同年龄阶段和健康状况的家庭成员进行划分和赋值，如表 5 - 9，求和后进行标准化处理。第二个指标是鉴于成年男性劳动力对于农户生计的重要作用而设立的，若有，赋值为 1，否则为 0。第三个指标要求对农户家庭每一个成年劳动力的受教育水平进行赋值，如表 5 - 10，然后求和并进行标准化处理，方法与指标一的测量类似。参考李小云①的指标体系设定，同时考虑到调研区内部三个指标对农户人力资本的贡献，本书中三个指标分别赋予 0.5、0.25、0.25 的权重。

表 5 - 9　　　　单个家庭成员劳动能力的赋值

类别	解释	赋值
10 岁以下	年纪太小，不能劳动	0.0
10 ~ 14 岁	可以做简单的家务活（农活）	0.3
15 ~ 17 岁	可以做成人的助手	0.6
18 ~ 60 岁	成年人，从事全部成人劳动	1.0
60 岁以上	老年人，从事部分成人劳动	0.5
残疾人	不能劳动	0.0
长期患病者	不能劳动	0.0

注：60 岁以上完全丧失劳动能力的老人赋值为 0。

① 李小云等．农户脆弱性分析方法及其本土化应用．中国农村经济，2007（4）．

表 5－10　单个成年劳动力受教育程度的赋值

类别	赋值
文盲	0.00
小学	0.25
初中	0.50
高中（中专）	0.75
大专及以上	1.00

3. 物质基本

本书对物质资产的测量，设定了三个指标。第一个指标是家庭住房情况，这就要求对农户的住房类型，住房面积和住房年限进行赋值，如表 5－11，然后根据公式“住房指标值 =（住房面积赋值 + 住房结构赋值）/2 × 住房年限赋值”来测算出该农户家庭住房的综合水平值。例如，若某农户家建有 6 间砖瓦房，建筑时间 6 年，则该农户家庭住房指标值为 0.6562，即 0.75 ×（1 +0.75）/2。第二个指标是农户家庭固定资产情况（住房除外）。家庭固定资产的指标值就是被调查农户所拥有的资产的选项数占所设定选项总数的比例。本书共设定了 16 项家庭固定资产，例如，某农户有电视机、电冰箱、洗衣机 3 项物品，其固定资产指标值为 0.1875，即 3/16。第三个指标是村庄基础设施情况，按照农户对本地道路、电力、水利、医疗 4 个方面的满意度评价，从“非常好、比较好、一般、不太好、很不好”依次赋值，如表 5－12，根据每个方面 0.25 的权重，测算出基础设施的标准值。根据调研区的实际，参考杨云彦等对农户生计资本测量，分别赋予农户物质资产的三个指标 0.4、0.3 和 0.3 的权重。

表 5－11　农户家庭住房类型的赋值

住房类型	赋值	住房面积	赋值	住房年限	赋值
混凝土房	1.00	5 间以上	1	5 年以内	1
砖瓦房	0.75	4 间	0.75	5～10 年	0.8
砖木房	0.5	3 间	0.5	10～20 年	0.6
土木房	0.25	2 间	0.25	20～30 年	0.4
草房	0	1 间	0	30～40 年	0.2
				40 年以上	0

表 5 - 12　　农户基础设施指标赋值

	非常好	比较好	一般	不太好	很不好
道路条件	1	0.75	0.5	0.25	0
电力条件	1	0.75	0.5	0.25	0
水利条件	1	0.75	0.5	0.25	0
医疗条件	1	0.75	0.5	0.25	0

4. 金融资本

本书用农户获得的年现金收入（毛收入），获得信贷资金的渠道，获得无偿资金援助的机会三个指标来测量农户所拥有的金融资本。第一个指标，农户的现金收入指全部家庭成员在过去一年内（2013 年）包括种植业收入，畜牧业收入，外出务工、运输、手工业等副业收入，以及工资收入的总和。直接用极差法对其进行标准化处理，就得出了现金收入的标准值。获得信贷资金的渠道不仅包括从银行/信用社等正规金融机构获得的贷款，也包括从亲朋好友处获得的借款和高利贷借款，这三种渠道就构成了衡量农户获得信贷资金的三个指标。把三个指标均设为二分变量，即如果能获得某一方面的贷款，则赋值为 1，否则为 0，将三个指标加权求和就得出了家庭获得信贷机会的指标数值，如表 5 - 13。第三个指标是农户获得无偿资金援助的机会，这个指标用农户过去 12 个月内是否收到过现金形式的捐款或汇款来衡量，若收到赋值为 1，否则为 0。按照三个指标对农户金融资本的重要程度，同时参考相关的研究成果，分别赋予 0.5、0.25、0.25 的权重。

表 5 - 13　　农户获得信贷机会指标的赋值

	若有，赋值为 1，否则为 0	求和
银行或信用社	X	X × 0.5 + Y × 0.25 + Z × 0.25
亲戚、朋友	Y	
高利贷	Z	

5. 社会资本

本书用四个指标来测量农户的社会资本。第一个指标是家庭成员的领导力，用家庭是否有村委会成员或村民代表和在村里召开会议时提意见的频率来测量，具体赋值情况见表 5 - 14。第二个指标是参与社区组织状况，用农户参与各类型的农业专业合作社的数量来测量，具体赋值情况见

表5－14。第三个指标是农户对周围人的信任度，其测量方法同样赋值，见表5－15。第四个指标是农户的亲戚圈，用在同一行政村里亲戚的数量来测量，直接对亲戚的数量进行极差标准化处理，就得出了农户亲戚圈的标准值。给测量社会资本的四个指标均赋予0.25的权重，求和就得了社会资本的综合水平。

表5－14　　农户领导力指标赋值

指标	赋值	求和
村委会成员或村民代表（X）	若有，赋值为1， 否则，赋值为0	X×0.7＋Y×0.3
提意见的次数（Y）	总是提，赋值1	
	通常提，赋值0.75	
	有时提，赋值0.5	
	极少提，赋值0.25	
	从不提，赋值0	

表5－15　　农户参与社会组织和对周围人信任度赋值

指标		赋值
家庭成员在过去12个月中参与过的社区组织个数	4个或以上	1.00
	3	0.75
	2	0.50
	1	0.25
	0	0.00
对周围人的信任度	几乎全部	1.00
	大多数	0.75
	一半	0.50
	不多几个	0.25
	几乎没有	0.00

三、农民生计资本的评估结果

根据建立的指标体系，用SPSS18.0对所搜集的问卷样本进行统计分析，可以得出调研区农民各项指标的测量值，具体见表5－16。分析结果表明，在调研区农民的人力资本是所有资本中数值最大的，达到0.49，其次是物质资本0.4，自然资本和金融资本的测量值同为0.35，社会资本在所有生计资本中的数值是最小的，只有0.29，资本总和为1.88。参考国内学者对其他地区农户生计资本量的测量，相比较而言，调研区农户的各项资本的数值都较低，这与当地农业经济发展落后，农民普遍较为贫困的实际情况是相符合的。

表5-16　　调研区农民生计资本整体情况测量表

资本类型	测量指标	指标符号	指标公式	指标值	资本数值
自然资本（N）	耕地面积	N_1	$N_1 \times 0.7 + N_2 \times 0.3$	0.38	0.35
	林（草）地面积	N_2		0.26	
人力资本（H）	家庭整体劳动能力	H_1	$H_1 \times 0.5 + (H_2 + H_3) \times 0.3$	0.38	0.49
	成年男性劳动力	H_2		0.95	
	成年劳动力受教育程度	H_3		0.23	
物质资本（P）	家庭住房情况	P_1	$P_1 \times 0.4 + (P_2 + P_3) \times 0.3$	0.44	0.40
	家庭固定资产情况	P_2		0.27	
	基础设施情况	P_3		0.46	
金融资本（F）	家庭年现金收入	F_1	$F_1 \times 0.5 + (F_2 + F_3) \times 0.25$	0.35	0.35
	获得现金信贷渠道	F_2		0.49	
	获得无偿援助的机会	F_3		0.19	
社会资本（S）	家庭成员领导力	S_1	$(S_1 + S_2 + S_3 + S_4) \times 0.25$	0.13	0.29
	参与社区组织情况	S_2		0	
	对周围人的信任度	S_3		0.77	
	同村亲戚圈	S_4		0.27	
资本总和	—	—	—	—	1.88

注：各指标值取所有样本测量的平均值，并在处理过程中消除了一些极端值，实际样本336个。

为了更好地研究贫困农民生计资本的特征，本书将对不同收入水平农民的生计资本状况进行分类对比。按照国际通用的五等分法，相关研究通常把样本数的20%定义为低收入贫困农民，但是鉴于调研地区的贫困发生率较高，我们对这一划分进行适当的修正，将样本数的约30%左右定义为低收入贫困农民，前约20%左右定义为高收入农户，中间约50%左右定义为一般收入水平，便于更为深入地研究贫困农民各项生计资本的特征。在具体的操作中，为了便于统计分析，我们将家庭年收入在20000元以下

（包括20000元）的农户定义为贫困农民，约占总数的34.82%，共117户。将家庭年收入在20000~52000元（包括52000元）的农户定义为中等收入农民，约占总数的45.83%，共154户。将家庭年收入在52000元以上的家庭定义为富裕农民，约占总数的19.35%，共计65户。三类不同收入农户生计资本的总体情况见表5-17。

表5-17　　　　不同收入水平农户生计资本状况对比

资本类型	测量指标	贫困农民	中等收入农民	富裕农民
自然资本	耕地面积	0.37	0.38	0.39
	林（草）地面积	0.27	0.25	0.27
人力资本	家庭整体劳动能力	0.30	0.40	0.48
	成年男性劳动力	0.87	0.99	1.00
	成年劳动力受教育程度	0.16	0.24	0.33
物质资本	家庭住房情况	0.39	0.47	0.49
	家庭固定资产情况	0.23	0.27	0.31
	基础设施情况	0.45	0.47	0.45
金融资本	家庭年现金收入	0.10	0.36	0.76
	获得现金信贷渠道	0.46	0.48	0.53
	获得无偿援助的机会	0.21	0.12	0.32
社会资本	家庭成员领导力	0.11	0.13	0.17
	参与社区组织情况	0	0	0
	对周围人的信任度	0.76	0.78	0.78
	同村亲戚圈	0.24	0.29	0.25

如图5-5所示，贫困农民的各项生计资本均低于中等收入农民和富裕农民，并且根据表5-18可以看出，造成这一情况的原因不是个别指标偏低，而是贫困农民各项生计资本的测量指标值整体偏低。

（1）人力资本。贫困农民的人力资本测量值在其所有资本中最大，为0.41，但还是远低于富裕农民的0.57和中等收入农民的0.51，这表明贫困农民人力资本积累仍旧比较薄弱。特别是其中的成年劳动力受教育程度指标，只有0.16，不足富裕农民的1/2，相当于中等收入农民的2/3。贫困农民接受正规教育的年限普遍较低，也很少有人能够接受系统的技能教育，更缺少参加各种技能培训的机会。贫困农民人力资本的这些特征，直接影响生计效率的提升和生计方式的创新。为生计所迫，很多贫困农户缺

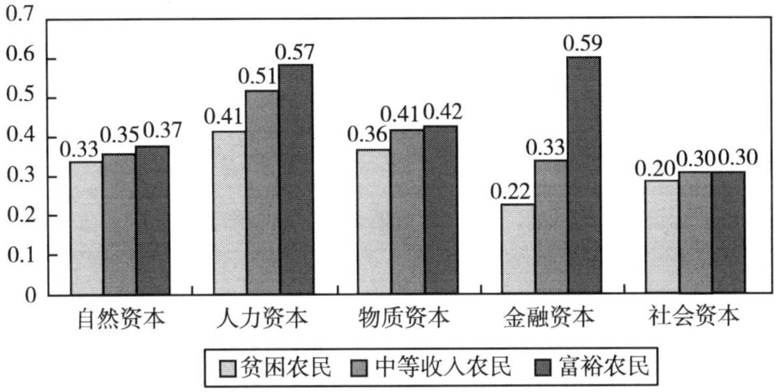

图 5-5　不同收入水平农户生计资本状况对比

少供孩子顺利完成学业的教育支出，也缺少必要的医疗支出，这使得贫困农民人力资本的发挥受到很大的限制，从而影响到可持续生计能力的塑造。

（2）物质资本。贫困农民的物资资本测量值为 0.36，仅次于人力资本，其中农户家庭固定资产指标值只有 0.23，而中等收入农民和富裕农民的这一数值分别为 0.27、0.31，都不是很高，这表明贫困区农民的固定资产都不丰富，尤其以贫困农民为甚。并且在实际调研中可以发现，农户所拥有的固定资产多为电视机、洗衣机、冰箱、电话/手机、以及摩托车等维持日常生活的耐用消费品，缺乏脱粒机、水泵、暖棚、耕牛等能改善生计资本脆弱性的生产性工具。在道路、电力、水利、医疗等基础设施方面，三类收入人群的测量值差别不大，但是农户对当地的交通条件，特别是农田水利设施的满意度较低，而贫困农民对农田水利条件的满意度最低，这是由贫困农民对土地等自然资本的依赖程度所决定的。

（3）自然资本。贫困农民的自然资本的测量值为 0.33，低于其他两类收入人群，这表明贫困农民维持传统生计的基础更为薄弱，调研中的现实情况也验证了这一点，越是贫困的地区和农民，他们农业生产所面临的自然资本条件往往越不利，土地石漠化程度高，地块细碎化程度高，土层薄，土质差。但是，尽管贫困农民自然资本的脆弱性较强，贫困农民对土地等自然资本的依赖程度却要高于其他收入群体，为了更好地说明这一问题，研究各项资本对于不同收入水平农民生计的重要性，本书测算出不同收入水平农民各项生计资本占资本总和的比重，即，各项资本占总资本的百分比，如表 5-18。由此我们可以看出，贫困农民自然资本的测算值虽然小于其他收入人群，但是自然资本在资本总和中所占的比重达到

20.63%，高于中等收入农民的18.42%和富裕农民的16.44%，收入水平越高自然资本在资本总和中所占的比重就越小。这表明随着收入水平的提高，农民对自然资本的依赖程度是不断降低的，这一现象对解释贫困农民生计方式对代际公平的影响具有重要的意义。

表5-18　不同收入水平农户各项资本占资本总和的比重　单位:%

	自然资本	人力资本	物质资本	金融资本	社会资本
贫困农民	20.63	25.63	22.50	13.75	17.50
中等收入农民	18.42	26.84	21.58	17.37	15.79
富裕农民	16.44	25.33	18.67	26.22	13.33

（4）金融资本。贫困农民金融资本的测量值仅有0.22，仅相当于富裕农民的37%，中等收入农民的67%。其中家庭年现金收入只有0.1，而中等收入农民的家庭年现金收入为0.36，是贫困农民的3.6倍，富裕农民为0.76，是贫困农民的7.6倍，这表明农户间现金收入存在很大的差异，贫困农民的货币资本非常缺乏。根据调研过程中的实际调查，贫困农民的家庭储蓄率很低，并且普遍欠有外债，由于自身物质资本的短缺，缺少必要的抵押和担保，贫困农民也很难从农信社、银行等金融机构获取贷款，主要依靠从亲戚朋友处获得借贷资金。金融资本的短缺给农户生计活动的改善形成极大的压力，增加其生计的脆弱性。

（5）社会资本。贫困农民社会资本的测量值为0.28，中等收入农民和富裕农民的这一值同为0.3，略高于贫困农民，相较于其他几类资本而言，三类收入人群之间的差异并不大。这主要是由于调研区域的选择具有很强的相似性，且家庭成员领导力、对周围人的信任度和同村亲戚圈是一个长期积累的过程，并不能在短时间内随着收入的改变而改变，社区组织参与情况又很大程度上受当地大环境的影响，这一指标在不同收入的农户之间也不可能存在较大的差异。农户的社会资本主要受对周围人的信任度和同村亲戚圈的影响，他们是农民相互扶持、抵抗生计风险的主要依赖，而参与社区组织情况的测量值为0，这表明在调研地区各种地区性的现代化的农业专业合作组织建设非常滞后。这种相对封闭和狭窄的社会关系，对于贫困农民生计方式改善的促进作用十分有限。

总体而言，贫困农民生计资本测量值仅为1.6，生计资本呈现出存量有限、结构性缺失、对生计贡献率低的特征，贫困农民对生计资本的开发利用能力处于较低的水平。根据可持续生计框架，可持续的生计方式对生计输出的影响包括自然资源利用更加稳定，收入增加，生活水平高，脆弱性减少，食物更加安全等几个方面。而贫困农民不可持续的生计方式可能会得出完全相反的生计输出结果，从而影响到生计的可持续性和代际公平的实现。

第三节　基于代际公平的反贫困对策建议

对西部地区贫困农民来说，生存是第一位的，要生存就必须发展，但是这种发展又不能建立在资源的过度消耗和生态环境的破坏基础之上，避免牺牲到后代人的利益。这就要求平衡区域间生计资源投入，改善贫困农民落后的、不合理的生计方式，促进可持续发展和代际公平的实现。

一、加大资金和政策支持力度，改善贫困农民落后的生计资本状况

生计资本是决定农民生计方式的基础和决定性因素。根据分析，贫困农民的生计资本存在数量上的缺失和结构上的不均衡，这种状况限制了多样化生计方式的形成和发展，如果不能加以改善，将影响到自然资源在代际间的公平配置，阻碍代际公平的实现。同时，贫困农民自身能力十分有限，因此，其生计资本状况的改善要更多地依靠国家对农村的资金和政策扶持力度。

（一）自然资本方面

各地区适宜农业生产的土地资源的总量是有限的，在这种情况下，想要通过扩大贫困农民家庭土地面积来增加其自然资本存量显然是不现实，也是不科学的。因此，在现有的土地规模上采取各种措施，提高单位面积土地的产出率，达到自然资本事实上的增加，是贫困农民自然资本改善的可行途径。具体措施包括改良土壤、扩大对良种的补贴范围和力度、增强对先进农业生产技术应用推广的补贴力度等。

（二）物质资本方面

第一，加大对农村基础设施建设的投入，以最急需、最关键、最薄弱的环节为重点，组织实施一大批重大工程，改善农村的道路、电力、水利等基础设施，夯实现代农业发展的物质基础。第二，国家应进一步增强对

家电下乡、农村危房改造工程的补贴力度、加大对贫困农民购置小型农用机械的补贴力度和补贴范围。通过这些措施改善贫困农民的居住条件，同时使他们以较少的投入获取较多的家庭耐用消费品、农业生产工具，以增加物质资本的存量。

（三）人力资本方面

加快转变依靠增加人口数量来提高人力资本的状况，大力发展农村教育，提升贫困农民家庭人口素质。在基础性教育上，要促进广大农村地区切实落实九年义务教育政策，同时根据实际情况，适当延长贫困农村地区义务教育年限。要进一步加大对农村的资金投入，改善贫困地区基础教育设施，提高师资力量水平，让贫困家庭的孩子有机会享受到更多、更优质的基础性教育；在高等教育上，通过设定各类奖、助学金，以及助学贷款政策的完善，减轻农村贫困家庭子女的教育负担；在职业培训方面，可以免费为农民提供技能培训的途径，提高农民的生存技能水平，促使他们在面临就业时，有更多的选择机会。

（四）金融资本方面

第一，国家和各级政府要按照总量持续增加、比例稳步提高的要求，根据各地的实际情况，有针对性地增强资金投入力度和政策帮扶水平，建立扶贫投入稳定增长的长效机制，同时要保证扶贫资金用到准、用到位，实现“精准扶贫”。第二，要发挥农村金融服务组织在改善贫困农民金融资本方面的积极作用，进一步加快农村地区金融机构和金融制度改革的步伐，提升农村金融机构的服务质量，加强产品和服务创新。要根据贫困农户的实际情况，探索创新更多的符合贫困农民需要的信贷产品和金融服务，切实降低贫困农民贷款的申请和审批难度，为贫困农民的生计改善提供必要的资金支持。

（五）社会资本方面

当前，贫困农民单一的、以血缘关系为纽带的非正式的社会关系网是其社会资本的主要来源，在这个网络中，政府和社会组织职能严重缺位。要改善贫困农民社会资本短缺的状况，提升社会资本对贫困农民生计方式改变的作用，就必须建立起对贫困农民多层次、全面的社会服务网络。第一，政府、事业单位等正式的官方组织机构要树立职能意识和服务意识，为贫困农民提供必要的无偿援助，包括资金和服务。第二，地方政府要采取各种有效措施，引导贫困农民建立和参加各种正式的社会组织，包括合作社、专业技术协会等，以此增强贫困农民的团体凝聚力，提升他们之间合作互助的程度，达到“1 +1 >2”的效果。社会资本的改善可以为贫困农民转变生计方式，实现可持续生计创造有利条件。

二、削减制约贫困农民生计方式改善的外部性条件，促进代际公平的实现

根据可持续分析框架，生计资本特征对农民生计方式的影响不是孤立地发挥作用的，要受到各外部性条件的影响，这些条件包括各种政府和社会层面上的约束，例如户籍制度、土地制度、教育制度、社保制度、文化因素等。我们的分析显示，目前我国现行的以上各种制度，制约了贫困农民的生计选择，不利于其生计方式改善。因此，必须加快推进我国农村户籍、土地、教育、社保制度的改革步伐，为贫困农民生计方式的改变创造良好的制度保障，促进可持续生计的实现，实现代际公平。

（一）加快户籍制度改革

当前，我国社会仍然是城乡二元结构，这种社会结构不仅导致城乡各种社会资源分配不均，而且城乡的相互分离造成社会信息交流的不畅，贫困农民生计方式改善所需要的资源、环境等各项条件因为这种结构而得不到满足，阻碍可持续生计的实现。户籍制度改革是破解城乡二元结构的重要突破口，必须尽快探索户籍改革的可行性路径，破除户籍制度对于贫困农民生计选择的制约。具体改革举措包括：放开小城镇的户口限制，统一城乡户籍管理，推行居住证制度，推动各种社会福利政策与户籍制度的脱钩等。目前，外出务工已经成为贫困农民主要的生计方式，这对于贫困农民减轻对自然资本的依赖，改善落后的生计方式有着重要的促进作用，有利于减轻当地资源和环境的压力。但是，户籍制度的限制使得这种生计方式具有不可持续性，这种情况必须得到改观。具体政策要视不同情况具体区分，对于经济条件较好的外出务工农民可以适当放开其在中、小城市的落户；对于条件一般或是一部分生态移民则重点为其在小城镇的落户提供便利；但是对于生活条件困难，在城市没有落户能力和意愿的城市务工农民重点推行居住证改革，为其自由流动和生活提供便利。

（二）完善农村土地产权制度

土地是农民赖以生存和发展的基础，是农民收入的主要来源，对于贫

困农民尤为如此。但是，现行的土地制度在一定程度上束缚了农民生计方式的改善和多样化的发展。为了适应新时期农业农村发展的需要，国家应该实行更为宽松的土地政策，要进一步明确农村土地产权，赋予农民对承包地相对完善的财产权，让农民拥有稳定的土地使用权，通过这些政策鼓励农民从事更为长期的农业生产活动，达到保证土地质量、提高土地生产率、增加农民收入的目的。此外，规模化、标准化和产业化经营是当今农业发展的重大趋势，以家庭农场、农业合作社、农业产业基地为代表的新型农业经营主体将在农业生产中发挥更为重要的角色。因此，必须完善土地承包和规范的土地流转制度，为新型农业经营主体的发展创造条件，提供保障。要在坚持和完善以家庭承包经营为基础、统分结合的双层经营体制的基础上，积极探索制定促进土地承包经营权流转的各项政策措施，规范、引导农村土地流转市场。要按照依法自愿有偿原则，在不改变土地所有制性质，不改变土地用途，以及不损害农民土地承包权益的前提下，允许农民以转让、出租等多种形式对自己的土地承包经营权进行流转，同时，依法保障土地实际经营者对土地的占有、使用、收益等权利。要进一步改革、规范征地制度，完善征地补偿机制。在优先保证农业用地的前提下，对于依法征用的农村集体土地，要严格按照法律法规和相关政策规定对集体和农民进行合理的补偿，同时在就业、住房和社会保障方面对失地农民予以关注。

（三）建立和完善农村社保制度

当前我国农村地区的社会保障体系很不健全，比较突出的问题就是“因病返贫，因病致贫”现象严重，这限制了贫困农民生计方式的改善。只有建立相应的社会保障机制，才能为贫困农民生计方式的改善创造良好的外部条件。第一，重点加快农村最低社会保障制度和养老保险制度建设，深化新型农村合作医疗制度改革，着力解决农村最低生活保障，养老和医疗这三个基本的社会保障问题，破除贫困农民“养儿防老”的落后思想和“看病难，看病贵”的难题。第二，在农村社保制度的建设和完善的过程中要促进城乡社保体系的有效衔接。目前，劳动力在城乡之间大规模、频繁的流动已经成为一种常态，但是农民工从事工作具有短期性和不稳定性，由于城乡养老保险制度的相互割裂，他们很难享受到基本的职工养老保险等社会福利。这种情况的存在，不利于劳动力的流动，进而影响贫困农民生计的改善，因此，城乡社会保障一体化改革势在必行。建立和完善农村社保制度要求政府在公共财政政策方面加大对农村公共服务体系建设的支持力度，完善各级政府的公共财政政策，增加部门经费开支透明度，解决财政资金城乡分配的不均问题，把公共服务支出的公平性问题作为一个重要的财政支出绩效指标进行考核。

（四）促进教育制度改革

提高家庭成员的受教育水平，是增加贫困农民人力资本，促进生计方式转变的重要途径。但是，目前我国教育制度存在教育资源空间配置的不合理，教育机会的不均等，教育与社会脱节等问题，这限制了贫困农民家庭通过教育来改变生计方式，改善生计状况的目的。教育制度的改革，首先要平衡不同地区之间、城市和乡村之间教育资源的配置，加大对欠发达地区和农村地区教育资金的投入和政策的扶持力度。此外，要为所有人提供公平的接受高等教育的机会，改革目前的高考制度，增加高等院校中农村学生，特别是农村贫困家庭学生的比例。最后，从社会对人才的需求出发，改革高校人才培养机制，提高毕业生适应社会、服务社会的能力，以此提升高校毕业生的就业率和薪资待遇。这样，贫困家庭的学生可以也可以做到学有所用，弥补家庭承担的教育成本，改善家庭生计状况，使家庭生计方式朝着可持续的方向发展，利于代际公平的实现。

三、探索建立代际补偿机制

代际公平要求后代人和本代人对资源享有平等的收益权，要求我们将资源的质量保持在我们继承它们时的水平。然而，本代人为了满足自身发展需要对环境资源进行开发利用，必然导致其数量的减少或质量的下降，从而造成代际负外部性，影响后代人对资源的开发利用。由于受到各种条件的制约，贫困农民的这一问题尤为突出。因此，我们不能严格地按照经济学上的“帕累托改进”对代际公平问题进行理解，而是引入修正过的“帕累托改进”来研究这一问题，即，如果当代人对资源利用所取得的收益可以补偿后代人的损失，并且还有剩余，那么代际公平也就得到了实现。为了达到对后代人的补偿，我们必须探索建立一个代际补偿机制，为后代人存储足够的资金或者是先进的技术，以弥补因资源数量较少和质量下降所造成的损失。由于个体的松散性和自利性，这一机制的建立必须由政府主导进行。对于贫困农民而言，依靠传统、单一和落后的方式，他们对土地等自然资源开发的收益往往是很有限的，不可能拿出额外的收益为后代人进行储存。因此，对后代人的补偿更多应由政府来承担，这种补偿可以是直接的资金补偿，也可以是先进的技术性的补偿。这就要求政府对扶贫资金的运用要综合考虑本代人和后代人的利益，拿出一部分资金作为代际补偿的基金为后代人储存进来。关于技术性补偿，要求一部分资金用于发展先进的技术，让后代可以利用先进的技术进行生计方式的变革，提升对资源的利用效率和对环境的保护能力。至于拿出多少的资金用以代际储存，目前学者还没有一个公认的权威测算方式，仅仅是从理论上确定了补偿的范围，所以还需要后续持续和深入的研究。

西部农村贫困与
反贫困研究

Chapter 6

第六章　西部地区反贫困政策建议

第一节 西部地区反贫困政策建议的整体框架

一、西部反贫困框架梳理

政策建议是将前面使用抽象数学方法进行的理论研究与原先现实问题相结合的重要一步，为了避免提出的政策建议存在不顾实际矛盾“大而全”的政策泛化与“顾头不顾腚”的政策单一化，我们需要利用第二章所提出的西部反贫困框架，再次梳理分析框架的逻辑循环，以更加系统的方法提出本书的政策建议。原本的西部反贫困框架主要出于研究目的而构建，这里从提出政策建议的角度进行修改后，我们有了以下的新框架，如图6－1所示。

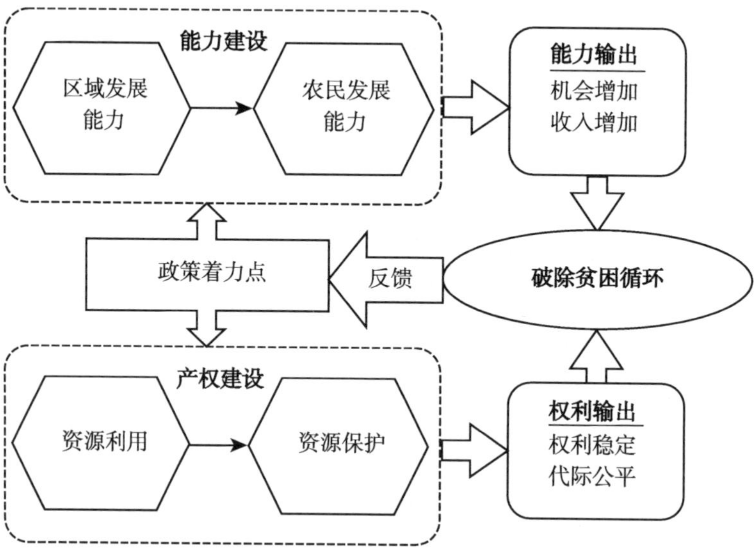

图6－1 西部反贫困政策建议框架

从框架图整体来看，我们西部反贫困的政策框架有两个大的循环系统，分别是：“政策投入—能力建设—能力输出—破除贫困—政策反馈”的循环一；以及“政策投入—产权建设—权利输出—破除贫困—政策反馈”的循环二。因为其他节点的研究内容已在前几章中完成，本章的讨论重点在政策投入对能力建设与产权建设的着力点上。

从框架图中两个循环来看，循环一的减贫逻辑是通过区域发展能力与农民发展能力的增强，为西部农村地区居民提供更多参与经济发展的机会，使农村贫困群众有能力获取经济发展的红利，增加贫困群体的收入，改善社会的收入分配格局，从而实现缓解贫困的目的。西部地区之所以呈现出区域性贫困、反复贫困，其主要原因由于西部贫困地区大都位于交通不便、生态脆弱、经济发展落后的地域，教育卫生人才紧缺，基础设施不完善，加之长期粗放式开发和“输血式”扶贫开发方式不利于各地区的自我发展，导致地区整体发展能力普遍较低。从本书的研究结果显示，区域发展能力中，居民收入、产业结构、科研投入与农民发展能力的关联度最高；农民发展能力中，劳动力受教育水平、家庭粮食消费、医疗消费情况与贫困的关联度最高，本章关于能力建设的政策建议也主要从这几个方面提出。

循环二的减贫逻辑是通过资源的有效利用与自然资源的保护，为西部农村居民构建更加完善的产权体制，使农村贫困居民在经济发展中有更多话语权，保护贫困地区日益脆弱的生态环境，拓展贫困居民的发展权利，保障子孙后代的代际公平，从而实现人、社会与自然和谐发展。一方面，人类经济活动对自然环境的关系是同经济发展水平和增长方式相关的，受自然条件的限制，一些区域的经济发展达到环境容量阈值水平，其经济发展必然会对自然环境造成破坏。另一方面，本书的案例研究发现，农村的自然资源的过度利用（包括企业与农户），造成的破坏后果通常由当地居民承担，导致原本就得不到资源开发红利的居民更加贫困，根本原因是产权模糊与资源保护制度的缺失，因为“贫困不单纯是一种供给不足，而更多是一种权利不足”①。本章关于产权建设方面的建议将围绕以上问题提出。

同时，两个循环之间并非没有关联，相反二者的关系十分密切。一方面，资源保护和产权明晰对于能力建设是不可或缺的要素，自然资源的良好保护与有效的利用是区域经济得以可持续发展的重要保障；而家庭经营性收入是农村居民的主要收入之一，土地、森林、牧场、水资源都是农业经营的基础生产要素，明晰农村可利用自然资源的产权是农民发展能力建设的制度基础。另一方面，区域发展能力得到加强，不仅意味着传统“高消耗、低效率”的经济模式向“低消耗、高效率”转变，带来了区域资源更有效地利用与保护，更进一步的是社会整体意识的提升，倡导“低碳生活”“绿色出行”等概念得以深入人心；农民发展能力的加强，除了收入

① 阿马蒂亚·森. 贫困与饥荒. 商务印书馆，2001.

提高外，更重要的影响是经济地位、社会地位、政治地位的提升，尤其在产权的重新分配（如土地流转、农业契约、资产股份化等问题）中，农民的话语权与博弈能力得到提升，对明晰资源产权、优化资源配置有着决定性的帮助。

二、矛盾点处理与基本原则

贫困不是一个简单的低收入问题，而是牵扯着社会各方面的复杂问题，这些所涉及的问题在社会中通常都具有两面性。在本书的西部反贫困政策建议框架内，实际上也存在两个矛盾点，为避免自相矛盾的泛化性政策建议，我们将矛盾点提出并加以分析，并通过两个原则以力求规避以上问题。

矛盾之一：区域发展与农民发展的矛盾。区域发展的模式与农民的发展并不完全一致，一方面是前面研究所揭示的发展规律不同，区域发展往往更加依靠已有的经济积累与发展水平，在实际情况中，每一个经济阶段都是区域发展必须经历的，难以出现“弯道超车”式的发展，而农民发展能力的提升则具有跨越性，即便过去发展能力较低的农户也能实现收入与能力的快速成长。另一方面是区域发展与农民发展的目的有所不同，在区域宏观层面上，资源往往会向着更高回报的地方流动，经济发展以效率为先，如果在培育农民发展能力过程中也只注重效率，放弃原本发展能力低下的弱势群体，不仅有违社会公理，也与本书的研究出发点背道而驰。

矛盾之二：资源利用与资源保护的矛盾。西部贫困地区存在生态脆弱的特征，因此对地区的资源开发上有着极大矛盾。一方面如果全面保护，禁止开发利用会导致当地产业无法快速发展、居民坐拥丰富资源而依然贫困的情况；另一方面如果开放机会又会导致资源过度使用，不仅生态环境遭到破坏，剥夺了后代的发展权，更有可能产生“资源的诅咒”这一社会问题。

对于以上的矛盾，我们采取的方法是抓住主要矛盾，放弃次要矛盾。而主次要矛盾的区分依据则是前面研究得出的结论，以及发展效率与经济规律。

原则之一：区域发展重效率，农民发展重公平。首先，区域的经济发展需要遵循发展规律，要素的理性流动不应该以“公平”为理由被强制干预，若因此阻碍了区域经济发展，使西部贫困地区更加落后，要素也会更容易流向中东部地区。其次，21 世纪后西部地区减贫的主要动力是收入增加，区域经济的快速发展，为农村居民整体收入的增加提供了更多机会。最后，相比区域发展的循序渐进，农民发展跨越性更大，因此只要找准着力点，将资源倾向贫困农民，不仅可以实现其发展能力快速提升，同时也能保障社会公平公正发展。

原则之二：自然资源保护为主，农业资源利用为主。对于资源的保护与利用，我们应该区分不同资源类型来处理，从前面的案例分析来看，自然资源的利用通常伴随着自然资源被破坏的后果出现，这是因为自然资源公共池塘资源（草原、湖泊、河流等）在使用上具有竞争性，但难以排他，而一旦造成破坏与污染，可能需要所有居民来承担后果。相反，农业资源是私人资源性质（土地、农业设施等），在使用上具有竞争性，比较容易排他，居民会主动保护自己的资源以避免被破坏。且准公共品的产权界定相对来说比私人品的界定难，因此我们的原则是自然资源应当以国家相关法律为基础，在发展中尽可能给予保护；农业资源应当明晰产权，加强其流动与利用效率。

第二节　提升西部地区区域发展能力的建议

一、完善法律与制度建设

逐步完善国家对西部地区发展的制度安排，不断完善促进西部地区发展的法律法规，借鉴国外欠发达地区自我发展能力的培育经验，完善推动西部地区发展的法律法规，构建有利于西部地区自我发展能力形成的长效机制。将支持西部地区发展的投资、金融、税收、土地等优惠政策以法律形式确定下来，实现西部地区发展长期政策的法制化和制度化。完善促进地区合作、法律法规援助，以及环境保护和生态建设立法。通过法律规范，增强西部地区的资金吸引力和人才吸引力，促进西部地区投资增加、人才流入，进而增强西部地区的自我发展能力。

二、加强产业引进与产业转移

目前已有大量东部地区产业向中、西部地区进行了转移，这些产业大多是能源消耗高、技术效率低的落后产业，但是对于区域经济发展来说，某一些消耗较高、投入较大，但是对技术升级、原始资本积累、加快工业化有帮助的阶段是没有办法跳过的，后发赶超的道路并不存在弯道超车，因此在落后的西部地区积极引入和接纳东部的转移产业，是提升区域发展能力的重要途径。西部地区承接东部发达地区的产业转移，本质上是西部比较优势与东部地区优质的生产要素相结合的过程，有助于提升要素集聚能力和利用能力，实现资源的合理配置，推动西部地区的资源优势向产业优势和经济优势转化。在这一过程中，西部地区不仅要为承接产业转移打造硬条件和软环境，也要立足本地资源与区位优势，根据不同主体功能区的定位，遵循产业结构演进规律，有选择地进行产业承接。一是以科学发展观为指导，做好承接产业转移的相关产业规划，确保承接产业转移的质量和效率。二是西部地区在承接产业转移的过程中，应该遵循地区比较优势原则和可持续发展原则，提升劳动力素质，通过基础教育和职业技术培训塑造当地居民的综合能力和工作技能，是培育地区自我发展能力，实现本土化发展的一个重要途径。

三、加强本土产业培育

西部地区应该在国家产业政策的支持下，依托资源要素禀赋和工业发展基础，着力提升产业结构的合理化和高度化，提高产品的科技含量和附加值，真正形成“造血”机制和自我发展能力，形成传统优势产业、战略性新兴产业和现代服务业协调发展的新格局。

第一，在选择主导产业时，不仅要以市场潜力大和产业关联度强作为选择标准，也要考虑这一产业的发展是否能够发展区域的资源优势和特色。西南地区选择黑色金属冶炼及压延加工业、化学原料及化学制品制造业、非金属矿物制品业、交通运输设备制造业和通用设备制造业等产业作为主导产业发展。西北地区选择煤炭开采和洗选业、交通运输设备制造业、石油和天然气开采业、石油加工、炼焦及核燃料加工业、电力、热力的生产和供应业、化学原料及化学制品制造业、黑色金属冶炼及压延加工业和有色金属冶炼及压延加工业等产业作为主导产业。同时，积极扶植潜导产业发展。依托西部地区的科技工业园和高新技术产业基地，发展微电子、光电子、新能源、生物医学工程、新材料等潜导产业，确保西部地区在条件成熟时进行产业结构合理转换。

第二，围绕主导产业发展需要，发展后向关联产业、前向关联产业和旁侧关联产业等关联性产业，尽可能延长产业链条，提高主导产业发展的产业配套能力，降低企业生产成本，增强区域经济凝聚能力。

第三，扩大资金来源，采取多种投资方式和经营管理方式，以适度超前的标准发展交通运输、金融、物流、邮电通讯、能源供给、水电供给等生产性基础产业，房地产、生活服务、公共事业等生活性基础产业，教育、科研、卫生、环保等社会性基础产业，提升地区内基础产业的配套能力。

四、打造西部产业创新体系

产业创新是除产业转移外，西部地区提升自身区域产业能力的另一条重要路径，也是更艰难、也更彻底的道路。培育西部地区产业创新体系，需要从主体培育、平台搭建和环境营造三个方面构建。建立和完善符合市场经济发展要求的技术改造与科技创新的体制机制，加大鼓励和支持技术改造与科技创新政策支持力度，确立企业在区域创新体系中的核心主体地位，发挥企业在区域创新中的中坚力量作用。通过改革运行机制，提高高校和科研院所的创新能力，增强其基础知识创新与智力支持功能。通过建设服务型政府，规范与发展为科技创新服务旳社会中介机构，为企业技术创新和高校与科研机构的科研成果转化提供完善的社会服务体系。积极搭建科技成果转化和孵化平台、知识创新协作同盟与研究资源共享平台、产学研合作平台等区域创新平台，为区域创新活动提供统一载体。加强区域交通基础设施网络、通讯信息网络、城市网络及科研网络建设，营造良好的区域创新外部环境，为区域创新体系建设提供物质载体。

积极构建以高端制造业、生物医药、环保节能、新能源、新能源汽车、新材料、新一代信息技术产业等高科技产业为核心的西部战略性新兴产业体系。在改造和提升传统服务业的技术水平、业态和服务方式的同时，发展知识型的现代服务业，尤其要发展物流、电子商务、中介等生产性服务业。特大中心城市是区域产业多样性发展的空间结构载体，产业多样性依赖于城市发展的多样化，而西部的特大中心城市已经逐步具备产业多样性发展的“承载力”。在重庆、成都、西安、昆明、南宁、兰州等特大中心城市，应该围绕建设西部经济增长极的地区发展目标，构建完整产业发展体系，形成地理空间相互关联的三次产业结构，并根据产业发展的合理性需求进行动态调整与逐步升级。大力发展金融、物流、总部经济等生产性服务业，依托西部大城市和特大城市提高产业多样性，形成强劲的城市产业发展能力。同时，按照产业空间布局的科学性安排在中小城市发展与特大城市、大城市配套的专业化关联产业，在西部地区大尺度空间构建完整的产业分工体系，在小尺度空间建立地理上邻近与互补的产业链，形成独立的“中心—外围”地理空间经济格局，提升西部地区经济的内循环水平，增强西部资本积累能力，培育与提升区域自我发展能力。

五、推动西部地区区域产业结构优化升级

西部地区应该在国家产业政策的支持下，依托资源要素禀赋和工业发展基础，着力提升产业结构的合理化和高度化，提高产品的科技含量和附加值，真正形成“造血”机制和自我发展能力，形成传统优势产业、战略性新兴产业和现代服务业协调发展的新格局。

第一，在选择主导产业时，不仅要以市场潜力大和产业关联度强作为选择标准，也要考虑这一产业的发展是否能够发展区域的资源优势和特色。西南地区选择黑色金属冶炼及压延加工业、化学原料及化学制品制造业、非金属矿物制品业、交通运输设备制造业和通用设备制造业等产业作为主导产业发展。西北地区选择煤炭开采和洗选业、交通运输设备制造业、石油和天然气开采业、石油加工、炼焦及核燃料加工业、电力、热力的生产和供应业、化学原料及化学制品制造业、黑色金属冶炼及压延加工业和有色金属冶炼及压延加工业等产业作为主导产业。同时，积极扶植潜导产业发展。依托西部地区的科技工业园和高新技术产业基地，发展微电子、光电子、新能源、生物医学工程、新材料等潜导产业，确保西部地区在条件成熟时进行产业结构合理转换。

第二，围绕主导产业发展需要，发展后向关联产业、前向关联产业和旁侧关联产业等关联性产业，尽可能延长产业链条，提高主导产业发展的产业配套能力，降低企业生产成本，增强区域经济凝聚能力。

第三，扩大资金来源，采取多种投资方式和经营管理方式，以适度超前的标准发展交通运输、金融、物流、邮电通讯、能源供给、水电供给等生产性基础产业，房地产、生活服务、公共事业等生活性基础产业，教育、科研、卫生、环保等社会性基础产业，提升地区内基础产业的配套能力。强化建设与中东部地区相互联系、相互衔接的各类交通基础设施，逐步形成地区之间、城乡之间一体化交通发展战略格局。通过大力发展航空、铁路（包括高速铁路）、高速公路、内河水运等重大交通基础设施，

降低地区间运输成本、物流成本与制度成本，为实现积极承接东中部地区产业转移，加大招商引资步伐奠定坚实基础，同时，“交通先行”也为强化地区之间产业内贸易的规模经济，降低交易成本，形成互利互惠的“双赢共存”创造条件。

六、加强西部地区与外部贸易、交流与合作

加强西部地区与中东部地区，是提升区域发展能力的重要途径。

第一，加强西部地区各个省份之间的合作。通过基础设施网络对接、资源开发、环境保护、特色旅游、优势产业协作与配套等方面的合作，加强资源合作与共享，充分发挥西部地区比较优势。重点突出成渝经济区、关中天水经济区与北部湾经济区在高新技术、装备制造、航空航天、现代农业等领域的交流与合作，培育西部地区的竞争优势，增强创新开发能力、集聚能力和利用能力。

第二，加强西部地区与中东部地区之间的交流合作，完善区域开放型经济体系。继续推进与东部发展地区在产业、项目、产品科技、人才、信息等方面交流合作，实现优势互补、互利共赢、共同发展。基于西部地区的比较优势，积极承接来自于长三角、泛珠三角、京津冀等地区的高端制造业、高新技术产业、现代服务业、现代农业、新能源和节能环保产业。另外，以进出口贸易和吸引投资为重点，加强与中国港澳台地区的交流与合作。东部发达地区在不断加强对西部地区进行经济和技术援助的同时，还应进一步加强在义务教育、基本医疗等基础性公共服务领域建设的对口支援，建立起一种长效帮扶机制，逐步改善西部地区基本公共服务状况。

第三，扩大对外贸易。不断改善对外贸易环境，发挥西部地区“沿边、沿桥、沿江”优势，进一步扩大对外贸易规模，优化对外贸易结构，扩大向西向南开放的新局面。一是建立健全推动西部地区开放型经济发展的政策体系，通过不断完善涉外服务体系，加强与外贸相关的知识产权保护，开展国际市场动态性研究，加强信用评级制度建设，以及增加跨境贸易人民币结算试点等措施改善对外贸易环境。二是通过政策支持，鼓励各类企业开展进出口贸易，帮助企业充分依托西部地区的劳动力成本比较优势，以及在资本、技术等方面逐步培育形成的竞争优势参与国际市场竞争，扩大对外贸易规模。三是提高出口产品中的技术含量和附加值，鼓励发展服务外包产业，大力推动服务贸易发展，鼓励进

口先进技术设备和稀缺资源，优化对外贸易结构。四是，在巩固与北美、欧盟、日本、韩国和中国港澳台地区的传统经贸合作的同时，加强新疆的边境贸易，加快推进广西北部湾经济区的开发开放，积极融入中国—东盟自由贸易区，增进与南亚、中亚、西亚、非洲等新兴潜力市场的经贸合作。

第四，提高利用外资水平。营造良好的外资引进环境，创新利用外资方式，提高外资利用的规模与质量，加快西部地区资本积累。一是设立专门的外资引进工业园区，加强产业发展硬件建设，提高服务水平，优化产业的发展环境。积极开展国际高端会议、展览、文化艺术体育等官方或民间交流活动，促进外界对西部地区加深了解。吸引更多国际组织办事机构、外国领事馆在成都、西安、重庆、昆明、南宁等城市落户，与外国交往常态化。二是创新利用外资方式。引导企业在海外资本市场融资包括海外上市、发行债券、取得国外优惠贷款和国际商业贷款等。探索通过 BOT、TOT、PPP、ABS 等方式更充分地利用外资。三是强化产业链招商和专业化招商，推动本土企业与外资产业链的衔接。根据成渝经济区、关中天水经济区、北部湾经济区等重点区域的产业发展需要，以完善重点产业的产业价值链为目标进行选择性招商引资，推动外商投资企业增资扩产，鼓励上下游配套产业集聚发展，打造分工明确、优势突出、配套完善的产业集群。同时，引导外资投向现代服务业、高新技术产业、现代制造业、现代农业等领域，支持跨国公司在成都、西安、重庆等中心城市设立地区总部、研发中心、采购中心、财务管理中心等各种功能性机构。

第五，加强国际经济合作与交流。抓住“一带一路”发展契机，打造对外新格局，“一带一路”战略的实施是我国连片特困地区促进自我发展与对外合作的历史机遇，大力引进致力于实施“一带一路”的企业，推动外商投资企业增资扩产，同时打造本土特色产业，努力提升西部地区的经济集聚力。积极参与国际市场产业分工以适应对外开放新形势，不断提高对外经济合作与交流水准，推动西部地区外向型经济发展。提升对外承包工程和劳务合作的层次，重点支持企业承揽交通水利、通信电力、航站港口等基础设施项目以及生物医药、航空航天等新兴产业项目。实施“走出去”战略，鼓励西部地区有实力的企业通过直接投资或海外并购等方式在全球范围内配置生产资源。通过在海外科技资源密集地区设立研发中心的方式，利用境外科技条件和智力资源开发具有自主知识产权的新技术、新产品，积极拓展国际市场。建立包括多层次对话机制、信息交流机制、保障和预警机制以及摩擦和争端解决机制在内的多种合作交流机制。

第三节 提升西部地区农民发展能力的建议

一、加强农村基础设施投资建设

加强西部地区农村公共服务力的首要任务是进一步完善该地区的基础设施建设。基础设施是为社会生产和居民生活提供公共服务的物质工程设施，是保障地区经济生活正常运行的物质条件。目前，我国西部贫困地区大部分的公共基础设施不完善，如交通运输不便、农田水利设施相对落后、能源供应不足、网络覆盖面低等，这些都是制约贫困地区经济发展的主要“瓶颈”。因此，要加快完善特困地区的基础设施建设，提升当地的公共服务力，力争使我国的公共服务均等化，所以要加强基础设施的建设。

第一，构建连片特困地区“内联外畅”通道，改善武陵山区、乌蒙山区、西藏片区、四省藏区等地区的交通环境，降低地区的发展资源和要素流动成本，形成互通性好、带动力强、通达体系完善的交通格局，打牢片区的发展基础。

第二，完善农业基础设施建设，加强农业的蓄洪、防洪、排洪工程建设的能力，提升农民的抗灾减灾防灾能力，提高农民收入。

第三，加强贫困地区的水利建设，切实落实贫困村饮水安全项目的开展，加快中小型农村骨干水源工程建设，全面解决特困地区饮水安全问题。

第四，加快电力基础设施建设，解决特困地区电力布局不合理、配电线路半径长、技术标准不规范、安全可靠性能低等问题，保障地区生产生活的需求，推进特困地区“一户一表”升级改造。

二、提升农村劳动力素质

对我国西部农村地区而言，在国家西部大开发战略背景下，激发农村经济发展的内生动力，实现由“输血式”扶贫向“造血式”扶贫，需要从以下五个方面来开发和提升农村居民的劳动力素质。

第一，通过农村基础教育提升劳动力素质整体水平。西部地区是贫困地区和民族地区重合区域，基础教育建设落后，劳动力素质不高，这是导致西部地区难以实现自我发展的关键因素之一。通过加强基础教育，提高劳动力素质，提升农村劳动生产率，是西部农村地区摆脱贫困、实现持续发展的必然要求。

第二，通过农业专门培训提升农民的专业技能。在西部地区大力开展职业教育和技能培训，为职业农民、农民工提供更多技能培训机会和社会公益性技能培训等，增加农村劳动者的基本工作能力和专业技能。

第三，针对长期留在农村的“空巢”群体，如农村女性、残疾青年或老年劳动者等弱势群体，提供特殊职业技能培训如手工艺、粮食初加工等，使其掌握一技之长。

第四，西部农村地区需要加大基本医疗卫生设施投资，改善医疗卫生条件，提高人口身体素质，保障农村人力资本积累。

第五，通过环境创造留住或吸引人才在农村、农业和扶贫工作中发挥作用。通过创建有利于人才发展的机制体制、创造更加宜居的生活环境、提供可靠的发展平台、提高待遇、重视农村工作经验等措施吸引人才投身西部农村的建设中，通过引进人才到农村基层，想方设法为贫困家庭和贫困人口带来技能、资金、项目及对口帮扶等多种形式的支持，带动当地农村劳动力提高素质，开拓农村居民的现代视野，让贫困群众获得持续稳定的收入，实现特困地区整体脱贫。

三、加强农村医疗卫生与社会保障建设

农民发展能力的体系中，农村家庭医疗费用的支出比例作为逆向指标与农村贫困发生率密切相关，表明农村居民在医疗保健上的消费比例越大，其贫困可能性越高。实际情况中，由于特困地区大多处于偏远山区，缺少高质量的医疗队伍，一些偏远地区的乡镇卫生院缺少本科学历以上的全科医生，本科生和有一定经验的医护人员留不住，因此，要真正实现“小病不出乡镇、大病不出县、疑难危重再转诊”的目标，亟须完善基层医疗体系建设，不断提升基层医疗机构的服务能力。一是改善地区的医疗卫生条件，让贫困人民可以就近就医。二是加强医疗卫生人才队伍建设，多渠道、多形式地培养基层全科医生，补足特困地区的人才短板，制定优惠政策，鼓励优秀卫生人才到连片特困地区服务，尽快实现基层医疗卫生机构拥有合格的全科医生，实现“一村一名大学生村医”的目标。三是完

善加快医疗卫生信息系统建设，构建乡村和社区卫生信息网络平台，将农村建档立卡贫困户全部纳入救助范围，将救助对象信息集成到医保卡中，让他们凭医保卡到医院救治时就能直接结算，自动获得补偿，不让贫困群众“弃疗”。

此外，建立完善的连片特困地区社会保障体系，实现全覆盖、保基本、多层次、可持续的保障方针，编制牢固的民生安全网“网底”，是提高特困地区公共服务力的基本保障。因此，新常态下的连片特困地区更应该发挥社会保障的加速器和催化器功能，不断完善特困地区的社会保障体系，提高贫困群体的生存发展能力。一是精准编织最坚实的养老保障网，建立农村社区日间照料养老服务新模式，让特困地区的空巢老人能够安享晚年，提升老年人的幸福感。二是不断完善特困地区的社会救助体系，制定最低生活保障制度，以城乡低保、农村五保、医疗救助为基础，以临时救助为补充。三是提高连片特困地区的户籍人口城镇化率，保障贫困人民的基本生活诉求，实现城乡基本公共服务均等化，使贫困人民真正能够享受与城市居民同等待遇，为地区的经济发展提供稳定的社会环境。四是完善就业创业政策，开展就业援助行动，保障贫困家庭子女能够高质量就业，教育部门能够做到精准扶贫，为贫困家庭子女提供良好的职业教育，同时中央和地方国有企业提供一批优质就业岗位，保障贫困家庭子女的高质量就业，实现一人就业带动全家脱贫的目标。

四、向西部贫困农村普及互联网技术

通过前面的研究结果发现，相比区域发展能力的稳定提高，农村居民的发展能力提升带有跨越性，通过新兴技术尤其是互联网信息技术向农村的引入，能够帮助西部地区贫困居民发展能力快速、跨越式提高。其中电商公共服务平台是对西部贫困地区精准扶贫的重要载体，是“互联网＋农村”的具体扶贫举措。加快建设电商公共服务平台，能够增加贫困人民的经济收入，打通特困地区的农业发展“瓶颈”。但是，目前我国大部分特困地区普遍存在农村电商物流薄弱、基层互联网设施不完善、互联网技术人员匮乏等问题，导致原本贫困地区所拥有的特色产业和农产品没能走向市场，制约了贫困地区的电商发展。因此，应加快西部农村地区的电商公共服务平台的建设。一是完善贫困地区基层互联网设施，实现农村网络信号全覆盖。二是充分利用好农村电商公共服务平台，建立特色农副产品市场销售平台，创新传统的农资买卖方式，吸引大批农民返乡创业，促进本地产品市场化。三是培养电商互联网技术人员，成立帮扶小组，向贫困人民普及互联网知识，帮助农民开展电商培训及代购代销服务，改善特困地区的电商公共服务平台设施和环境。四是增加特困地区的网络覆盖面，为实现“互联网+”创造网络平台，实现居民聚居点有线上网以及电商农户无线上网全覆盖。五是充分发挥“互联网+教育”，实现信息化与教育扶贫的深度融合，通过“互联网+”将城市优质的教育资源与偏远地区资源共享，突破教育扶贫路上的“最后一公里”。

第四节　加强西部地区资源保护与利用的建议

一、构建与完善西部贫困地区生态补偿脱贫机制

中共十八届五中全会首次把“绿色发展”作为五大发展理念之一，并列为“十三五”规划时期以及今后长期经济发展的重要理念。在西部地区的生态补偿实践中，存在补偿目标难实现、责任主体不明确、受偿主体错位和补偿范围不到位等问题，因此需要从以下几个方面不断完善西部地区的生态补偿机制。一是依据《宪法》中关于环境保护的基本原则，尽快建立退耕还林补偿、森林生态效益补偿和矿产资源补偿费的法律制度，并且加强执法监督，确保生态补偿目标的实现。二是成立专门的生态补偿负责机构，明确责任主体。建立国家、地方、区域和行业多层次的补偿系统，实行政府主导、市场运作、公众参与的多样化补偿方式，为西部生态补偿制度提供社会支撑。三是加大对西部地区的项目补偿力度，使西部地区生态建设从“输血”式补偿向“造血”式补偿转变。四是在扩大中央财政向西部省份转移支付的基础上，积极探寻多元化的补偿方式，采取政府补偿、社会补偿、国际合作和生态移民四种方式不同的组合形式。尤其协调建立相关省区之间的横向财政转移支付制度，加大横向财政转移支付的补偿力度，并且完善财政转移支付补偿机制，强化财政转移支付。五是通过社会捐助、发行生态彩票和自愿义工的方式，开展西部地区生态的社会补偿，争取一些国际组织（如全球环境基金、世界自然基金等）对我国西部地区的生态补偿提供更多的资金援助。六是对西部地区的禁止开发区和限制开发区以及一些特殊的生态保护区，通过财政转移支付、异地项目开发融资，贴息贷款等多种形式支持这些区域进行生态移民，确保这些地区的原生态环境不受到“开发”或破坏。支援着力点由基础设施建设与生态环

境保护向区域自我发展能力培育上转移。在政策制定与资金分配上，不仅要关注西部地区资源开发型项目和特色优势产业的本土化发展，也要在延长产业链条、构建相关配套产业以及发展生产性服务业等方面加大支持力度，以此增强西部地区企业的竞争力和关联度。

二、推动资源税改革

资源税改革一方面有利于西部地区资源的合理开采和可持续利用，通过税收杠杆进行调节和控制企业的资源利用情况，把资源开采使用与促进生态环境保护相结合，提高资源的开发利用率，提高特困地区的资源环境承载力。另一方面，“新常态”下，中国经济发展要轻速度、重质量，推进资源税改革，有利于从要素驱动、投资驱动转向创新驱动的转变，有利于改变粗放型经济增长方式，实现产业结构优化升级。还有助于增加西部地区财政收入，增加资本积累和更好地改善民生。从总体来讲，现行的资源税制度仍有进一步改革或调整之处，包括以下几个方面：一是改革计征方法，将“从量征收”改为“从价征收”，以销售金额为单位乘以一定的税率来计算税额。二是提高税负水平，即在现有税负水平基础上进一步提高税率，对非再生性、稀缺性资源可重税，增加各项资源税费用于生态补偿的比重，并向西部农村尤其是农村贫困地区倾斜。三是扩大征收范围，将水资源、森林资源、草场资源等纳入征收范围，进一步完善水、森林、矿产土地等资源税费的征收使用管理办法。四是将回采率或者资源开采后污染的处理情况与资源税的税率水平联系起来，制定鼓励回收利用的优惠政策。

三、构建完整的农村产权制度

借助农村集体资产改革动力，明晰农户所拥有的资源产权，构建现代农村产权制度。对绝大部分贫困村而言，土地资源是其主要的农业生产要素和潜在收益资产，但同时也是农村的集体资产。2014 年出台的《关于引导农村土地承包经营权有序流转发展农业适度规模经营的意见》《积极发展农民股份合作赋予集体资产股份权能改革试点方案》政策实现了所有权、承包权、经营权三权分置，赋予农民对承包土地的占有、使用、收益、转让、抵押和保证承包经营权的权利，允许农民以承包经营权入股农业产业化发展，进一步解放农村劳动力，为促进农村经济发展提供核心政策支持。在此基础上有三点建议：一是加快确权颁证，推进承包经营权流转。以“还权赋能”为核心，全面推进农村土地承包经营权确权颁证工作，构建归属清晰、权责明确、保护严格、流转顺畅的农村产权体系。同时对林地资源丰富的地区，要将林地的使用权和林木的所有权、收益权、处置权分配给农民，明晰山林权属，明确受益主体，引导农民加大投入，兴林致富，促进农民增收。二是推进农村集体资产的股权化改革，在对农村集体资源或资产进行核实量化、确定权属关系的基础上，经农村集体经济组织全体成员同意，将集体所有的土地、林地、草地、荒山等资源和资产协商评估入股，采取委托经营、合作经营等多种模式，获得股份资产收益，帮助贫困户增加入股资金分红、土地租金等收入。三是保障农民的自主经营权，“自主经营权”是指农民自主经营、自负盈亏、自担风险。作为弱势群体的农民，其对于利益更加敏感，对于利益有一种更加慎重的追求。在当今农村经济发展的过程中，妨碍农民行使自主经营权的最大阻力在于政府，特别是基层政府。政府不适当的干预行为往往是农村贫困的诱因。把微观经营决策权不折不扣地交还给农民，而把服务、裁判权留给政府，既符合市场经济的内在规律，有利于发挥各方面的优势，促进农村经济的健康发展，也能够培养农民自主经营自我发展的意识和能力。此外应该重视与承认农村约定俗成的习俗产权制度，不仅正式制度建构有效推进扶贫进程，诸多非正式制度亦发挥明显效用。

四、提高农村资源利用效益

在完整明晰的农村产权制度基础上，加大力度将“沉睡”的农村资源利用起来。一是积极盘活农村土地利用效率，出台具体配套政策，允许农村集体经营性建设用地出让、租赁、入股、抵押、担保，实行与国有土地同等入市、同权同价。建议允许依法自主开发利用集体土地，采取各种有效形式，实现集体土地收益，发展和壮大集体经济。同时制定集体股份合作税收优惠政策，从国家层面出台税收优惠政策，免除其在改革中因权利人名称变更登记、资产产权变更登记等发生的相关税费，暂免征收企业所得税，对改革后农民按资产量化份额获得的分红收益免征个人所得税。二是大力推广“龙头企业＋产业联盟＋基地＋农户”“合作社＋种植户＋基地”“种植大户＋基地＋农户”等土地承包经营权流转模式，引导贫困地区、贫困农户依法、自愿、有偿地将已确权的土地承包经营权流转，获取租金、分红等资产性收益，增加贫困群众收入实现脱贫。三是加强企业联动，引导农民以产权入股。在坚持农民土地集体所有性质不改变、保障农民合法权益不受损的前提下，引导农民以已确权登记的土地承包经营权作价入股到农业龙头企业、合作社、家庭农场等新型农业经营主体中，让入股农户通过以承包地入股成为经营参与者，获得股权收益，促进农户与经营主体“联产联业”“联股联心”。

参考文献

[1] Aigbedion I. Environmental Effect of Mineral Exploitation in Nigeria [J]. International Journal of Physical Sciences, 2007, 2 (2): 33 –38.

[2] Alkire S. Choosing Dimensions: The Capability Approachand Multidimensional Poverty [M]. //The Many Dimensions of Poverty. Palgrave Macmillan UK, 2007: 89 –119.

[3] Bebbington A. Capitals and Capabilities: A Framework for Analyzing Peasant Viability, Rural Livelihoods and Poverty [J]. World Development, 1999, 27 (12): 2021 –2044.

[4] Becker G. S. A Theory of the Allocation of Time [J]. Economic Journal, 1965, 75 (299): 493 –517.

[5] Besley T., Ghatak M. Chapter 68-Property Rights and Economic Development [M]. // Handbook of Development Economics. Elsevier B. V. 2010.

[6] Chambers R., Conway G. R. Sustainable Rural Livelihoods: Practical Concepts for the 21st Century [J]. IDS Discussion Paper No. 296. Brighton, Institute of Development Studies, 2002, 296.

[7] David P. Lawrence. Cumulative Effects Assessment at the Project Level [J]. Impact Assessment, 1994, 12 (3): 253 –273.

[8] David W. Pearce. Capital Theory and the Measurement of Sustainable Development: An Indicator of "Weak" Sustainability [J]. Ecological Economics, 1993, 8 (2): 103 –108.

[9] DFID. Sustainable Livelihoods Guidance Sheets [M]. London: DFID Working Paper, 1999.

[10] Edith Brown Weiss. The Planetary Trust: Conservation and Inter-generational Equity [J]. Ecology Law Quarterly, 1984, 11 (4): 495.

[11] Fukuda Parr, Sakiko. The Human Development Report 2003 [J]. Womens International Network News, 2008: 9 –18.

[12] Harrod R. An Essay in Dynamic Theory [M]. Economic Essays. Palgrave Macmillan UK, 1972: 14 – 33.

[13] Ian Wallace. A Framework for Revitalisation of Rural Education and Training Systems in Sub-Saharan Africa: Strengthening the Human Resource Base for Food Security and Sustainable Livelihoods. International Journal of Educational Development 27 (2007): 581 – 590.

[14] Jr REL. On the Mechanics of Economic Development [J]. Journal of Monetary Economics, 1988, 22 (1): 3 – 42.

[15] Kang M., Stam A. PAHAP: A Pairwise Aggregated Hierarchical Analysis of Ratio-Scale Preferences [J]. Decision Sciences, 1994, 25 (4): 607 – 624.

[16] Kesler S. E. Mineral Resources, Economics and the Environment [J]. Water Science & Technology, 1994, 31 (10): 1 – 19.

[17] Kollmair M. and Gamper. The Sustainable Livelihoods Approach [R]. Input Paper for the Integrated Training Course of NCCR North-South Aeschiried, Switzerland, 2002. 09.

[18] Linlin G. E., Chang H. C., Rizos C. Monitoring Land Surface Subsidence Using Radar Interferometry: The Challenges [C] // Australian Society for Music Education, 2006: 287 – 290.

[19] Meadows, D. H., et al. The Limits to Growth [M]. Universe Books, 1972.

[20] Moore K. Frameworks for Understanding the Inter-generational Transmission of Poverty and Well-being in Developing Countries [J]. Chronic Poverty Research Centre Working Paper, 2001 (8).

[21] Moser. C. The Asset Vulnerability Framework: Reassessing Urban Poverty Reductin Strategies. World Development, 26 (1), 1998.

[22] Mupinga DM, Busby JR. Without Capacity there is no Development [J]. International Vocational Education & Training Association, 2009: 77 – 87.

[23] Page, T. Conservation and Economic Efficiency: An Approach to Material Policy [M]. Baltimore, Maryland: The Johns Hepkin University Press, 1977.

[24] Pagiola S., Arcenas A., Platais G. Can Payments for Environmental Services Help Reduce Poverty? An Exploration of the Issues and the Evidence to

Date from Latin America [J]. World Development, 2005, 33 (2): 237 - 253.

[25] R. N. Singh. Environmental Catastrophes in the Mining Industry in Australia and the Development of Current Management Practices [J]. Journal of Mines, Metals and Fuels, 1999 (47).

[26] Scoones I. Sustainable Rural Livelihoods: A Framework for Analysis, IDS, Working Paper, No. 72, 1998.

[27] Sen A. Poverty and Famines [J]. Arguments for A Better World Essays in Honor of Amartya Sen, 1981.

[28] Simon Anderson. Animal Genetic Resources and Sustainable Livelihoods [J]. Ecological Economics 45 (2003): 331 - 339.

[29] 阿马蒂亚・森，王宇、王文玉译. 贫困与饥荒 [M]. 北京：商务印书馆，2001.

[30] 阿玛蒂亚・森，王利文，于占杰. 论经济不平等 [M]. 社会科学文献出版社，2006.

[31] 阿玛蒂亚・森. 以自由看待发展 [M]. 中国人民大学出版社，2002.

[32] 艾路明. 中国的反贫困战略和小额贷款的扶贫实践 [J]. 中南财经大学学报，1990 (5)：46.

[33] 爱蒂丝・布朗・魏伊丝，汪劲、于方、王鑫海译. 公平地对待未来人类：国际法、共同遗产、世代公平 [M]. 北京：法律出版社，2000，17，42，251.

[34] 巴泽尔，费方城等. 产权的经济分析 [M]. 上海人民出版社，2000.

[35] 蔡志海. 汶川地震灾区贫困村农户生计资本分析 [J]. 中国农村经济，2012 (12)：55 - 67.

[36] 陈薇，杨春河. 河北省财政扶贫政策绩效评价实证研究. 农业经济，2006 (7)：58 - 59.

[37] 陈小伍，王绪朗. 农村贫困问题的制度性分析 [J]. 安徽行政学院学报，2007 (6)：23 - 27.

[38] 陈作成，龚新蜀. 西部地区自我发展能力的测度与实证分析 [J]. 西北人口，2013 (2)：110 - 115.

[39] 陈军，成金华. 中国矿产资源开发利用的环境影响 [J]. 中国人口・资源与环境，2015，25 (3)：111 - 119.

[40] 成学真，陈小林. 区域发展自生能力界定与评价指标体系构建

[J]. 内蒙古社会科学（汉文版），2010，31（1）：99 - 104.

[41] 丹尼尔·梅多斯等. 增长的极限 [M]. 长春：吉林人民出版社，1997，141.

[42] 但承龙. 耕地资源利用的代际公平原则与社会经济可持续发展 [J]. 城市发展研究，2007，14（5）：19 - 23.

[43] 但文红. 石漠化地区人地和谐发展研究 [M]. 北京：电子工业出版社，2011，114 - 115.

[44] 迪帕·纳拉扬，拉伊·帕特尔. 谁倾听我们的声音 [M]. 中国人民大学出版社，2001.

[45] 董文兵. 十个中央一号文件的政策透视——我党三十年农村改革的政策路径及其启示 [J]. 太原市委党校学报，2008（6）：15.

[46] 都阳，蔡昉. 中国农村贫困性质的变化与扶贫政策的调整 [J]. 中国农村观察，2005（5）：4.

[47] 范洪敏，穆怀中，FAN Hong - min 等. 中国人口结构与产业结构耦合分析 [J]. 经济地理，2015，35（12）.

[48] 方行明，魏静，郭丽丽. 可持续发展理论的反思与重构 [J]. 经济学家，2017（3）：24 - 31.

[49] 郭圣乾等. 农户生计资本脆弱性分析 [J]. 经济经纬，2013（3）：26 - 30.

[50] 韩浩等. 农林特产资源可持续利用的代际公平 [J]. 东北林业大学学报，2009，37（2）：82 - 83.

[51] 何国强. 居山农耕的基本生计方式——客家族群生存策略研究系列之二 [J]. 广西民族研究，2002（3）：32 - 38.

[52] 何仁伟，刘邵权，陈国阶，谢芳婷，杨晓佳，梁岚. 中国农户可持续生计研究进展及趋向 [J]. 地理科学进展，2013，32（4）：657 - 670.

[53] 洪朝辉. 论中国城市社会权利的贫困 [J]. 江苏社会科学，2003（2）：116 - 125.

[54] 洪名勇. 农民土地产权贫困与农地产权保护 [J]. 商业研究，2009（2）：207 - 210.

[55] 洪名勇. 制度经济学 [M]. 北京：中国经济出版社，2012.

[56] 胡继连. 农用水权的界定、实施效率及改进策略 [J]. 农业经济问题，2010（11）：40 - 46.

[57] 胡健，焦兵. 油气资源开发对中国西部区域经济的拉动效应分

析——以陕西省为例［J］．资源科学，2007，29（1）：2－8.

［58］胡晓登．利益·和谐·稳定［M］．北京：经济日报出版社，2007.12：31.

［59］胡映兰．新时期党的农村经济政策演变研究［D］．湖南师范大学，2004（4）：98.

［60］胡健，焦兵．油气资源开发对中国西部区域经济的拉动效应分析——以陕西省为例［J］．资源科学，2007（1）：2－8.

［61］黄乾．论代内公平与代际公平［J］．南方人口，2001（2）：16－20.

［62］黄少安，刘明宇．权利的不公平分配与农民的制度性贫困［J］．制度经济学研究，2005（1）.

［63］黄跃，曾艳华，陈少军．基于农民自我发展能力的家庭农场约束因素研究［J］．湖北农业科学，2014，53（16）：3956－3959.

［64］姜安印．区域发展能力理论——一个初步分析框架［J］．兰州大学学报（社会科学版），2012，40（6）：128－134.

［65］姜安印．区域发展能力理论——一个初步分析框架［J］．兰州大学学报（社会科学版），2012，40（6）：128－134.

［66］姜学民．持续发展中代际财富转移简单模型［J］．生态经济（中文版），1994（3）：1－5.

［67］金莲．三都水族自治县的扶贫开发政策实施情况［J］．经济研究导刊，2016（30）：33－34.

［68］康涛，陈斐．关于我国农村贫困与反贫困的研究［J］．华中农业大学学报（社会科学版），2002（4）：5－11.

［69］寇淋．可持续生计文献综述［J］．改革与开放，2012（6）：188.

［70］莱切尔·卡逊．基金的春天［M］．背景：科学出版社，1979.

［71］黎洁等．可持续生计分析框架下西部贫困退耕山区农户生计状况分析［J］．中国农村观察，2009（5）：29－38＋96.

［72］李世平，江美丽，孙寒冰．失地农民贫困现状缘于中国农民权利贫困——换个角度谈征地补偿制度［J］．农村经济，2006（1）：27－30.

［73］李小云等．农户脆弱性分析方法及其本土化应用［J］．中国农村经济，2007（4）：32－39.

［74］李晓红，周文．贫困与反贫困的产权分析［J］．马克思主义研

究，2009（8）：59－67.

［75］李晓明，贫困代际传递理论述评［J］. 广西青年干部学院学报，2006（2）：75－78＋84.

［76］李晓明. 出生贫困就永远贫困吗？——国外学者关于“贫困代际传递”的理论分析［J］. 黑龙江史志，2008（6）：30.

［77］李燕，陈龙梅，何耀宇等. 山西省产业结构与经济增长的灰色关联度分析——基于面板数据［J］. 太原理工大学学报（社会科学版），2016，34（5）.

［78］李燕凌. 县乡政府农村公共产品供给政策演变及其效果［J］. 农业经济问题，2014（11）：46.21.

［79］李裕伟. 关于矿产资源资产和产权问题的若干思考［J］. 中国国土资源经济，2004（6）：15－18＋48.

［80］李小建，周雄飞，乔家君，王丽，王玉婵. 不同环境下农户自主发展能力对收入增长的影响［J］. 地理学报，2009，64（6）：643－653.

［81］梁流涛，翟彬. 基于PRA和LCA方法的农户土地利用行为环境效应评价——以河南省传统农区为例［J］. 中国土地科学，2015，29（5）：84－92.

［82］林娅. 代际公平与可持续发展［J］. 江西社会科学，2006（11）：12－14.

［83］林毅夫. 自生能力、经济转型与新古典经济学的反思［J］. 经济研究，2002（12）：15－24.

［84］林毅夫. 企业自生能力与国企改革［J］. 中国经济周刊，2005（8）：11－12.

［85］刘灿. 深化农村土地产权制度改革的核心是赋予农民的土地财产权利［J］. 经济学家，2013（12）：14－15.

［86］刘解龙. 经济新常态中的精准扶贫理论与机制创新［J］. 湖南社会科学，2015（4）：156.

［87］刘守英. 以地谋发展模式的风险与改革［J］. 国际经济评论，2012（2）：92－109.

［88］刘永富. 解读“继续向贫困宣战”［EB/OL］. 人民网，2014－3－24.

［89］刘尚希，樊轶侠. 公共资源产权收益形成与分配机制研究［J］. 中央财经大学学报，2015（3）：3－10.

[90] 刘菊，傅斌，王玉宽，徐佩．西部典型山区农户的生计状况分析——以四川省宝兴县为例［J］．中国农业大学学报，2016，21（12）：144－154.

[91] 鲁克俭，LuKejian.《关于费尔巴哈的提纲》的写作原因及其再评价［J］．马克思主义与现实，2008（5）：57－69.

[92] 陆五一等．关于可持续生计研究的文献综述［J］．集体经济．学术探讨，2011（1）：83－84.

[93] 路思远．制度抑制与效率损失：农民贫困的制度经济学分析［J］．北方经济，2009（10）：3－5.

[94] 罗尔斯，何怀宏译．正义论［M］．北京：中国社会科学出版社，2009，275.

[95] 罗康隆．论民族生计方式与生存环境的关系［J］．中央民族大学学报，2004（5）：44－51.

[96] 罗斯托．经济成长的阶段［M］．商务印书馆，1962.

[97] 马比双，张恒，于旭．贫困问题研究综述［J］．经济研究导刊，2013（10）：16－17.

[98] 马克思恩格斯全集：第27卷［M］．北京：人民出版社，1971.

[99] 马晓强，韩锦绵，我国水权制度60年：变迁、启示与展望［J］．生态经济（中文版），2009（12）：第146－150.

[100] 梅里·杜帕尔等，何俊等译．环境，生计和地方机制东南亚大陆地区的分权过程（综述）［M］．2002. http：//www. doc88. com/p－0079216238398. html.

[101] 孟继民．对农村土地实行“国有民用”的思考［J］．经济问题，2008（4）：23－25.

[102] 牛喜霞，张生元．关于西部地区农民贫困问题探讨［J］．商场现代化，2006（33）：186－187.

[103] 欧阳南希．中国农民土地财产权保护新论［J］．经济研究导刊，2013（3）：35－36.

[104] 彭程．21世纪中国水电工程［M］．中国水利水电出版社，2006：313.

[105] 齐蘅，吴玲．中国农村土地制度变迁的历史溯源与现实观照［J］．吉首大学学报：社会科学版，2017，38（3）：72－77.

[106] 任崇强，翟国方，李莎莎等．中国经济增长系统脆弱性的区域差异性研究——基于制度因素的度量．中国农业资源与区划，2017，38

(2): 10 - 19.

［107］任东明，曹静．经济高速增长条件下中国区域可持续发展状态的综合评价［J］．中国人口·资源与环境，2000（1）：12 - 15.

［108］森．贫困与饥荒：论权力与剥夺［M］．商务印书馆，2011.

［109］森．以自由看待发展［M］．中国人民大学出版社，2002.

［110］邵益生．试论水的“三权分离”与“三权分立”［J］．中国水利，2002（10）：26 - 28.

［111］沈茂英．试论农村贫困人口自我发展能力建设［J］．安徽农业科学，2006，34（10）：2260 - 2262.

［112］世界银行．从贫困地区到贫困人群：中国扶贫议程的演进——中国贫困和不平等问题评估［R］．世界银行、东亚及太平洋地区扶贫与经济管理局，2009.

［113］世界银行．中国90年代的扶贫战略［M］．中国财政经济出版社，1993：1.

［114］师学萍，郝文渊，何竹．基于SLA分析框架的西藏农户生计资本分析——以尼洋河流域为例［J］．西藏大学学报（社会科学版），2016，31（2）：132 - 137.

［115］舒尔茨，梁小民．改造传统农业［M］．商务印书馆，1987.

［116］舒尔茨．论人力资本投资［M］．北京经济学院出版社，1990.

［117］舒基元，姜学民．资源代际管理与可持续发展［J］．中国人口·资源与环境，1999（1）：11 - 13.

［118］水利部建设与管理司，水利部大坝安全管理中心编．中国高坝大库TOP100［M］．北京：中国水利水电出版社，2012（5）：46.

［119］思拉恩．艾格特森．经济行为与制度［M］．吴经邦等译．北京：商务印书馆，2004：217.

［120］宋旭光．代际公平的经济解释［J］．内蒙古农业大学学报（社会科学版），2003（3）：6 - 8.

［121］苏丹，陈俊．逆水行舟——顶云公社“包干”的再次兴起．贵州日报，2008. 9：http：//gzrb. gog. cn/system/2008/09/01/010340516. shtml.

［122］苏丹，陈俊．“肚皮哲学”——顶云公社首次“包产到户”的风风雨雨．贵州日报，2008. 9：http：//gzrb. gog. cn/system/2008/09/01/010340470. shtml.

［123］苏丹，陈俊．春水东流——南顶云北凤阳“结盟”．贵州日报．2008. 9.

[124] 苏丽. 可持续发展视阈下的代际公平问题研究 [D]. 江西师范大学，2009.

[125] 唐丽霞，李小云，左停. 社会排斥、脆弱性和可持续生计：贫困的三种分析框架及比较 [J]. 贵州社会科学，2010 (12)：4 - 10.

[126] 万广华，张茵，子璇. 收入增长与不平等对我国贫困的影响 [J]. 经济研究，2006 (6)：112 - 123.

[127] 汪晖，陈箫. 土地征收中的农民抗争、谈判和补偿——基于大样本调查的实证分析 [J]. 农业经济问题，2015 (8)：63 - 73.

[128] 汪小英，成金华. 基于产权约束的中国矿产资源管理体制分析 [J]. 中国人口·资源与环境，2011，21 (2)：160 - 166.

[129] 王飞. 城镇化、城乡收入差距与传统农区农村剩余劳动力就地转移的空间差异——基于 ESDA 方法和面板 DOLS 模型的实证研究. 中国农业资源与区划，2016，37 (10)：26 - 34.

[130] 王刚. 社会排斥与权利贫困：农民工权利保障问题研究——以 W 市 L 镇农民工为例 [D]. 西北师范大学，2007.

[131] 王宏甲. 塘约道路 [M]. 北京：人民出版社，2017 (1)：4.

[132] 王科. 中国贫困地区自我发展能力解构与培育——基于主体功能区的新视角 [J]. 甘肃社会科学，2008 (3)：100 - 103.

[133] 王犁，晋宗义，童金萍. 中美石油安全水平对经济增长影响的对比研究——基于灰色关联分析 [J]. 统计教育，2009 (8).

[134] 王亮亮，杨意蕾. 贫困陷阱与贫困循环研究——以贵州麻山地区代化镇为例. 中国农业资源与区划，2016，36 (2)：94 - 101.

[135] 王生云. 中国农村长期贫困程度、特征与影响因素 [J]. 经济问题，2011 (11)：71 - 76.

[136] 王湘琳. 农民发展能力：农村发展的内源动力 [J]. 广西大学学报（哲学社会科学版），2010，32 (5)：61 - 65 + 87.

[137] 王术坤，陈少军. 新生代农民发展能力研究述评和未来展望 [J]. 江苏农业科学，2015，43 (6)：481 - 484.

[138] 吴垠. 矿产资源产权制度的性质、结构与改革取向 [J]. 中国发展观察，2009 (5)：22 - 23.

[139] 西奥多·W. 舒尔茨，吴珠华等译. 论人力资本投资 [M]. 北京：北京经济学院出版社，1990：8 - 9.

[140] 邢乐勤，刘涛. 论农民的权利缺失与保护 [J]. 浙江工业大学学报：社会科学版，2011 (3)：247 - 253.

［141］熊滨．中国农民贫困的制度性原因——权利贫困［J］．中国市场，2006（Z2）：80－81．

［142］徐定德，张继飞，刘邵权等．西南典型山区农户生计资本与生计策略关系研究［J］．西南大学学报（自然科学版），2015，37（9）：118－126．

［143］徐凤银，朱兴珊，颜其彬，李士伦．储层含油气性定量评价中指标权重的确定方法［J］．西南石油学院学报，1994（4）．

［144］徐定德，谢芳婷，刘邵权，王旭熙．四川省山丘区不同生计策略类型农户生计资本结构特征及差异研究［J］．西南大学学报（自然科学版），2016，38（10）：125－131．

［145］乔家君，党睿，赵德华．农户自主发展能力的三商影响研究——以河南省吴沟村为例［J］．经济地理，2009，29（7）：1160－1165＋1153．

［146］许营．社会转型期西部地区农村贫困问题探析［J］．重庆与世界（学术版），2013（4）：8－12．

［147］闫军印，丁超．我国矿产资源开发利用的环境影响分析及对策研究［J］．石家庄经济学院学报，2008，31（5）：28－35．

［148］杨斌，2000—2006年中国区域生态效率研究——基于DEA方法的实证分析．经济地理，2009，29（7）：1197－1202．

［149］杨成湘．实现代际公平的可能性路径［J］．中南大学学报（社会科学版），2011，17（1）：133－138．

［150］杨富堂．基于制度利润视角的农地产权制度演进研究［J］．农业经济问题，2013，34（8）：37－42．

［151］杨开忠．区域经济学概念、分支与学派［J］．经济学动态，2008（1）：55－60．

［152］杨培涛．牧民生计资本与生计策略的关系研究［D］．西北师范大学，2009．

［153］杨云彦等．可持续生计分析框架下农户生计资本的调查与分析——以南水北调（中线）工程库区为例［J］．农业经济问题，2009（3）：58－65＋111．

［154］殷剑峰．二十一世纪中国经济周期平稳化现象研究［J］．中国社会科学，2010（4）：56．

［155］于振英．制度变迁与我国农村代际公平的实现［J］．石家庄经济学院学报，2003（4）：347－351．

[156] 袁文平等，农村贫困代际传递研究进展 [J]. 农业展望，2015 (7)：25－27＋39.

[157] 约翰·罗尔斯，何怀宏等．正义论 [M]. 中国社会科学出版社，2009：7－8.

[158] 翟彬，梁流涛．基于可持续生计的农村反贫困研究——以甘肃省天水贫困地区为例 [J]. 农村经济，2015 (5)：55－60.

[159] 赵雪雁，巴建军．牧民自我发展能力评价与培育——以甘南牧区为例 [J]. 干旱区地理，2009，32 (1)：130－138.

[160] 张超，罗必良．产权保护与摆脱贫困——兼评安格斯·迪顿的贫困理论 [J]. 福建论坛（人文社会科学版），2016 (2)：12－18.

[161] 张等文，陈佳．城乡二元结构下农民的权利贫困及其救济策略 [J]. 东北师大学报（哲学版），2014 (3)：47－51.

[162] 张立冬，中国农村贫困代际传递实证研究 [J]. 中国人口·资源与环境，2013 (6)：45－50.

[163] 张培刚．农业国工业化问题初探 [J]. 华中科技大学出版社，2002.

[164] 张曙光．中国制度变迁的案例研究．第八集，土地卷 [M]. 北京：中国财政经济出版社，2011：8.

[165] 张伟，朱萌．制度权利失衡：农民贫困问题的一种制度性解释 [J]. 内蒙古农业大学学报（社会科学版），2006，8 (1)：158－160.

[166] 张卓元．经济政治学大辞典 [M]. 北京：经济科学出版社，1988.

[167] 张复明，曹海霞．我国矿产资源产权残缺与租值耗散问题研究 [J]. 经济学动态，2013 (6)：54－60.

[168] 张磊，简小鹰，冯开禹．空间结构视角下的农民发展能力研究 [J]. 中国农业资源与区划，2016，37 (4)：47－51＋178.

[169] 郑娟尔，余振国，冯春涛．澳大利亚矿产资源开发的环境代价及矿山环境管理制度研究 [J]. 中国矿业，2010，19 (11)：66－69.

[170] 郑长德．中国民族地区自我发展能力构建研究 [J]. 民族研究，2011 (4)：15－24.

[171] 中国统计学会国家统计局统计科学研究所．2013 年地区发展与民生指数（DLI）统计监测结果 [EB/OL]. 国家统计局，2014－12－31.

[172] 朱文明．中国扶贫基金会小额信贷模式及其启示 [J]. 中国农村金融，2012 (24)：60－63.

［173］曾艳华．农民发展能力的问题与对策［J］．改革与战略，2006（6）：29 - 33.

［174］邹佰峰，刘经纬．马克思恩格斯的代际公平思想及其当代价值［J］．学习与探索，2016（2）：31 - 36.

［175］左停．精准扶贫：技术靶向、理论解析和现实挑战［J］．贵州社会科学，2015（8）：157.

后　记

西部是中国扶贫攻坚的主战场，2010 年西部地区农村贫困人口为 8430 万，占全国贫困人口的比重为 50.9%。扶贫攻坚是西部地区重点工作之一，西部是中国反贫困的主战场。2010 年以来，在党中央和国务院的领导下，西部地区在反贫困方面做了大量卓有成绩的工作，西部地区农村贫困人口减少 5516 万人，农村贫困发生率由 29.2% 下降至 10.03%，减少 19.19 个百分点，西部反贫困工作取得了较为显著的成绩。

2011 年我们与西北大学中国西部经济发展研究中心联合在贵州大学召开全国“西部民生与反贫困研讨会”暨“西部经济发展报告”蓝皮书发布会，与会专家就西部贫困问题进行较为广泛的研讨。在研讨会之后，经过我们与西北大学中国西部经济发展研究中心姚慧琴主任充分协商，同意我们借助西北大学中国西部经济发展研究中心教育人文社会科学重点研究基地这一平台，让我们申请教育部人文社会科学重点研究基地重大项目“中国西部农村贫困与反贫困研究”，并于 2013 年获得批准立项。在获得教育部立项之后，课题组多次召开项目研讨会，讨论项目研究方案和调研方案。在细化研究方案之后，我们即组织有关研究人员进行调查研究。我们不仅对西部地区农村贫困及反贫困历史沿革进行了梳理，而且还从时空视角对西部农村扶贫效率做了计量研究。作为扶贫攻坚主战场，我们不仅要回顾过去，更要着眼未来，分析西部农村农户贫困的原因，只有这样，我们才能找准扶贫之着力点，花更少的扶贫资源达到扶贫之目标。通过我们的研究发现，西部农村之所以贫困，其原因是非常复杂的。在我们看来，一是西部农村及农民发展能力不足，正如国家新一轮西部大开发战略所言：西部地区落后，关键在于发展能力不足，新一轮西部大开发的核心和关键环节在于提升发展能力。对西部地区贫困农村来讲，农村之所以落后、农民之所以贫困，一个重要原因在于农村发展能力不足、农户家庭发展能力严重不足。二是贫困的代际传递，一些农户之所以贫困，一个重要原因在于长期以来家庭积累不足，这不仅表现在前一代家庭成员留给后一代家庭成员的财富积累过低；而且还在于能够带来财富的其他要素禀赋也非常稀缺，这进一步加剧了西部农村贫困农户走致富之路更加困难。三是产权制度安排的约束，我们知道，产权不仅给有关主体以激励和约束，而且产权直接界定了不同主体的权利和利益，我们的研究发现，西部一些资源富集地区农户之所以贫困，不仅在于产权界定将农户排斥在资源利用带来的收益之外，而且还在于一些地方政府、开发主体在实施产权制度安排时，千方百计剥夺农户利益，使农户更加贫困。

要对西部农村贫困与反贫困进行研究是一件十分困难的事。在研究过程中，我们动员能够参加的老师与学生共同参加。参加本课题研究的人员有贵州大学龚丽娟老师、浙江大学博士研究生唐贤浩、王珊，贵州大学硕士研究生朱玉鹏（西部贫困农民生计方式的代际公平问题研究）、张梦飒（西部农民贫困的土地产权解释——基于贵州省的实证研究）、王书特（矿产资源开发地农民贫困的产权解释）均参加了调研，部分章节的内容是在他们硕士论文基础上修改、完善和充实而成。在本书的撰写过程中，唐贤浩、王珊作了较大贡献，书稿最后由我进行了统一修改。在研究过程中，西北大学中国西部经济发展研究中心、贵州大学哲学社会科学研究院、贵州大学中国喀斯特地区乡村振兴研究院提供了工作和研究上的便利，贵州大学中国喀斯特地区乡村振兴研究院为我们提供了开研讨会的条件和场所，西北大学中国西部经济发展研究中心的姚慧琴教授、李文斌教授给予了很好的指导和帮助。本书的出版还得到贵州省社科联评选的2016年度贵州省哲学社会科学十大创新团队（农业经济管理）、贵州省特色重点学科农林经济管理、贵州大学文科学科群农林经济管理的资助，在此，对大家的关心、支持和帮助表示衷心的感谢！当然，书中的缺点和错误与他们无关，应由本人负责。

洪名勇

2018 年元旦